6.80

El Himnario Bautista de la Gracia

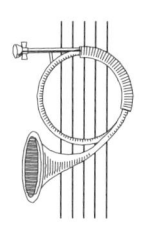

© Copyright 2000
PUBLICACIONES FARO DE GRACIA
P.O. Box 1043
Alamance, NC 27253

El Himnario Bautista de la Gracia

© Copyright 2000
PUBLICACIONES FARO DE GRACIA
P.O. Box 1043
Alamance, NC 27253
Internet:72634.3000@compuserve.com

ISBN 1-928980-16-3

Primera Impresión

Impreso en los EEUU

Año 2000

Todos los derechos reservados.
Amparado por los Derechos de Copyright Internacional.

Notas Aclaratorias

El editor agradece a las otras editoriales, organizaciones, e individuos por darle permiso para imprimir los textos y/o arreglos que son anotados en los himnos dados.

Se han utilizado todos los esfuerzos posibles para conseguir el permiso conforme a la información actual de cada himno usado en este himnario. Si algún derecho haya sido invadido, el editor promete corregirlo en la siguiente impresión y recompensar a la parte ofendida.

El material en este himnario es protegido por ley, y por tanto es ilegal hacer copia de esta obra, total o parcial, por cualquier proceso, y para cualquier propósito. Si la nota al pie de un himno indica que éste ha sido usado con permiso, el permiso para copiarlo se debe adquirir de los propietarios directamente. En cuanto al otro material, el permiso para copiarlo se debe conseguir escribiendo a Publicaciones Faro de Gracia.

****

El Himnario Bautista de la Gracia fue preparado y redactado por R. Wayne Andersen con agradecimiento especial a los queridos amigos: Rosa Reyna, Moisés y Anix Vásquez, Pastor Noble Vater, David Vater, Sharon Vater, Olga Arocha, Oskar Arocha, Efraín y Carmen Girau, Omar Alvarez, Allan Román, y todas las iglesias y personas que cooperaron y ayudaron en este proyecto.

También debo un agradecimiento especial a mi maravillosa esposa, Martha, e hijos, Justin, Josué y Nathanael por su amor y paciencia en los tiempos en que tenían que compartir a su marido y papá con la computadora.

PREFACIO

El pueblo de Dios desde el principio ha sido favorecido por El con el don y privilegio de cantar. Su canto alegre es reflejo de la naturaleza de Dios y Su presencia entre ellos: *"Jehová tu Dios está en medio de ti: -Es poderoso; El salvará! Con alegría se regocijará por causa de ti. Te renovará en su amor; por causa de ti se regocijará con cánticos."* (Sofonías 3:17) Su majestad, su obra misericordiosa y su Espíritu inspiran los cánticos y salmos del pueblo redimido, y Dios tiene un gran interés en las alabanzas de Sus criaturas:

Cantad alegres a Dios, habitantes de toda la tierra!
Servid a Jehová con alegría; venid ante su presencia con regocijo.
Reconoced que Jehová es Dios; él nos hizo, y no nosotros a nosotros mismos. Pueblo suyo somos, y ovejas de su prado.
Entrad por sus puertas con acción de gracias, por sus atrios con alabanza. Alabadle; bendecid su nombre,
Porque Jehová es bueno; para siempre es su misericordia, y su verdad por todas las generaciones. (Salmo 100)

Por eso es grato al pueblo de Dios levantar sus himnos, salmos y cantos de alabanza a su Dios porque a El le agrada, tanto como al pueblo que reconoce que El es digno de toda alabanza y adoración. De este modo le damos el culto a Dios levantando nuestros cantos y alabanzas, no para emocionarnos a nosotros mismos, ni para ser entretenidos, o para sentirnos elevados espiritualmente, o para cumplir con la tradición de nuestro templo y su culto, o simplemente para disfrutar de los bellos tonos y melodías de la música religiosa. Nuestro primer motivo al cantar es honrar a Dios y darle su debido culto, demostrándole nuestro amor, gratitud, adoración y devoción.

El segundo motivo de la música entre el pueblo de Dios es para la instrucción y exhortación mutua: *"La palabra de Cristo habite abundantemente en vosotros, enseñándoos y amonestándoos los unos a los otros en toda sabiduría con salmos, himnos y canciones espirituales, cantando con gracia a Dios en vuestros corazones."* (Colosenses 3:16) En el Antiguo Testamento los levitas eran los que funcionaban como músicos, maestros y sacerdotes. Dios por medio de este orden mostró la importancia y lugar de la doctrina bíblica en la música para enseñar y amonestar al pueblo de Dios.

Por eso hemos procurado escoger y redactar los himnos de este himnario principalmente de acuerdo a su forma de expresar bíblicamente las alabanzas a nuestro Dios, y conforme a su doctrina en la instrucción y exhortación del pueblo de Dios. Es nuestra oración que cumplamos estos propósitos en la publicación de este himnario, el cual ha sido el resultado de seis años de labor y amor. ¡Soli Deo Gloria!

Editor
Publicaciones Faro de Gracia

CONTENIDO

CULTO *Números de Himnos*
Adoración y Alabanza 1-22
Día del Señor 23-29
Consagración 30-36
LA TRINIDAD 37-48
DIOS
El Creador 49-54
El Padre 55-58
El Rey 59-66
Su Santidad 67-68
Su Fidelidad 69-79
Su Gracia y Salvación 80-91
CRISTO
Adoración y Culto 92-103
El Rey 104-117
El Salvador 118-140
Su Amor 141-154
Su Nacimiento 155-171
Su Muerte 172-190
Su Resurrección 191-202
Su Exaltación 203-213
Su Segunda Venida 214-217
EL SANTO ESPIRITU 218-226
LAS SAGRADAS ESCRITURAS 227-237
LA IGLESIA
General 238-241
Bautismo/Cena del Señor 242-257
Comunón de los Santos 258-261
Avivamiento 262-267
Evangelismo 268-283

LA VIDA EN CRISTO
Llamamiento e Invitación 284-299
Respuesta al Evangelio 300-310
Arrepentimiento y Perdón 311-320
Experiencia de la Salvación 321-346
Unión / Comunión con Cristo 347-364
Seguridad / Consolación en Cristo 365-381
Gozo y Paz 382-387
Peregrinaje y Guía 388-401
Fe y Esperanza 402-412
Oracion 413-422
Súplica de Gracia 423-433
Amor a Cristo 434-436
Consegración / Servicio 437-454
Santidad 455-461
Lealtad y Valor 462-469

LA VIDA VENIDERA 470-478

OCASIONES ESPECIALES
El hogar y bodas 479-481
Nuevo Año 482-483
Coros 484-499

LA CONFESION DE FE DE 1689 . . . . páginas 241-289

EL CATECISMO BAUTISTA . . . . páginas 291-304

Indice de los Salmos . . . . página 309

Himnarios Anotados para los Tonos

TH - Trinity Hymnal
NTH - New Trinity Hymnal
EH - El Himnario
HVC - Himnario de la Vida Cristiana
HB - Himnario Bautista
HFA - Himnos de Fe y Alabanza
NHP - Nuevo Himnario Popular
Surpless - Cantad al Señor, Vol. 1 & 2

(también la música se puede escuchar: http://www.cristo.org; o http://www.alabanzayadoracion.com)

Los Himnos

PUBLICACIONES FARO DE GRACIA
P.O. Box 1043
Alamance, NC 27253

1 Gloria Patri (xv TH; 528 HB)

Gloria demos al Padre, al Hijo y al Santo Espíritu;
  Como eran al principio,
  Son hoy y habrán de ser eternamente. Amén. Amén.

2 La Doxología (1 TH; alt.4 HB)

1. A Dios el Padre celestial, al Hijo nuestro Redentor,
   Y al eternal Consolador, unidos todos alabad.
2. Cantad al trino y uno Dios, sus alabanzas entonad;
   Su eterna gloria proclamad con gozo, gratitud y amor. Amén.

3 Todo Honor al Grande Dios (4 TH)
ALL PRAISE TO GOD WHO REIGNS ABOVE (8.7.8.7.8.8.7.)

1. Todo honor al grande Dios, al Soberano eterno,
   Sus maravillas, gracia, amor, al Salvador cantemos;
   Consuelo y paz al alma da, quitando angustia y ansiedad;
   ¡A Dios honor y gloria!
2. Merced divina sostendrá todo designio de Dios,
   Guardándonos no dormirá, El que hizo tierra y cielos;
   Bajo su cetro divinal, he aquí su mano paternal;
   ¡A Dios honor y gloria!
3. Necesitado alcé mi voz: "Oh Dios clemente óyeme."
   La vida eterna El me dio, por su amor constante.
   Así levante en plenitud, toda alma a El la gratitud;
   ¡A Dios honor y gloria!
4. No desampara a Israel, a su nación electa,
   El es su Roca y Amparo fiel, su salvación perfecta;
   Bajo sus alas morarán, su guía y protección tendrán,
   ¡A Dios honor y gloria!
5. Cantad alegres al Señor, al solamente digno,
   Con alabanzas y amor en su santuario santo;
   Se abata todo ídolo, Jehová es Dios, el Unico;
   ¡A Dios honor y gloria! Amén.

Johann J. Schütz; R. Wayne Andersen, Tr. para mi hijo, Justin
© 2000 Publicaciones Faro de Gracia.

4 Alma Bendice al Señor (50 TH; 234 HB)
PRAISE TO THE LORD, THE ALMIGHTY (14.14.4.7.8.)

1. Alma, bendice al Señor, Rey potente de gloria;
   De sus mercedes esté viva en Ti la memoria.
   ¡Oh despertad, arpa y salterio! entonad,
   Himnos de honor y victoria.

2. Alma, bendice al Señor que a los cielos gobierna,
   Y te conduce paciente con mano paterna;
   Te perdonó, de todo mal te libró,
   Porque su gracia es eterna.

3. Alma, bendice al Señor, que prospera tu estado,
   Y beneficios sin fin sobre ti ha derramado.
   Piensa en que es El, rico, potente y muy fiel,
   Como mil pruebas te ha dado.

4. Alma, bendice al Señor, de tu vida es la fuente,
   Que te creó, y en salud te sostiene clemente;
   Tu Defensor en todo trance y dolor;
   Su diestra es omnipotente.

5. Alma, bendice al Señor y su amor infinito;
   Con todo el pueblo de Dios su alabanza repito:
   Dios, mi salud, de todo bien plenitud.
   ¡Seas por siempre bendito! Amén.

5 ¡Dios Está Presente! (132 TH, 14 HB)
FROM GERMAN: GOD IS PRESENT (6.6.8.6.6.8.6.6.6.)

1. ¡Dios está presente! Vamos a postrarnos ante El con reverencia;
   En silencio estemos frente a su grandeza implorando su clemencia.
   Quien con El quiera andar su mirada eleve, votos le renueve.

2. ¡Dios está presente! Y los serafines lo rodean reverentes;
   "Santo, santo, santo," en su honor le cantan los ejércitos celestes.
   ¡Oh, buen Dios! nuestra voz como humilde ofrenda a tu trono ascienda.

3. Como el sol irradia sobre el tierno lirio que contento se doblega,
   Dios omnipotente ilumina mi alma y feliz yo te obedezca.
   Haz que así, Tú en mí seas reflejado, y tu amor probado.

4. Gózate mi alma, cántale alabanzas e himnos con fe sumisa,
   Aleluyas rinde al Señor eterno con los santos que le adoran,
   Pues, con bien y sin fin, somos bendecidos, y le alabaremos. Amén.

Gerhard Tersteegen; Martha Weihmüller, R. Wayne Andersen, Estrofa 4

6 ¡Aleluya! Alma Mía, Canta Salmos *(Salmo 146)* (53 TH)
HALLELUJAH, PRAISE JEHOVAH (8.7.8.7.D.)

1. ¡Aleluya! Alma mía, canta salmos a tu Dios;
   He de darle, mientras viva, alabanzas con mi voz.
   No confiéis en meros hombres: ni los reyes durarán.
   Todos mueren; y sus planes, pues, también perecerán.

2. Es dichoso él cuya ayuda es el Dios de Israel.
   En Jehová, su Dios, espera; bienaventurado aquél.
   Dios creó el universo, para siempre es su verdad.
   Cuidará a los agraviados; hace obras de bondad.

3. Da comida a los hambrientos; al cautivo librará;
   Él levanta a los caídos; a los ciegos vista da.
   Guardará a los extranjeros, viudas, huérfanos también.
   Dios trastorna a los impíos, mas al justo da sostén.

4. ¡Aleluya! Alma mía, canta salmos a tu Dios;
   He de darle, mientras viva, alabanzas con mi voz.
   Soberano sobre todo reina siempre el Dios de Sión.
   El merece de su pueblo alabanza y bendición. Amén.

© 1979 Priscilla Piñero. Usado con permiso.

7 Nunca, Dios Mío Cesará Mi Labio (179 TH; 9 EH; 15 HB)
ORIGINAL IN SPANISH (11.11.11.5.)

1. Nunca Dios mío, cesará mi labio
   De bendecirte, de cantar tu gloria,
   Porque conservo de tu amor inmenso grata memoria.

2. Cuando perdido en mundanal sendero,
   No me cercaba sino niebla oscura;
   Tú me miraste y alumbróme un rayo de tu luz pura.

3. Cuando inclinando mi abatida frente,
   Por el pecado de mi necio yugo,
   Dulce reposo y eficaz alivio dame, te ruego.

4. Cuando los dones malgasté a porfía,
   Con que a mi alma pródigo adornaste;
   "Padre, he pecado," con dolor te dije, y me abrazaste.

5. Cuando en sus propios méritos se fiaba,
   Nunca mi pecho con amor latía;
   Hoy de amor late porque en tus bondades sólo confía. Amén.

8 Engrandecido Sea Dios (218 III TH; 16 HB; 30 HFA)
ORIGINAL IN SPANISH (C.M. irr. c/ coro)

1. Engrandecido sea Dios en esta reunión,
   En esta reunión; alegres, juntos a una voz,

Coro:
   ¡Dad gloria, gloria, gloria, gloria,
   Dad gloria a nuestro Dios! Amén.

2. Durante el día que pasó la mano del Señor,
   La mano del Señor, de muchos males nos salvó:

3. Pues hasta aquí nos ayudó, y siempre proveerá,
   Y siempre proveerá; con gratitud, placer y amor:

4. A otras almas ¡salva, oh Dios! Despiértalas, Señor;
   Despiértalas, Señor; escucha nuestra petición,

9 ¡Santo, Santo, Grande, Eterno Dios! (17 HVC)
HOLY, HOLY, GREAT ETERNAL GOD (9.10.9.9.10.9.9.9.)

1. ¡Santo, santo, grande, eterno Dios!
   Con alegría hoy Te alabamos;
   Rey de reyes, grande Capitán,
   Todopoderoso Guerrero.
   Honor y gloria, luz y dominio,
   Tributaremos todos a Ti.

Coro:
   ¡Santo, santo, eres Tú, Señor!
   ¡Dios de las batallas, Glorioso!

2. Alabadle cielos, tierra y mar,
   Toda su Iglesia, sus mensajeros;
   Alabanzas, cantos de loor,
   Hoy unidos elevaremos.
   Juez majestuoso y reverendo
   Fuego y vida eres, Señor.

3. Rey de siglos, sólo eterno Dios,
   Veraz y justo, incomprensible;
   Inmortal, Autor de todo bien,
   Eres Tú el Anciano de Días.
   Y para siempre entonaremos
   El canto eterno de redención.

EL CULTO: ADORACION Y ALABANZA

10 Cantad Alegres al Señor *(Salmo 100)* (1 TH, 10 EH; 19 HB; alts.3, 61 TH)
ALL PEOPLE THAT ON EARTH DO DWELL (L.M. o 8.8.8.8.)

1. Cantad alegres al Señor, mortales todos por doquier;
   Servidle siempre con fervor, obedecedle con placer.
2. Con gratitud canción alzad al Hacedor que el ser nos dio;
   Al Dios excelso venerad; para su gloria nos creó.
3. De su pecado salvará a sus ovejas el Pastor;
   Ninguna de ellas faltará; El los ampara con su amor.
4. Siempre en sus atrios alabad, su santo nombre bendecid;
   Eternamente es su bondad, su testimonio difundid.
5. Misericordia sin igual nos muestra por la eternidad;
   Y su verdad será eternal a toda la posteridad. Amén.

11 Alabad al Gran Rey (8 HVC; 22 HB; 11 HFA)
TO GOD BE THE GLORY (11.11.11.11. c/ coro)

1. Solemnes resuenen las voces de amor,
   Con gran regocijo tributen loor,
   Al Rey soberano, el buen Salvador,
   Dignísimo es El del más alto honor.

Coro: Alabad, alabad, alabad al gran Rey,
   Adorad, adorad, adoradle, su grey.
   Es nuestro escudo, baluarte y sostén,
   El Omnipotente por siglos. Amén.

2. Su amor infinito ¿qué lengua dirá?
   Y ¿quién sus bondades jamás sondeará?
   Su misericordia no puede faltar,
   Mil himnos alaben su nombre sin par.
3. Inmensa la obra de Cristo en la cruz,
   Enorme la culpa se ve por su luz,
   Al mundo El vino, nos iluminó,
   Y por nuestras culpas el Justo murió.
4. Dios fuerte es Cristo, del mundo la Luz,
   El gran Consejero, Padre Eterno, Tú;
   Mas nuestro aprecio aún crecerá,
   El Rey admirable que en gloria vendrá.
5. Velad, fieles todos, velad con fervor,
   Que viene muy pronto, Jesús, el Señor.
   Con notas alegres vendrá a reinar,
   A su eterna gloria os ha de llevar.

Fanny Crosby. R.C. Savage, Tr. © 1966 Singspiration Music / ASCAP. Todos los derechos reservados. Usado con permiso de Brentwood-Benson Music, Inc.

EL CULTO: ADORACION Y ALABANZA

12 Al Trono Excelso (179 TH; 393 EH; 476 HB)
ORIGINAL IN SPANISH (11.11.11.5.)

1. Al trono excelso de inmensa gloria,
   Supremo Dios, tu majestad reside,
   Suban las voces puras del ferviente pueblo que pide.

2. Que los altares de los falsos dioses,
   Sean destrozados porque no dan vida,
   Sé Tú el Dios nuestro; y el debido culto todos te rindan.

3. Míseros somos, lo confiesa el labio;
   La iniquidad los corazones vicia;
   Danos fe viva y reviste al alma de tu justicia.

4. Sea tu reino nuestra amada patria;
   Tu voluntad, la ley que veneremos;
   Amor divino, la segura prueba que demostremos.

5. Danos tu gracia y bendición constante,
   Mientras tengamos por morada el suelo;
   Hasta el momento en que nos des la nueva patria en el cielo.

   Amén.

13 Poderoso Dios de Gloria (5 TH)
MIGHTY GOD WHILE ANGELS BLESS THEE (8.7.8.7.)

1. Poderoso Dios de gloria, ¿Te cantara voz mortal?
   De los ángeles y hombres eres tema celestial.

Coro:
   ¡Aleluya! ¡Aleluya! ¡Aleluya! Amén.

2. De la tierra y los cielos eres Príncipe y Señor,
   Por el universo entero sea aclamado tu loor.

3. La grandeza de tus obras y la gloria de tu Ser,
   Maravilla a tus criaturas por su sabio parecer.

4. El, del trono de la gloria a este mundo pecador,
   Vino a rescatarnos, malos, ¡Cantad, santos, al Señor!

5. Mas la obra de tu gracia nos asombra en su lograr,
   Que al Justo por injustos pudo el Padre castigar.

6. Al Amado y Fiel del Padre, ¿negarémosle loor?
   ¡Enaltezca, toda lengua, a tu Rey y Salvador!

Robert Robinson, R. Wayne Andersen, Tr. para mi hijo, Josué
© Publicaciones Faro de Gracia

EL CULTO: ADORACION Y ALABANZA

14 Con Cánticos, Señor (17 TH, alt.226 TH; 42 EH; 44 HB)
REJOICE, THE LORD IS KING (6.6.6.6.8.8.)

1. Con cánticos, Señor, mi corazón y voz,
   Te adoran con fervor, ¡Oh Trino, Santo Dios!
   Por tu perdón, tu faz veré, y paz eterna gozaré.
2. Tu mano paternal trazó mi senda aquí;
   Mis pasos, cada cual, velados son por Ti.
   Por tu sostén, tu faz veré, y paz eterna gozaré.
3. Innumerables son tus bienes, y sin par,
   Que por tu compasión los gozo sin cesar.
   En tu favor, tu faz veré, y paz eterna gozaré.
4. Tú eres, ¡Oh Señor! mi sumo, todo Bien;
   Mil lenguas tu amor cantando siempre estén.
   En tu mansión yo te veré, y siempre yo te alabaré. Amén.

15 Todos Juntos Te Alabamos, Oh Señor (29 TH)
ORIGINAL IN SPANISH (8.7.8.7)

1. Todo juntos, reunidos, Te alabamos, oh Señor;
   A los santos escogidos les concedes este honor.
2. Adorarte y alabarte sea nuestra ocupación;
   Que podamos proclamarte Dios de nuestra salvación.
3. Eres Tú, Señor, benigno, Tú perdonas con amor;
   De alabanzas eres digno, infinito bienhechor.
4. Siempre seas alabado por tu inmensa caridad;
   Por millares celebrado seas en la eternidad. Amén.

16 Cantad, Naciones al Señor *(Salmo 100)* (1 TH; alts.3, 61, 12 TH)
ALL PEOPLE THAT ON EARTH DO DWELL (L.M. o 8.8.8.8.)

1. Cantad, naciones al Señor; cantadle con alegre voz;
   Servidle con temor filial; venid y en su presencia estad.
(2) Jamás dudéis que es nuestro Dios,
   Y que El es nuestro Creador,
   Que pueblo suyo somos ya, y de su pan El nos dará.
3. A su santuario acudid y entrad con fe y amor en él;
   Su santo nombre bendecid, pues el Señor muy bueno es;
(4) Oh qué clemente es nuestro Dios,
   El siempre tiene compasión,
   Y su verdad no faltará por una inmensa eternidad. Amén.

17 Te Alabamos, ¡Oh Gran Dios! (25 HB; alt.21 EH)
TRANSLATED FROM GERMAN (7.9.7.9.7.7.)

1. Te alabamos ¡oh gran Dios! Tu poder y reino honramos;
   Te adoramos ¡oh Señor! Por tus obras te gloriamos;
   Dios de fuerza y de bondad desde toda eternidad.

2. Por tu grande salvación te alabamos noche y día,
   Tuyo es nuestro corazón, nuestra alma en Ti confía;
   Cuerpo y mente ¡oh Señor! te ofrecemos con amor.

3. En el orbe aquí tu grey que es la iglesia militante,
   Ensalzando a su gran Rey; gloria te tributa amante;
   Y contigo canta a Aquél cuyo nombre es Emanuel.

4. Al Espíritu de Dios nuestros himnos entonamos;
   En la lid confórtanos; haz que en santo amor crezcamos;
   Llénanos en tu bondad de paz, gozo y caridad.

5. Padre nuestro, escúchanos; cólmanos de bendiciones;
   Muéstranos tu rostro ¡oh Dios! Presta, Espíritu, tus dones;
   ¡Jesucristo, pronto ven! ¡Sálvanos, Señor! Amén.

18 Al Trono Majestuoso (233 TH; 238 HB)
ORIGINAL IN SPANISH (7.6.7.6.D.)

1. Al trono majestuoso del Dios de potestad,
   Humildes vuestra frente, naciones inclinad.
   El es el Ser supremo, de todo es el Señor,
   Y nada al fin resiste a Dios, el Hacedor.

2. Del polvo de la tierra su mano nos formó,
   Y nos donó la vida su aliento, Creador;
   Después al vernos ciegos, caídos en error,
   El por su Hijo amado, salud nos proveyó.

3. La gratitud sincera nos dictará el cantar,
   Y en tiernos dulces sones al cielo subirá;
   Con los celestes himnos cantados a Jehová,
   La armónica alabanza doquier resonará.

4. Señor, a tu palabra sujeto el mundo está,
   Y del mortal perecen la astucia y la maldad;
   Después de haber cesado los siglos de correr,
   Tu amor, verdad y gloria han de permanecer. Amén.

19 ¡Al Dios de Abraham Loor! (32 TH; 13 EH; 12 HVC)
THE GOD OF ABRAHAM PRAISE (6.6.8.4.D.)

1. ¡Al Dios de Abraham loor! Su nombre celebrad;
   ¡Al que era y es, y aún será, magnificad!
   Es sólo eterno Dios, de todo es Creador;
   Al único Supremo Ser cantad loor.

2. Su Santo Espíritu, cuán libre es en su obrar;
   Su voz por el profeta aún nos logra hablar.
   En todo corazón su ley escrita está;
   Es inmutable y siempre fiel en tierra y mar.

3. Al Dios de Abraham load, pues su palabra es fiel;
   Su pacto asegurado está por Emanuel.
   En El acepta está, la iglesia de su amor;
   Por ella siempre subirá a Dios loor.

4. A Jehová cantad su gracia eternal,
   El Dios Eterno se dignó a ser mortal;
   Y ahora en gloria está, sobre muerte es Señor,
   Al Príncipe de Paz alcemos todo honor.

5. Las huestes al triunfar alaban al Señor;
   Llegando allá por su favor, alzan clamor,
   ¡Al vivo Dios, loor! al Dios de Abraham, de mí;
   ¡Eternos cantos, gloria y prez levantaré! Amén.

Estrofas 1,2 © 1953 George Simmonds. Usado con permiso.

20 Canta, Canta, Alma Mía *(Salmo 103)* (70 TH)
PRAISE MY SOUL THE KING OF HEAVEN (8.7.8.7.8.7.)

1. Canta, canta alma mía, a tu Rey y tu Señor,
   Al que amante te dio vida, te cuidó y perdonó.
   Canta, canta, alma mía; canta al poderoso Dios.

2. Canta su misericordia, que a tus padres protegió;
   Cántale, pues de su gloria te bendice con favor.
   Canta, canta, alma mía; canta su fidelidad.

3. Como padre El te conoce, sabe tu debilidad;
   Con su brazo te conduce; te protege de maldad.
   Canta, canta, alma mía; prueba de cantar su amor.

4. Angeles y querubines, ayudadme a cantar,
   Y vosotros, sol y luna, que los cielos domináis;
   Todos juntos, alabemos y cantemos su loor. Amén.

21 Bendeciré a Jehová en Todo Tiempo *(Salmo 34)* (1 I Surpless)
ORIGINAL IN SPANISH (Irregular)

1. Bendeciré a Jehová en todo tiempo,
   Su alabanza será siempre en mi boca;
   En Jehová se gloriará mi alma,
   Oirán los mansos y se alegrarán.

Coro:
   Engrandeced a Jehová conmigo,
   Y ensalcemos a una su nombre;
   Engrandeced a Jehová conmigo,
   Dichoso el hombre que confiará en El. [bis:]

2. Gustad y ved que Jehová es bueno,
   Dichoso el hombre que confiará en El;
   Temed a Jehová todos sus santos,
   Para quien teme ninguna falta habrá.

© 1995 David M. Surpless. Usado con permiso.

22 Por la Excelsa Majestad (154 TH; 51 HB)
FOR THE BEAUTY OF THE EARTH (7.7.7.7.7.7.)

1. Por la excelsa majestad de los cielos, tierra y mar;
   Por las alas de tu amor que nos cubren sin cesar;
   Te ofrecemos, oh Señor, alabanzas con fervor.

2. Por la calma nocturnal, por la tibia luz del sol,
   Por el amplio cielo azul, por el árbol, por la flor,
   Te ofrecemos, oh Señor, alabanzas con fervor.

3. Por la mente, el corazón, los sentidos que nos das,
   Que tu inmensa creación nos permiten apreciar,
   Te ofrecemos, oh Señor, alabanzas con fervor.

4. Por los lazos del amor que en familia y amistad,
   Nos acercan hoy aquí y a los que partieron ya,
   Te ofrecemos, oh Señor, alabanzas con fervor.

5. Por tu iglesia aquí local que no cesa de rendir,
   Su tributo de oración y de gratitud a Ti,
   Te ofrecemos, oh Señor, alabanzas con fervor.

6. Por las dádivas sin par que en Cristo Tú nos das;
   En los cielos, gozo y luz; en la tierra, vida y paz;
   Te ofrecemos, oh Señor, alabanzas con fervor. Amén.

EL CULTO: DIA DEL SEÑOR

23 Hoy Es Día de Reposo (31 EH; 231 HVC)
ORIGINAL IN SPANISH (8.7.8.7.D.)

1. Hoy es día de reposo, el gran día de solaz;
   Es el día venturoso que nos trae dulce paz;
   Es el día señalado con el sello del amor;
   Nuestro Dios lo ha designado: es el día del Señor.

2. Celebramos a porfía al Autor de aquel gran don,
   Que nos da el festivo día, y se goza en el perdón.
   Aceptamos hoy con gusto el descanso semanal,
   Esperando el día augusto del reposo celestial.

3. El dolor es la sentencia de la antigua creación,
   Y morir la consecuencia de la prevaricación;
   Mas reposo y vida eterna Dios nos da quitando el mal,
   Y su amor inescrutable de la gracia es el raudal.

4. Los que a Ti nos acercamos por Jesús, Dios de verdad,
   Hoy alegres proclamamos tu justicia y tu bondad;
   De este día la memoria siempre se celebrará;
   Y en el cielo con la gloria por los siglos durará. Amén.

24 La Semana Ya Pasó (320 TH; 32 EH; 233 HVC)
SAFELY THROUGH ANOTHER WEEK (7.7.7.7.D.)

1. La semana ya pasó y Jesús el Buen Pastor
   Bendiciones derramó, demos pues a El loor;
   Este día santo es, elevemos nuestra prez. [bis:]

2. En el Nombre de Jesús hoy pedimos por piedad,
   Muéstranos tu gracia y luz para andar en santidad;
   De afanes mundanos Te pedimos, líbranos. [bis:]

3. Al pedir la santa paz por Jesús el Redentor,
   Buscaremos de su faz el celeste resplandor;
   Y librados por su amor, hoy cantemos su loor. [bis:]

4. Hoy venimos, oh Jesús, tu presencia a conocer,
   De tu gloria y santa luz, junto con tu pueblo a ver.
   Por Ti hemos de gozar dichas de tu eterno hogar. [bis:]

5. Que la buena nueva hoy resplandezca para el bien
   De perdidos, salvación, y de santos, luz también;
   Sea así el día de El de gran gozo al pueblo fiel. [bis:] Amén.

John Newton. © 1964, George P. Simmonds, Tr. Estrofas 1, 3. Usado con permiso. R. Wayne Andersen, Tr. Estrofas 2, 4, 5.

25 El Día de Reposo (321 TH; 33 EH; 232 HVC)
OH DAY OF REST AND GLADNESS (7.6.7.6.D.)

1. El día de reposo, de gozo y santa paz,
   Por lágrimas da gozo su bálsamo eficaz;
   Aquí postrados ante el trono celestial,
   Los tuyos, Cristo amado, dan gloria eternal.

2. Es puerto y buen amparo de toda tempestad,
   Y huerto bien regado por fuentes de piedad,
   En él provees agua en este sequedal,
   Y un monte donde vemos la patria celestial.

3. Oh, horas de consuelo, de santa reflexión,
   En que del mundo al cielo se eleva la afección;
   La bendición busquemos del día de reposar,
   Su plenitud tendremos en nuestro eterno hogar.

4. Hoy, sobre las naciones cae célico maná;
   A tus convocaciones tu voz llamando está;
   El santo evangelio cual luz de gran fulgor,
   Cual río vivo y bello refresca al pecador.

5. Teniendo nuevas gracias del día de solaz,
   El cielo alcanzamos, benditos por Ti, Dios;
   A Ti la iglesia alaba, bendita Trinidad,
   Al Padre, Hijo, Espíritu por la eternidad. Amén.

26 ¿Quién Habitará en Tu Morada? *(Salmo 15)* (473 TH; alt.181 TH)
ORIGINAL IN SPANISH (11.11.11.5.)

1. ¿Quién, mi Señor, habitará dichoso,
   En tu morada, o en tu monte santo?
   ¿Y tras quebranto encontrará el eterno, dulce reposo?

2. El que camina sin dudar derecho,
   Por sendas rectas, libres de malicia;
   Y obra justicia y la verdad preciada habla su pecho.

3. El que su lengua a maldecir no apresta,
   Ni daño causa a prójimo ninguno;
   Ni al importuno que contra él murmura crédito presta.

4. El que a los viles con desdén censura,
   Mas honra a cuantos a Eterno temen;
   Y aunque jurara en perjuicio propio, jamás perjura.

5. El que no presta su dinero a usura,
   Ni por cohecho al inocente vende;
   Quien esto hiciera vivirá en morada siempre segura. Amén.

27 Señor, ¿Quién Entrará? (9 HB)
ORIGINAL IN SPANISH

1. Señor, ¿quién entrará en tu santuario para adorar?
Señor, ¿quién entrará en tu santuario para orar?
El de manos limpias y un corazón puro,
Y sin vanidades que sepa amar. [bis:]
2. Señor, yo quiero entrar en tu santuario para adorar.
Señor, yo quiero entrar en tu santuario para orar.
Dame manos limpias y un corazón puro,
Y sin vanidades enséñame a amar. [bis:]
3. Señor, ya puedo entrar en tu santuario para adorar.
Señor, ya puedo entrar en tu santuario para orar.
Tu sangre me limpia, tu gracia me acerca,
Tu Espíritu Santo obra en mí tu amor. [bis:]

28 Jesucristo, Hoy Tu Voz (220 TH)
BLESSED JESUS AT THY WORD (7.8.7.8.8.8.)

1. Jesucristo, hoy tu voz nos congrega para oírte,
Habla al alma y corazón para amarte y seguirte;
Pues, tu libro santo y vivo nos conduce a amarte sólo.
2. Nuestra ciencia toda está ciega, débil y obscura,
Hasta que tu Espíritu resplandezca en eficiencia;
Guiarnos a Dios puedes solo y obrar el bien interno.
3. Luz de luces, Tú, Jesús, de Dios Padre procedente,
Hoy imparte de tu Ser y tu luz resplandeciente;
Abrenos oídos y ojos para andar en tus caminos.
4. Padre, Hijo, Espíritu, ¡Gloria a Ti y alabanzas!
Reposar concédenos pleno en tu verdad eterna;
Por virtud y amor de Cristo oye el ruego de tu pueblo. Amén.

Tobias Clausnitzer, R. Wayne Andersen, Tr. con agradecimiento a Oskar Arocha.
© 2000 Publicaciones Faro de Gracia.

29 El Padre Nuestro (625, 65 TH)
THE LORD'S PRAYER (11.10.11.10.)

1. Oh Padre nuestro que estás en los cielos, santificado seas en verdad.
Venga tu reino y hágase tu agrado, en esta tierra como se hace allá.
2. Danos, Señor, el pan de cada día; también perdona Tú nuestra maldad.
Como nosotros hemos perdonado, a todos los que nos han hecho mal.
3. Sé nuestro amparo en las tentaciones, mas líbranos del mundo y su maldad.
Pues tuyo es el reino y la gloria, y por los siglos tuyo es el poder. Amén.

30 Corazones Te Ofrecemos *(Salmo 65)* (18 HB; 381 NTH; 46 HFA; alt.269, 42 TH)
ORIGINAL IN SPANISH (8.7.8.7.D.)

1. Corazones te ofrecemos, Dios de vida y plenitud;
   Al Señor hoy honraremos con lealtad y gratitud.
   Tú perdonas rebeliones al que escoges para bien;
   En tus atrios los recibes para darles tu sostén.
2. Tú respondes en justicia y tremendas cosas das;
   Tierra y mar los beneficias con salud, sostén y paz.
   En la tierra Tú afirmas las montañas con poder;
   Y el rugir de mares callas y al gentío en su correr.
3. Las mañanas las alegras, a las tardes das favor;
   Maravillas son tus obras, que producen gran pavor.
   Tú visitas a tu pueblo con tu gloria, oh Señor,
   Y lo riegas con tu gracia, lo enriqueces con favor.
4. Por tu Espíritu el yelmo de renuevos vestirás,
   Y a tu pueblo como huerto con sus frutos llenarás;
   Gracias hoy, Señor, te damos porque aceptas la oración,
   Y los votos te pagamos con placer y devoción. Amén.

31 Mi Corazón Elevo a Tí (93 TH; 416 HB)
LORD, MY WEAK THOUGHT (L.M. o 8.8.8.8.)

1. Mi corazón elevo a Ti con reverencia y humildad,
   Y me dispongo a recibir los designios de tu verdad.
2. Oh Dios, ¡cuán vana es mi razón! al contemplar tu eterno plan,
   O cuestionar tu juicio así, formado antes del Edén.
3. Cuando lo que ordenado está demandaría comprender,
   Es muy profundo para mí, en vano quisiera entender.
4. Y cuando dudas me ahoguen, cual olas de profundidad;
   Sobre esta base firme estoy: cuan soberana es tu bondad.
5. Que sea siempre mi gozo aquí: que riges todo en orden.
   Tu sabia y soberana ley acepto yo con sumisión.
6. Tu sabiduría acatar, y de tus juicios ir en pos.
   Haz que mi alma vea tu luz, y solo atienda a tu voz. Amén.

Ray Palmer; R. Wayne Andersen, Tr. © 2000 Publicaciones Faro de Gracia

EL CULTO: CONSAGRACION

32 Oh, Luz que Brota de Su Luz (56 TH)
O SPLENDOR OF GOD'S GLORY BRIGHT (L.M. o 8.8.8.8.)

1. Oh, Luz que brota de su luz, brillando siempre en sombra y sol,
   Con inefable magnitud de Dios, eterno resplandor.
2. Oh, ven, radiante Sol de Dios, revélanos tu voluntad;
   Tu santo Espíritu de amor dirija nuestro diario obrar.
3. El corazón confírmanos a hacer el bien y odiar el mal;
   En fe y amor renuévanos que de tu Espíritu es señal.
4. Gozoso el día pase así, por tu constante dirección,
   Y al descansar repose en Ti, seguro, nuestro corazón.
5. Amaneciendo el nuevo día, veremos a El en su esplendor,
   El Hijo y el Padre celestial, en gloria uno y en honor.   Amén.

Ambrose de Milan; F.J. Pagura, Tr. estrofas 1, 2, 4; R. Wayne Andersen, Tr. estrofas 3, 5.

33 Cuanto Soy y Cuanto Encierro *(Salmo 139)* (2 TH; 23 HB)
ORIGINAL IN SPANISH (8.7.8.7.)

1. Cuanto soy y cuanto encierro manifiesto es para Ti;
   Pues tu vista escrutadora, Oh Señor penetra en mí.
2. Si se agita mi conciencia, Tú percibes su emoción;
   Razonar ves a la mente, meditar al corazón.
3. Ves mis dudas o esperanzas, mi sosiego o mi inquietud,
   Mis tristezas o alegrías, mi dolencia o mi salud.
4. Y hasta el íntimo deseo que en mi pecho se abrigó;
   Sin que el labio lo expresara, en tu oído resonó.
5. ¡Oh gran Dios! Si yo contemplo tu infinita perfección,
   El asombro llena mi alma, ¡Se confunde mi razón! Amén.

34 La Hora Santa Llega (321 TH; 1 EH; 258 HB)
ORIGINAL IN SPANISH (8.7.8.7.D.)

1. La hora santa llega, empieza la oración;
   El alma a Dios se entrega, silencio y atención;
   Para elevar la mente ante el Supremo Ser,
   Silencio reverente habremos de guardar.
2. Los coros celestiales a Dios cantando están;
   A unirse con los tales plegarias nuestras van;
   Alcemos, pues, el alma con santa devoción,
   Gozando en dulce calma de Dios la comunión.
3. La Biblia bendecida, de Dios revelación,
   A meditar convida en nuestra condición;
   ¡Silencio! que ha llegado el culto de oración,
   Dios se halla a nuestro lado: ¡Silencio y devoción! Amén.

35 Dios de Amor, Te Imploramos (316 HB; alt.460 TH)
GOD OF LOVE, WE HUMBLY IMPLORE YOU (8.7.8.7.D.)

1. Dios de amor, humildemente te imploramos con tesón:
   Limpia los motivos nuestros; danos purificación.
   Consagrados a Ti, Cristo, te queremos hoy servir;
   Usa para gloria tuya nuestro esfuerzo por instruir.
2. Cuando estemos indecisos y sin luz o dirección,
   Danos tu sabiduría; oye nuestra petición.
   Que vivamos esperando que tu plan indicarás,
   Que las dudas cual las nubes tu luz ahuyentará.
3. Si bendices las lecciones, premio grato nos será,
   Pues es nuestro solo anhelo tu gran nombre elevar;
   Toma nuestras aptitudes, sean para tu loor;
   Que seamos siervos dignos en el reino del Señor. Amén.

Carol McAffee Morgan, George P. Simmonds, Tr. © 1978 Casa Bautista de Publicaciones. Todos los derechos reservados. Usado con permiso.

36 Luz de Vida, Alúmbrame (333 TH; 21 EH)
LIGHT OF LIGHT, ENLIGHTEN ME (7.8.7.8.7.7.)

1. Luz de vida alúmbrame, para Ti hoy nace el día,
   Sol de gracia, líbrame de mi vida tan sombría;
   En tu luz anhelo andar, y en Ti siempre descansar.
2. Manantial de gozo y paz, llévame a la viva fuente;
   Con el pan celeste, oh, haz que yo siempre me alimente;
   Tu palabra en mí, Señor, frutos dé para tu honor.
3. Prende el fuego en el altar de mi corazón devoto,
   Te deseo preparar sacrificio en santo voto;
   Que haya sólo fuego allí que prendido esté por Ti.
4. Dando culto a tu loor, "Santo, Santo," a Ti cantamos,
   Arrobadas desde aquí, nuestras almas Te rendimos;
   Te honraremos hoy así, cual los ángeles allí.
5. Fuera toda vanidad, porque santo es este día,
   Ven, gloriosa Majestad, llena Tú el alma mía;
   Qué más puedo desear, solo en tu presencia estar. Amén.

George P. Simmonds, Tr. estrofas 1-3. © 1963 Word Music, Inc / ASCAP. Todos los derechos reservados. Usado con permiso.
R. Wayne Andersen, Tr. estrofas 4, 5.

LA TRINIDAD

37 A Dios Dad Gracias (92 TH)
ALL GLORY BE TO THEE, MOST HIGH (8.7.8.7.8.8.7.)

1. A Dios dad gracias, dad honor y gloria en las alturas;
   Pues sabio y grande protector, bendice a sus criaturas,
   Con fuerte y buena voluntad remedia la necesidad,
   Y alivia las tristuras.
2. Dios, Padre, justo eres Tú, grande soberanía
   Es infinito tu amor, sin límites tu ciencia;
   Tu voluntad se ha de cumplir: enséñanos a bendecir,
   Tu sabia providencia.
3. ¡Oh Jesucristo, Salvador de los que están perdidos!
   Del Padre eterno resplandor, luz de los redimidos,
   Cordero santo, Redentor, en nuestra muerte ampáranos,
   ¡Y salva a tus ungidos!
4. ¡Oh Santo Espíritu de Dios! Con tu eficaz consuelo
   En dura lid defiéndenos, cual padre al pequeñuelo.
   Por la pasión y amarga cruz de Cristo, nuestro bien y luz,
   Elévanos al cielo. Amén.

38 Oh Padre, Eterno Dios (89 TH; 173 EH; 6 HVC; 2 HB)
COME, THOU ALMIGHTY KING (6.6.4.6.6.6.4.)

1. ¡Oh Padre, eterno Dios!
   Alzamos nuestra voz en gratitud,
   De cuanto Tú nos das con sin igual amor,
   Hallando nuestra paz en Ti, Señor.
2. ¡Bendito Salvador!
   Te damos con amor el corazón;
   Y aquí nos puedes ver que humildes a tu altar,
   Venimos a ofrecer precioso don.
3. ¡Espíritu de Dios!
   Escucha nuestra voz; y tu bondad,
   Derrame en nuestro ser divina claridad,
   Para poder vivir en santidad.
4. Oh santo y trino Dios,
   Atiende a nuestra voz, prez y loor;
   Haz que en la eternidad cantemos tu bondad,
   Tu gloria y majestad en santo amor. Amén.

39 Al Padre, Dios de Amor (17 TH; alt.108 TH)
I GIVE IMMORTAL PRAISE (6.6.6.6.8.8.)

1. Al Padre, Dios de amor queremos alabar;
   Nos dio consuelo y paz, su gracia nos brindó;
   Y en una cruz al Cristo dio, al pecador por rescatar.

2. Jesús el Redentor es digno de loar;
   De muerte y de pecar su sangre no libró;
   Por siempre el triunfo es del Señor, su reino permanecerá.

3. Espíritu de Dios, de luz y de verdad;
   Que con poder nos das tu gozo y salvación;
   A Ti la gloria y el honor naciones todas te darán.

4. ¡Oh Padre, Dios de paz! ¡Oh Hijo Redentor!
   ¡Oh Espíritu de amor! ¡Sagrada Trinidad!
   Do la razón no alumbra ya, el alma rinde adoración. Amén.

40 A Nuestro Padre Dios (117 TH, 173 EH, 5 HB)
ORIGINAL IN SPANISH (6.6.4.6.6.6.4.)

1. A nuestro Padre Dios, alcemos nuestra voz en gloria a El;
   Tal fue su amor que dio al Hijo que murió,
   Y así nos redimió; ¡Oh gloria a El!

2. A nuestro Salvador, demos con fe, loor y gloria a El;
   Su sangre derramó, con ella nos lavó,
   Y el cielo nos abrió; ¡Oh gloria a El!

3. Espíritu de Dios, elevo a Ti mi voz; doy gloria a Ti;
   Con celestial fulgor me muestras el amor,
   De Cristo, mi Señor; ¡Oh gloria a El!

4. Con gozo y amor, cantemos con fervor al Trino Dios;
   Desde la eternidad reina la Trinidad;
   ¡Por siempre alabad al Trino Dios! Amén.

41 Padre Dios, en Ti Vive Todo Ser (2 TH)
GOD AND FATHER, IN THEE WE LIVE (8.7.8.7.)

1. Padre Dios, pues en Ti vive y se mueve todo ser,
   Nuestra gratitud recibe por tu amor y tu poder.

2. A Ti, Verbo encarnado y divino Redentor,
   Hoy tu pueblo rescatado canta unido con fervor.

3. Santo Espíritu, alabamos hoy tus dones, tu favor;
   Con los santos exaltamos tu poder renovador.

4. A las huestes nos unimos que Te cantan con amor,
   Y tu nombre bendecimos, trino y eternal Señor. Amén.

LA TRINIDAD

42 Dad al Padre Toda Gloria (3 HVC; 19 HFA)
I WILL PRAISE HIM (8.7.8.7. c/ coro)

1. Dad al Padre toda gloria, dad al Hijo todo honor,
Y al Espíritu Divino alabanzas de loor.
Coro: ¡Adoradle, adoradle, adorad al Salvador!
Tributadle toda gloria, pueblo suyo por su grande amor.
2. ¡Adoradle, oh Iglesia! por Jesús tu Redentor,
Rescatada por su gracia, libre por su grande amor.
3. Entonadle un canto nuevo, huestes libres del Señor;
Tierra, cielos, mar y luna, gloria dan al Trino Dios.
Ultimo coro: Yo te adoro, yo te adoro; yo te adoro, buen Jesús.
Yo te adoro reverente, ¡Oh, Cordero santo de mi Dios!

43 Padre en los Cielos (507 TH; 2 HVC; alt.88 TH)
FATHER OF HEAVEN, WHOSE LOVE PROFOUND (L.M. o 8.8.8.8.)

1. Padre en los cielos, con amor ofreces vida al pecador.
Ante tu trono en humildad, perdón pedimos en tu bondad.
2. Verbo encarnado a tu grey eres fiel Sacerdote, Rey.
Ante tu trono en humildad, pedimos gracia, amor, piedad.
3. Consolador, tu aliento es divino guía a nuestros pies.
Ante tu trono en humildad, rogamos: "Haz hoy tu voluntad."
4. Padre, Hijo, Santo Espíritu; un Dios, Autor de la salud.
Ante tu trono en humildad, damos loor a la Trinidad. Amén.

Edward Cooper. E. de Eck, Tr. © Copyright 1966 Christian Publications, Inc.
Todos los derechos reservados. Usado con permiso.

44 Te Loamos, ¡Oh Dios! (171 EH; 3 HB)
WE PRAISE THEE, O GOD (11.11. c/ coro)

1. Te loamos, ¡oh Dios! con unánime voz,
Pues en Cristo tu Hijo nos diste perdón.
Coro: ¡Aleluya! Te alabamos, ¡Cuán grande es tu amor!
¡Aleluya! Te adoramos, bendito Señor.
2. Te alabamos, Jesús, pues tu trono de luz,
Tu dejaste por darnos salud en la cruz.
3. Te damos loor, Santo Consolador,
Que nos llenas de gozo y santo valor.
4. Unidos cantad, a la gran Trinidad,
Que es la fuente de gracia, virtud y verdad.

LA TRINIDAD

45 Ven, Oh Todopoderoso (174 EH)
ORIGINAL IN SPANISH (8.7.8.7.D.)

1. Ven, oh Todopoderoso, adorable Creador,
   Padre santo, amoroso manifiesta tu amor;
   A tu trono de clemencia levantamos nuestra voz,
   Tu presencia te pedimos, nuestro Padre, nuestro Dios.

2. Ven, oh Salvador Divino, Dios de nuestra salvación;
   En nosotros haz morada, vive en nuestro corazón.
   Eres Tú, Jesús, benigno; eres infinito amor;
   Oyenos, te suplicamos; ven, bendícenos, Señor.

3. Ven, Espíritu divino, danos tu precioso don;
   Dios Consolador inspira paz en nuestro corazón.
   La herencia de los santos déjanos hallar en Ti,
   Y la vida de los cielos gozaremos ya aquí. Amén

46 Solo a Ti, Dios y Señor (198 TH; 169 EH; 7 HB)
ORIGINAL IN SPANISH (7.7.7.7. c/aleluyas)

1. Solo a Ti Dios y Señor, adoramos, [adoramos,]
   Y la gloria y el honor, tributamos, [tributamos,]
   Sólo a Cristo, nuestra luz, acudimos, [acudimos;]
   Por su muerte en la cruz, revivimos, [revivimos.]

2. Un Espíritu, no más, nos gobierna, [nos gobierna,]
   Y con el Señor nos da paz eterna, [paz eterna.]
   El es fuego celestial cuya llama, [cuya llama,]
   En amor angelical, nos inflama, [nos inflama.]

3. Disfrutamos tu favor, solamente, [solamente,]
   Por Jesús fuente de amor, permanente, [permanente.]
   Sólo El nos libertó de la muerte, [de la muerte,]
   Sólo El se declaró nuestro fuerte, [nuestro fuerte.]

4. Sólo Tú oh Creador, Dios eterno, [Dios eterno,]
   Nos libraste del furor, del infierno, [del infierno;]
   Y por esto con placer, proclamamos, [proclamamos,]
   Que solo en tu gran poder, esperamos, [esperamos.]

LA TRINIDAD

47 De Boca y Corazón (86 TH; 239 HB)
NOW THANK WE ALL OUR GOD (6.7.6.7.6.6.6.6.)

1. De boca y corazón load al Dios del cielo,
Pues, diónos salvación, salud, paz y consuelo.
Tan sólo a su bondad debemos nuestro ser,
Su santa voluntad nos guía por doquier.
2. ¡Oh Padre celestial! ven, danos este día,
Un corazón filial y lleno de alabanza.
Consérvanos la paz, tu brazo protector,
Nos lleve a ver tu faz en tu ciudad, Señor.
3. Dios Padre, Creador, con gozo te adoramos.
Dios Hijo, Redentor, tu salvación cantamos.
Dios Santificador, te honramos en verdad.
Te ensalza nuestra voz, bendita Trinidad. Amén.

48 Oh, Criaturas del Señor *(Salmo 117)* (3 ii TH; 53 EH)
ALL CREATURES OF OUR GOD AND KING (8.8.4.4.8.8. c/aleluyas)

1. Oh, criaturas del Señor, cantad con melodiosa voz;
¡Alabadle! ¡Aleluya! Ardiente sol con tu fulgor;
Oh, luna de suave esplendor; ¡Alabadle! ¡Aleluya!
¡Alabadle! ¡Aleluya! ¡Aleluya!
2. Viento veloz, potente alud, nubes en claro cielo azul,
¡Alabadle! ¡Aleluya! Suave dorado amanecer,
Tu manto, noche, al extender, ¡Alabadle! ¡Aleluya!
¡Alabadle! ¡Aleluya! ¡Aleluya!
3. Pródiga tierra maternal que fruto brindas sin cesar,
¡Alabadle! ¡Aleluya! Rica cosecha, bella flor,
Magnificad al Creador, ¡Alabadle! ¡Aleluya!
¡Alabadle! ¡Aleluya! ¡Aleluya!
4. Con humildad y con amor cante la entera creación;
¡Alabadle! ¡Aleluya! Al Padre, al Hijo Redentor,
Y al Eternal Consolador, ¡Alabadle! ¡Aleluya!
¡Alabadle! ¡Aleluya! ¡Aleluya!   Amén.

DIOS: EL CREADOR

49 ¡Cuán Grande Es El! (15 HVC; 51 EH; 20 HB)
HOW GREAT THOU ART (11.10.11.10. c/coro)

1. Señor, mi Dios, al contemplar los cielos,
   El firmamento y las estrellas mil;
   Al oír tu voz en los potentes truenos,
   Y ver brillar el sol en su cenit:

Coro:
   Mi corazón entona la canción,
   ¡Cuán grande es El! ¡Cuán grande es El!
   Mi corazón entona la canción,
   ¡Cuán grande es El! ¡Cuán grande es El!

2. Al recorrer los montes y los valles,
   Y ver las bellas flores al pasar;
   Al escuchar el canto de las aves,
   Y el murmurar del claro manantial:

3. Cuando recuerdo del amor divino,
   Que desde el cielo al Salvador envió;
   Aquel Jesús que por salvarme vino,
   Y en una cruz sufrió por mí y murió.

4. Cuando el Señor me llame a su presencia,
   Al dulce hogar al cielo de esplendor,
   Le adoraré cantando la grandeza,
   De su poder y su infinito amor.

Stuart K. Hine. © 1958 Asignado a Manna Music, Inc. Renovado 1981. Todos los derechos reservados. Usado con permiso.

50 Hoy Canto el Gran Poder de Dios (526 TH; 10 HB)
I SING THE MIGHTY POWER OF GOD (C.M.D. o 8.6.8.6.D.)

1. Hoy canto el gran poder de Dios; los montes El creó;
   Habló al mar con fuerte voz; los cielos extendió.
   Su mente sabia cantaré; poder al sol le dio.
   Las luces de la noche, sé que El las decretó.

2. De Dios hoy canto la bondad que bienes proveyó,
   Para uso de la infinidad de todo lo que creó.
   Sus maravillas por doquier ¡Cuán numerosas son!
   Mis ojos bien las pueden ver en toda su creación.

3. Tu gloria, oh Dios, la creación demuestra por doquier;
   Más gloria de tu salvación declare todo ser.
   En ella vemos, oh Señor, que la vida sólo das;
   Y en la nueva creación, allí presente estás. Amén.

Isaac Watts. George Simmonds, Tr. © 1978 Casa Bautista de Publicaciones. Todos los derechos reservados. Usado con permiso. R. Wayne Andersen, Tr. estrofa 3.

DIOS: EL CREADOR

51 Dios, Que el Mundo Has Hermoseado (424 TH; 49 EH)
GOD, WHO TOUCHEST EARTH WITH BEAUTY (8.5.8.5.)

1. Dios que el mundo has hermoseado, en mi corazón,
   De tu Espíritu divino la hermosura pon.
2. Cual tus fuentes hazme puro, cual lo es el cristal;
   Hazme cual tus peñas grandes firme contra el mal.
3. Como llena el sol el mundo, llena Tú mi ser,
   Como el pino recto y fuerte, hazme así crecer.
4. Como son tus cielos altos, hazme en mi pensar;
   Todo sueño en obra noble, házmelo expresar.
5. Dios, que el mundo has hermoseado, guarda Tú mi ser,
   Puro, verdadero y fuerte por tu gran poder. Amén.

George P. Simmonds, Tr. © 1964 Word Music, Inc / ASCAP. Usado con permiso.

52 Loor Te Ofrecemos (83 TH; 14 EH)
WE PRAISE THEE, O GOD, OUR REDEEMER (12.11.12.12.)

1. Loor te ofrecemos, Creador y Dios nuestro,
   Tributo traemos por tu redención;
   Te lo presentamos, y humildes te adoramos,
   Tu nombre bendecimos en dulce canción.
2. Dios de nuestros padres, te glorificamos,
   Por niebla y tormenta tu guía nos das;
   En dificultades tus sin igual bondades,
   Nos salvan, y vencerlas, Señor, nos harás.
3. Con voces unidas a Ti cantaremos,
   Estrofas gloriosas de grato loor;
   Tu mano que guía nos lleva todavía;
   Al nombre tuyo siempre daremos honor. Amén.

53 De Mundos Creador *(Salmo 84)* (302 TH; 16 EH)
LORD OF THE WORLDS ABOVE (6.6.6.6.8.8.)

1. De mundos Creador, oh cuán amables son,
   Tus atrios do hallo paz y santa comunión;
   Allí tu voz quiero escuchar y contemplar tu rostro, oh Dios.
2. Feliz aquel que a Dios levanta petición,
   Feliz quien con la voz le eleva su oración;
   Te dan loor con su canción que sube en Sion al Dios de amor.
3. De fortaleza irán a fortaleza en Sion;
   A Dios contemplarán llegando a su mansión;
   Dios, nuestro Rey, guiará a su hogar y guardará el débil pie.
4. Eterno Sol y Luz es nuestro Dios de amor,
   Es nuestro Escudo fiel, y amable Bienhechor;
   Feliz aquel quien sigue en pos del santo Dios, confiando en El. Amén.

Isaac Watts. © 1964 George P. Simmonds, Tr. Usado con permiso.

54 El Mundo Es de Mi Dios (109 TH; 52 EH)
THIS IS MY FATHER'S WORLD (6.6.8.6.D.)

1. El mundo es de mi Dios, su eterna posesión.
   Eleva a Dios su dulce voz la entera creación.
   El mundo es de mi Dios, trae paz así pensar.
   El hizo el sol, y el arrebol, la tierra, cielo y mar.

2. El mundo es de mi Dios; escucho alegre son,
   Del ruiseñor que a su Señor eleva su canción.
   El mundo es de mi Dios y en todo alrededor,
   Las flores mil con voz sutil declaran fiel su amor.

3. El mundo es de mi Dios; jamás olvidaré,
   Aunque infernal parezca el mal, mi Padre Dios es Rey.
   El mundo es de mi Dios, y al Salvador Jesús,
   Hará vencer por su poder por la obra de la cruz.

4. El mundo es de mi Dios, del Padre celestial;
   Y nada habrá de detener su triunfo eternal.
   El mundo es de mi Dios: confiada mi alma está,
   Pues, Dios en Cristo, nuestro Rey, por siempre reinará. Amén.

55 ¡Abba, Padre! Te Adoramos (460 ii TH; alts.400, 269 TH)
ORIGINAL IN SPANISH (8.7.8.7.D.)

1. ¡Abba, Padre! te adoramos en el nombre de Jesús;
   Dios y Padre te llamamos, hechos hijos de la luz.
   Ya del juicio libertados por la muerte del Señor,
   Y por El reconciliados, disfrutamos de tu amor.

2. Pródigos un tiempo fuimos, y alejados del hogar;
   Mas tu voz de amor oímos, pues quisístenos llamar.
   Por Jesús nos perdonaste, y nos allegaste a Ti;
   Nos besaste y nos sentaste en tu comunión aquí.

3. Por tu mano revestidos del ropaje de salud;
   En tu casa recogidos por tu gran solicitud;
   Redimidos y lavados por la sangre de Jesús;
   Restaurados, bien amados, somos hijos de la luz.

4. ¡Abba! Todos te alabamos, muy contentos de saber,
   Que los bienes que gozamos nos revelan tu querer,
   Que Tú encuentras complacencia en mostrarnos tu favor;
   Y por tal benevolencia te adoramos con fervor. Amén.

© 1964, George P. Simmonds. Usado con permiso.

DIOS: EL PADRE

56 Hijos del Padre Celestial (233 HB)
CHILDREN OF THE HEAVENLY FATHER (8.8.8.8.)

1. Nuestro Padre con su gracia a sus hijos los protege;
Ni los pájaros ni estrellas, han tenido tal albergue.
2. Dios los cuida y alimenta, y cual plantas que florecen,
El los guarda presuroso, y en sus brazos los recoge.
3. Dios su gracia les otorga; sus tristezas El conoce;
No se olvidará de ellos, ni en la vida, ni en la muerte.
4. Y aunque pasen muchas penas, Dios a ellos no abandona;
Es Su fin perfeccionarlos y preservarlos en gloria. Amén.

Caroline V. Sandell-Berg. Salomón Mussiett C., Tr.
© 1978 Casa Bautista de Publicaciones. Usado con permiso.

57 Hijos del Celeste Rey (499 TH; 4 EH; 521 HB)
CHILDREN OF THE HEAVENLY KING (7.7.7.7.)

1. Hijos del celeste Rey, dulces cánticos alzad.
Al Pastor de nuestra grey alabanzas entonad.
2. Sólo del benigno Dios viene amor y salvación;
Y marchamos de El en pos demostrando devoción.
3. En su gracia se hallan paz, perdón, júbilo, salud,
Que a las almas dan solaz, y disipan la inquietud.
4. Es Jesús el Sumo Bien; siempre en su favor confiad;
Preparónos en su Edén eternal felicidad.
5. Vuestros cantos, pues, alzad a su trono con fervor,
Y homenaje tributad a la gloria del Señor. Amén.

58 Tu Pueblo Jubiloso (224 TH; 15 EH; 224 HVC)
WITH JOYOUS VOICES SINGING (7.6.7.6.D.)

1. Tu pueblo jubiloso se acerca a Ti, Señor,
Y con triunfantes voces hoy canta tu loor;
Por todas tus bondades que das en plenitud,
Tu pueblo humildemente te expresa gratitud.
2. Aunque el humano nunca te pueda aquí palpar,
Empero con los tuyos has prometido estar;
Los cielos te revelan, Rey nuestro y gran Creador,
Sentimos tu presencia en nuestro ser, Señor.
3. Oh Cristo, te adoramos, te damos nuestro amor,
Oh llena nuestras vidas de fuerza, fe y valor;
Impártenos tu gracia, Rey célico, inmortal,
Que siempre te rindamos adoración leal. Amén.

59 Alabad al Dios y Rey *(Salmo 136)* (30 TH; alt. 329 TH)
LET US, WITH A GLADSOME MIND (7.7.7.7.)

1. ¡Alabad al Dios y Rey! El es bueno a su grey;
   Sus mercedes siempre son grandes, fieles y sin fin.
2. Proclamad con alta voz el honor de nuestro Dios;
   Sus mercedes siempre son grandes, fieles y sin fin.
3. Alabadle por el sol que del día es resplandor;
   Sus mercedes siempre son grandes, fieles y sin fin.
4. El es quien la lluvia da para hacer fructificar;
   Sus mercedes siempre son grandes, fieles y sin fin.
5. Por su pueblo amado El proveyó con mano fiel;
   Sus mercedes siempre son grandes, fieles y sin fin.
6. El nos vio en su piedad, perdonó la iniquidad;
   Sus mercedes siempre son grandes, fieles y sin fin.
7. Su grandeza y su valor, cantad todos al Señor;
   Sus mercedes siempre son grandes, fieles y sin fin. Amén.

John Milton. V. Cavallero, Tr. estrofas 2, 3, 4; R. Wayne Andersen, Tr. 1, 5, 6, 7.

60 Señor Jehová, Omnipotente Dios (616 TH; 152 HB)
GOD OF OUR FATHERS (10.10.10.10.)

1. Señor Jehová, omnipotente Dios,
   Tú que los astros riges con poder,
   Oye clemente nuestra humilde voz,
   Nuestra canción hoy dígnate atender.
2. Eterno Padre, nuestro corazón,
   A Ti profesa un humilde amor;
   Hazte presente en tu pueblo hoy;
   Tiéndenos, pues, tu brazo protector.
3. A nuestra patria da tu bendición;
   Enséñanos tus leyes a guardar;
   Alumbra la conciencia y la razón;
   Domina siempre Tú en todo hogar.
4. Defiéndenos del enemigo cruel;
   Concede a nuestras faltas corrección;
   Nuestro servicio sea siempre fiel;
   Rodéanos de tu gran protección. Amén.

DIOS: EL REY

61 Load al Gran Rey *(Salmo 104)* (110 TH; alt.13 TH)
MY SOUL, BLESS THE LORD (10.10.11.11)

1. ¡Load al gran Rey! ¡Su gloria cantad!
   Su amor a su grey con gracia alabad;
   Es nuestro escudo, baluarte y sostén,
   El omnipotente, por siglos. Amén.
2. Sus obras de amor, ¡cuán grandes, sin par!
   Sostiene los cielos, tierra y mar;
   Su mano sustenta las aves también,
   Sus hijos electos, ¡cuán cuidados son!
3. Su inmensa bondad ¿Qué lengua dirá?
   O ¿quién su verdad jamás sondeará?
   Con suma largueza a todos nos da,
   Y fiel su promesa también cumplirá.
4. Jamás comprender la mente podrá
   Su inmenso poder, su amor sin igual;
   Es maravillosa su gran creación,
   Mas, ¡Oh, qué asombrosa es su redención! Amén.

H. C. Braight, Tr. estrofas 1, 3-4; R. Wayne Andersen, Tr. estrofa 2.

62 Al Rey Adorad *(Salmo 104)* (13 TH; 6 EH)
O WORSHIP THE KING (10.10.11.11.)

1. Al Rey adorad, grandioso Señor,
   Y con gratitud cantad de su amor;
   Anciano de Días, nuestro Defensor,
   De gloria vestido, Te damos loor.
2. Decid de su amor, su gracia cantad,
   Vestido de luz y de majestad;
   Su carro de fuego en las nubes mirad,
   Son negras sus huellas en la tempestad.
3. ¿Quién puede tu providencia contar?
   Pues, tu aire me das con que respirar.
   En valles y en montes alumbra tu luz,
   Y con gran dulzura me cuida Jesús.
4. Muy frágiles son los hombres aquí,
   Mas por tu bondad confiamos en Ti;
   Tu misericordia, ¡cuán firme! ¡cuán fiel!
   Creador nuestro, Amigo y Redentor es El. Amén.

DIOS: EL REY

63 Soberano Padre y Rey (492 TH; alt.165, 245 TH)
SOVEREIGN RULER OF THE SKIES (8.8.8.8.)

1. Soberano Padre y Rey, siempre sabio, siempre fiel;
   Por los siglos reinará tu divina voluntad.
2. Cuando al mundo El creó mis tiempos determinó;
   Nacimiento y salvación, ambas por su gracia son.
3. Desde el vientre me formó, y mi vida decretó;
   A la tumba me guiará por su sabia potestad.
4. En salud o enfermedad, pobreza o prosperidad,
   En angustia y dolor, o en triunfo y esplendor.
5. Tiempos de la tentación, tiempos de gran bendición,
   Sobre todo reinará mi Amigo Celestial.
6. ¿Por qué he de tener temor? Me protege el Dios de amor;
   Ni la muerte yo veré hasta que la envíe El. Amén.

Frances Ryland, David Vater, Tr.; Usado con permiso.

64 ¡Oh Dios, Mi Soberano Rey! (116 TH; 11 EH; alt.481 TH)
ORIGINAL IN SPANISH (8.6.8.6.)

1. ¡Oh Dios, mi Soberano, Rey! A Ti daré loor;
   Tu nombre yo ensalzaré, santísimo Señor.
2. Tus obras evidencia son de infinito amor,
   Y cantan con alegre voz las glorias del Señor.
3. Aquel que busca salvación en Cristo, la hallará;
   A su ferviente petición El pronto atenderá. Amén.

65 Te Exaltaré, Mi Dios, Mi Rey *(Salmo 145:1-5)* (512 HB)

1. Te exaltaré, mi Dios, mi Rey; y bendeciré tu nombre,
   Eternamente y para siempre. Cada día te bendeciré,
   Y alabaré tu nombre eternamente y para siempre.
   Grande es Jehová, y digno de suprema alabanza;
   Y su grandeza es inescrutable. Cada día te bendeciré.
2. Generación a generación celebrará tus obras,
   Y anunciará tus poderosos hechos. Cada día te bendeciré.
   En la hermosura de tu gloria y en tus maravillas meditaré.
   Grande es Jehová, y digno de suprema alabanza;
   Y su grandeza es inescrutable. Cada día te bendeciré.

DIOS: EL REY / SU SANTIDAD

66 ¡Oh Mi Dios, Oh Rey Eterno! (299 HB; alt.63, 238 TH)
ORIGINAL IN SPANISH (8.7.8.7.8.7.)

1. Oh mi Dios, oh Rey eterno! Tu poder se extenderá;
   En los cielos y en la tierra para siempre reinarás;
   A sus hijos, a sus hijos Dios la vida eterna da.

2. "Admirable, Consejero, Príncipe de paz", vendrás;
   A los pueblos de la tierra tu evangelio llenará;
   Y las islas, y las islas tu perenne luz verán.

3. Ved la luz que se levanta en la cruz de salvación;
   "Id y doctrinad", Tú dices, y tus siervos van doquier;
   Predicando, predicando tu gloriosa redención.

4. Tú, ¡oh Cristo!, nos ayudas; con tu iglesia siempre estás;
   Sólo en Ti Señor, confiamos; no nos dejes desmayar;
   Tú diriges, Tú diriges, y tu reino triunfará. Amén.

67 Santo, Santo, Santo (87 TH; 170 EH; 1 HB)
HOLY, HOLY, HOLY (13.12.13.12)

1. ¡Santo! ¡Santo! ¡Santo! Señor omnipotente,
   Siempre el labio mío loores te dará;
   ¡Santo!¡Santo!¡Santo! Te adoro reverente,
   Dios en tres personas, bendita Trinidad.

2. ¡Santo! ¡Santo! ¡Santo! en numeroso coro,
   Santos escogidos te adoran sin cesar,
   De alegría llenos y sus coronas de oro,
   Rinden ante el trono y el cristalino mar.

3. ¡Santo! ¡Santo! ¡Santo! la inmensa muchedumbre,
   De ángeles que cumplen tu santa voluntad.
   Ante Ti se postra bañada de tu lumbre,
   Ante Ti que has sido, que eres y serás.

4. ¡Santo! ¡Santo! ¡Santo! por más que estés velado,
   E imposible sea tu gloria contemplar,
   Santo Tú eres solo y nada hay a tu lado,
   En poder perfecto, pureza y caridad.

5. ¡Santo! ¡Santo! ¡Santo! la gloria de tu nombre,
   Vemos en tus obras, en cielo, tierra y mar,
   ¡Santo!¡Santo!¡Santo! Te adorará todo hombre,
   Dios en tres personas, bendita Trinidad. Amén.

68 Santo Dios, Te Damos Loor (25 HB)
ORIGINAL IN SPANISH (8.8.8.8.8.8. irr.)

1. Santo Dios, te damos loor; nos postramos con reverencia;
   De la tierra Tú eres Señor, en el cielo todos te adoran,
   Infinito es tu poder, y tu reino siempre ha de ser.
2. Se oye el himno celestial de ángeles que en coro te cantan;
   Y en concierto musical, serafines, querubines,
   Cantan notas de adoración, Santo, Santo es el Señor.
3. Padre Santo, mi Jesús y el Consolador, Dios trino;
   Y en esencia uno sois. Te adoramos Dios bendito,
   Y te damos nuestro amor, a tu nombre, ¡Oh Salvador! Amén.

   Pablo Filós, Tr. © 1978 Casa Bautista de Publicaciones. Todos los derechos reservados. Usado con permiso.

69 Refugio y Fortaleza Es Dios *(Salmo 46)* (37 TH)
GOD IS OUR REFUGE AND OUR STRENGTH (C.M.D. o 8.6.8.6.D.)

1. Refugio y fortaleza es Dios; auxilio pronto es El.
   La tierra se conmueve, mas Dios permanece fiel.
   Los montes se deslizan, y se hunden en el mar;
   Se arroja grande espuma, mas se puede en Dios confiar.
2. Un río hay: sus aguas fluyen por la gran ciudad,
   Morada del Altísimo en gracia y santidad.
   Pues Dios en medio de ella está, segura quedará;
   Temprana ayuda le es su Dios, socorro le dará.
3. Bramaron las naciones, mas al escuchar su voz,
   La tierra derretida fue por el poder de Dios.
   Jehová de los ejércitos en medio nuestro está.
   Al pacto con Jacob es fiel: baluarte nos será.
4. Venid a contemplar las maravillas del Señor.
   Asolamientos hizo El en nuestro derredor.
   En todos los lugares Dios la guerra hará cesar.
   Los fuertes con sus armas Dios los sabe subyugar.
5. "Tranquilos todos, meditad, atentos a mi voz:
   Mi nombre magnificaréis; sabréis que yo soy Dios."
   Jehová de los ejércitos en medio nuestro está;
   Al pacto con Jacob es fiel: baluarte nos será. Amén.

   © 1997, Priscilla Piñero. Todos los derechos reservados. Usado con permiso.

DIOS: SU FIDELIDAD

70 Castillo Fuerte Es Nuestro Dios (81 TH; 285 EH; 26 HB)
A MIGHTY FORTRESS IS OUR GOD (8.7.8.7.6.6.6.6.7.)

1. Castillo fuerte es nuestro Dios, defensa y buen escudo;
   Con su poder nos librará, en todo trance agudo,
   Con furia y con afán, acósanos Satán;
   Por armas deja ver,
   Astucia y gran poder, cual él no hay en la tierra.

2. Nuestro valor es nada aquí, con él todo es perdido,
   Mas por nosotros pugnará de Dios el Escogido;
   Es nuestro Rey Jesús,
   El que venció en la cruz, Señor de Sabaoth,
   Y siendo sólo Dios, El triunfa en la batalla.

3. Aunque estén demonios mil, prontos a devorarnos,
   No temeremos porque Dios sabrá cómo ampararnos.
   Aun muestre su vigor Satán y su furor,
   Dañarnos no podrá,
   Pues condenado es ya por la Palabra Santa.

4. Esa palabra del Señor, que el mundo no apetece,
   Por el Espíritu de Dios muy firme permanece,
   Nos pueden despojar de bienes, nombre, hogar;
   El cuerpo destruir,
   Mas siempre ha de existir de Dios el reino eterno. Amén.

71 Oh Dios, Socorro en el Ayer *(Salmo 90)* (26 TH; 14 HVC; 219 HB)
O GOD, OUR HELP IN AGES PAST (C.M. o 8.6.8.6.)

1. Oh Dios, Socorro en el ayer, y hoy nuestro defensor.
   Ampáranos con tu poder y tu eternal favor.

2. Antes que toda la creación hiciera oír tu voz,
   Vivías Tú en perfección eternamente, oh Dios.

3. En Ti mil años sombras son, de un pasado ayer;
   Y en Ti se encuentra la razón de cuanto tiene ser.

4. El tiempo corre arrollador como impetuoso mar;
   Y así, cual sueño ves pasar cada generación.

5. Oh Dios, Refugio del mortal en tiempos de dolor,
   En Ti la dicha sin igual encuentra el pecador.

6. Nuestra esperanza y protección y nuestro eterno hogar,
   En la tormenta o en la paz, sé siempre Tú, Señor. Amén.

DIOS: SU FIDELIDAD

72 Nuestra Fortaleza *(Salmo 46)* (493 TH; 44 EH)
ORIGINAL IN SPANISH (6.5.6.5.D. c/coro)

1. Nuestra fortaleza, nuestra protección,
   Nuestro fiel socorro, nuestra bendición,
   Nuestro gran refugio, nuestra salvación,
   Es el Dios que adora nuestro corazón.

Coro: Nuestra fortaleza, nuestra protección,
   Es el Dios que adora nuestro corazón. Amén.

2. Que la tierra toda cambie de lugar,
   Y los montes rueden por el ancho mar;
   Nuestra fortaleza firme habrá de estar,
   Porque lo inmutable no podrá mudar.

3. A la voz tan sólo de su voluntad,
   Túrbanse los mares en su majestad;
   Tiembla la montaña, todo es vanidad,
   Al vibrar su acento por la inmensidad.

4. Que otros en sus fuerzas quieran descansar,
   O en las que este mundo les promete dar;
   Nunca todas ellas se han de comparar,
   Con la que pudimos en el cielo hallar.

73 ¡Alabanzas Hoy Cantad! (615 TH; 44 HFA)
COME, YE THANKFUL PEOPLE, COME (7.7.7.7.D.)

1. ¡Alabanzas hoy cantad! Loor eterno tributad,
   Al que protección y bien nos prodiga por doquier.
   Dios eterno, Redentor, de nuestra alma Proveedor,
   Hoy rindamos devoción y bendita adoración.

2. Todo campo es del Señor, suyo el célico fulgor,
   La llanura y el confín, y los horizontes mil.
   El rocío y el vapor, nos los brinda el Salvador;
   La cosecha y el calor son producto de su amor.

3. El Señor Jesús vendrá y a los suyos tomará,
   Como el fiel agricultor busca frutos en redor;
   Sus gavillas y porción en carruajes de canción,
   Hasta el cielo llevará y en su gloria guardará.

4. Ven en breve, buen Señor, con trompeta y resplandor,
   Que tu pueblo espera ya de este mundo libertad;
   En el cielo con Jesús y bebiendo de tu luz,
   Tus gavillas gozarán, y alabanza rendirán. Amén.

Henry Alford; Honorato T. Reza, Tr. © 1962 renovado 1990 Lillenas Publishing Co. Todos los derechos reservados. Usado con permiso de The Copyright Co.

DIOS: SU FIDELIDAD

74 Jehová Mi Pastor Es *(Salmo 23)* (663 TH; 181 HVC)
THE LORD IS MY SHEPHERD (11.11.11.11.)

1. Jehová mi Pastor es, no me faltará;
   En prados preciosos me pastoreará;
   Conduce El mis pasos por sendas de paz,
   Y en mi alma derrama completo solaz. [bis:]

2. Aunque ande en el valle de sombra al morir,
   No temeré males que puedan venir,
   Pues Tu estás conmigo no me aterrarán:
   Tu vara y cayado me confortarán. [bis:]

3. Mi mesa aderezas frente a la aflicción,
   Mi copa rebosa de tu bendición;
   Con óleo sagrado mi sien ungirás,
   Y bien infinito Tú a mi alma serás. [bis:]

4. Tus misericordias y sin igual bien,
   Me seguirán hasta que llegue al Edén;
   Al fin en tu alcázar y célico hogar,
   Por siglos sin fin voy contigo a morar. [bis:] Amén.

James Montgomery. © 1939 George P. Simmonds, Tr.; Usado con permiso.

75 Grande Es Tu Fidelidad (27 TH; 342 HVC; 230 HB)
GREAT IS THY FAITHFULNESS (11.10.11.10. c/coro)

1. Oh Dios eterno, tu misericordia
   Ni una sombra de duda tendrá;
   Tu compasión y bondad nunca fallan,
   Y por los siglos el mismo serás.

Coro: ¡Oh, tu fidelidad! ¡Oh, tu fidelidad!
   Cada momento la veo en mí.
   Nada me falta, pues todo provees,
   Grande, Señor, es tu fidelidad.

2. La noche oscura, el sol y la luna,
   Las estaciones del año también,
   Unen su canto cual fieles criaturas.
   Porque eres bueno, por siempre eres fiel.

3. Tú me perdonas, me impartes el gozo,
   Tierno me guías por sendas de paz;
   Eres mi fuerza, mi fe, mi reposo,
   Y por los siglos mi Padre serás.

Thomas O. Chisholm. H. T. Reza, Tr. © 1923 renovado1951, Hope Publishing Co. Todos los derechos reservados. Usado con permiso.

DIOS: SU FIDELIDAD

76 Mis Ojos a los Montes *(Salmo 121)* (463 TH; 231 HB; alt. 82 TH)
UNTO THE HILLS AROUND DO I LOOK UP (10.4.10.4.10.10.)

1. Mis ojos a los montes al redor levantaré;
   ¿De dónde, pues, socorro salvador alcanzaré?
   De Dios, el cual mi ayuda preparó;
   De Dios, quien cielos, tierra y mar formó.

2. Con El tu pie no puede resbalar: te sostendrá;
   El que te vela siempre sin cesar, te guardará;
   No duerme Dios, El te protege fiel;
   Así guarda al pueblo de Israel.

3. En Jehová, tu eterno Guardador, sombra hallarás;
   De todo mal Jehová tu Defensor, te amparará.
   El sol de día mal no te ha de hacer,
   Ni mal la luna en su anochecer.

4. A tu alma Dios, tu Rey, preservará de todo mal:
   Tu entrada y tu salida guardará el Eternal.
   El a Quien adoramos en verdad,
   Nos guardará por toda eternidad. Amén.

D. S. Campbell. George P. Simmonds, Tr. © 1978 Casa Bautista de Publicaciones. Todos los derechos reservados. Usado con permiso.

77 Jehová Es Mi Luz y Mi Salvación *(Salmo 27)* (528 TH; 291 HB)
GOD IS MY STRONG SALVATION (L.M. o 8.8.8.8.)

1. Jehová es mi luz y mi salud; ¿De quién pudiera yo temer?
   ¿Por qué vivir en la inquietud, si es El la fuerza de mi ser?

2. Su fuerte brazo paternal seguro amparo me dará,
   Y en medio de la tempestad a firme roca me guiará.

3. Si alzare el enemigo cruel de guerra campo contra mí:
   Temer no debo porque en El defensa firme siempre vi.

4. Tu gracia espero, mi Señor; oh Dios, responde a mi oración;
   Haz que tu rostro pueda yo mirar con gozo y con unción.

5. Mi frente entonces alzaré, del enemigo libre ya;
   Y en cantos mil que entonaré mi gratitud se mostrará.

6. Podré, pues, ver la salvación que Tú, Señor, me otorgarás;
   Y así, confiado el corazón, segura mi alma esperará. Amén.

78 Cuán Firme Cimiento (371 HB; alt.80 TH; 307 EH)
HOW FIRM A FOUNDATION (11.11.11.11.)

1. ¡Cuán firme cimiento se ha dado a la fe,
   De Dios en su eterna palabra, su ley!
   ¿Qué más El pudiera en su libro añadir,
   Si todo a sus hijos lo ha dicho el Señor? [bis:]

2. No temas por nada, contigo Yo soy;
   Tu Dios yo soy sólo, tu amparo seré;
   Tu fuerza y firmeza en mi diestra estarán,
   Y en ella sostén y poder te daré. [bis:]

3. No habrán de anegarte las ondas del mar,
   Si en aguas profundas te ordeno andar;
   Pues siempre contigo en angustias seré,
   Y todas tus pruebas podré bendecir. [bis:]

4. La llama no puede dañarte jamás,
   Si en medio del fuego te ordeno pasar;
   El oro de tu alma más puro será,
   Pues sólo la escoria se habrá de quemar. [bis:]

5. Mi amor siempre puro, invariable, eternal,
   En todos los tiempos te habrá de guardar;
   Seré con mi pueblo paciente Pastor,
   Que es de sus ovejas el fiel protector. [bis:]

6. Al alma buscando que en mi reposar,
   Jamás en sus luchas la habré de dejar;
   Si todo el infierno la quiere perder,
   ¡Yo nunca, no, nunca, la puedo olvidar!   Amén.

79 Jehová Es Mi Pastor (*Salmo 23*) (77 TH; 57 EH)
THE LORD'S MY SHEPHERD (C.M.)

1. Jehová es mi Pastor, y así jamás me faltará;
   Por pastos delicados voy, y me hace recostar.

2. Por aguas de reposo El consuelo a mi alma da;
   Por sendas de justicia y bien su amor me guiará.

3. Si en valle de la muerte voy, conmigo estás, Señor;
   Tu vara y tu cayado dan consuelo en mi temor.

4. A vista de mi angustiador, mi mesa suplirás;
   Mis sienes unges Tú, Señor, con sin igual bondad.

5. Mi copa rebosando está; sé que me seguirá,
   Tu gran merced hasta habitar en casa de Jehová.   Amén.

© 1964 George P. Simmonds, Tr., Usado con permiso.

DIOS: SU GRACIA Y SALVACION

80 Bendice, ¡Oh Alma Mía! *(Salmo 103)* (32 TH; 28 HB)
O BLESS THE LORD, MY SOUL (6.6.8.4.D.)

1. Bendice, oh alma mía a Jehová tu Dios,
   Y no te olvides de ensalzar su grande amor.
   Pues El te perdonó tu mucha iniquidad;
   Y al ver la angustia de Jesús, te dio la paz.

2. Tu vida rescató de la condenación;
   Y te corona de favor y bendición.
   El brinda enriquecer tu vida espiritual;
   Y en alas de esperanza y fe remontarás.

3. Un miserable soy, indigno pecador,
   Mas por la fe en mi Salvador, mi padre es Dios.
   Su Espíritu obra en mí y no me dejará;
   Al acabar mi vida aquí veré su faz. Amén.

81 Maravillosa Gracia (702 TH; 188 HFA)
WONDERFUL GRACE OF JESUS

1. Maravillosa gracia vino Jesús a dar,
   Más alta que los cielos, más honda que la mar,
   Más grande que mis culpas clavadas en la cruz,
   Es la maravillosa gracia de Jesús.

Coro:
   Inefable es la divina [la divina] gracia,
   Es inmensurable cual la [más profunda] mar,
   [Como clara fuente, siempre suficiente a los pecadores rescatar.]
   Fuente preciosa para el pecador [el pecador],
   Perdonando todos mis pecados [todos],
   Cristo me limpió de mi maldad [de mi maldad];
   Alabaré su dulce nombre por la eternidad.

2. Maravillosa gracia, gracia de compasión,
   Gracia que sacia el alma con plena salvación,
   Gracia que lleva al cielo, gracia de paz y luz,
   Es la maravillosa gracia de Jesús.

3. Maravillosa gracia llama con dulce voz,
   Llámanos a ser hechos hijos de nuestro Dios;
   Colma de su consuelo, nos llena de virtud,
   Es la maravillosa gracia de Jesús.

Laldor Lillenas, W.R. Adell, Tr. © 1946 Hope Publishing Co. Todos los derechos reservados. Usado con permiso.

82 Dios, con Corazón Ardiente (69 TH)
LORD, WITH GLOWING HEART (8.7.8.7.D.)

1. Dios, con corazón ardiente te anhelo alabar,
   Por tu gracia eminente que me pudo perdonar;
   Fuerzas da a mi débil alma que te alabe así mejor,
   Prende en mí divina llama para que te dé loor.

2. Oh, alábale mi alma al Dios que a ti te buscó,
   Tan rebelde, tan impía, de la muerte te sacó;
   Dale toda alabanza, por tu culpa fue a la cruz,
   Por terror te dio esperanza, por tinieblas te dio luz.

3. Gloria a Dios porque te trajo a la cruz del Salvador,
   Tu mirada en El fijando, te dio fe y el perdón;
   Por su gracia te dio aviso, despertó tu ansiedad,
   Te libró del gran abismo del castigo e iniquidad.

4. Dios, demuestro pobremente tu amor y tu bondad,
   Hoy postrado penitente ruego a Ti con humildad:
   Haz que en mí te glorifiques para amarte en verdad,
   Que en mi vida se demuestre tu justicia y santidad. Amén.

Francis Scott Key; David Vater, Tr.

83 ¡Cuán Solemne y Dulce Aquel Lugar! (271 TH)
HOW SWEET AND AWFUL IS THE PLACE (C.M. irr.)

1. ¡Cuán solemne y dulce aquel lugar donde mora Cristo, el Señor!
   Allí de sus manjares El despliega lo mejor.

2. ¡Banquete rico! el corazón, admirado, clama así:
   "¿Por qué, Señor? ¿Por qué será que me invitaste a mí?"

3. "¿Por qué me hiciste oír tu voz, y entrar y ver tu bondad?
   Pues miles de hambre mueren ya rehusando tu verdad."

4. Pues el mismo amor que el manjar sirvió,
   Dulcemente a entrar me llevó;
   Si no, en mi pecado aún habría estado yo.

5. Sobre las naciones, ¡piedad, Señor! Constríñelas a llegar;
   Envía tu Palabra allí y tráelas a tu hogar.

6. Tus iglesias llenas nos urge ver para que, con un corazón,
   La raza escogida de tu gracia eleve el son. Amén.

© 1991 Priscilla Piñero. Todos los derechos reservados. Usado con permiso.

84 Fuente de la Vida Eterna (400 TH; 18 EH; 35 HB)
COME, THOU FOUNT (8.7.8.7.D.)

1. Fuente de la vida eterna y de toda bendición;
   Ensalzar tu gracia tierna, debe cada corazón.
   Tu piedad inagotable, abundante en perdonar,
   Unico Ser adorable, gloria a Ti debemos dar.
2. De los cánticos celestes te quisiéramos cantar;
   Entonados por las huestes, que lograste rescatar.
   Almas que a buscar viniste, porque les tuviste amor,
   De ellas te compadeciste, con tiernísimo favor.
3. Toma nuestros corazones, llénalos de tu verdad;
   De tu Espíritu los dones, y de toda santidad.
   Guíanos en obediencia, humildad, amor y fe;
   Nos ampare tu clemencia; Salvador, propicio sé. Amén.

85 Sublime Gracia (402 TH; 227 EH; 183 HB)
AMAZING GRACE (C.M. o 8.6.8.6.)

1. Sublime gracia del Señor, que un infeliz salvó.
   Fui ciego mas hoy miro yo, perdido y El me halló.
2. Su gracia me enseñó a temer, mis dudas ahuyentó.
   ¡Oh cuán precioso fue a mi ser cuando El me transformó!
3. En los peligros o aflicción que yo he tenido aquí;
   Su gracia siempre me libró y me guiará feliz.
4. Y cuando falle el corazón y mi vida mortal,
   Yo poseeré con El allí reposo eternal.
5. Y cuando en Sion por siglos mil brillando esté cual sol;
   Yo cantaré por siempre allí su amor que me salvó. Amén.

John Newton; C.E. Morales, Tr. estrofas 1, 2, 3, 5; David Vater, Tr. estrofa 4.

86 Gracia Admirable de Dios (705 TH; 184 HB)
MARVELOUS GRACE OF OUR LOVING LORD (9.9.9.9. c/coro)

1. ¡Gracia admirable de Dios sin par, que excede a todo nuestro pecar!
   Cristo en la cruz por el pecador remisión logra, ¡qué amor sin par!

Coro: ¡Gracia de Dios, que nos rescata en su bondad!
   ¡Gracia de Dios, la que es mayor que mi gran maldad!

2. Negras las olas de mi maldad, me amenazaron con perdición.
   Pudo en la gracia de Dios hallar dulce refugio mi corazón.
3. Nunca mi mancha podré limpiar, sino en la sangre de mi Jesús;
   En ella, El la pudo lavar; dádiva preciosa de su cruz.
4. Grato perdón ha de recibir todo él que cree en Cristo el Señor;
   Si es agotado del mal vivir, su gracia salva, oh pecador.

87 Es Sólo Por Tu Gracia (14 CS II Surpless)

1. Es sólo por tu gracia, Dios que hoy yo vivo en tu eterna luz;
   De la oscuridad Tú me libraste, cuando murió por mí Jesús.
   Fue sólo por tu gracia, Dios que mi castigo todo El llevó;
   Hoy vivo libre, con esperanza; ya no hay culpa, me liberó.

2. Tu amor, desde la eternidad, al pecador caído contempló;
   Castigo mereció, toda tu ira, en él lo bueno no se hallo.
   Aun así, al pecador determinaste dar un Salvador;
   Cual Sustituto, con mi pecado, por mí murió Cristo, mi Señor.

3. Por tu misericordia, Dios, aún yo vivo y respiro hoy;
   En gracia dame que ante Ti yo viva perfecto aunque débil soy.
   Sosténme con tu mano, Dios, y fortaléceme con tu poder;
   Haz que yo viva, de Ti tan cerca en mí, que puedan a Cristo ver.

© 1995, David M. Surpless. Usado con permiso.

88 ¡Gloria a Dios! (237 HB; 122 EH; alts.43 EH; 491 TH)
ORIGINAL IN SPANISH (8.7.8.7.)

1. ¡Gloria a Dios! porque su gracia en nosotros abundó,
   Y su fiel misericordia en nosotros demostró.

2. ¡Gloria a Dios! pues El no mira nuestra horrible iniquidad;
   Bondadoso nos reviste de justicia y santidad.

3. ¡Gloria a Dios! que de fe pura hincha nuestro corazón;
   Y del Hijo y sus riquezas nos concede el sumo don.

4. ¡Gloria a Dios! a quien complace escuchar nuestra oración;
   Nuestros cantos de alabanza, nuestra humilde adoración.

5. ¡Gloria a Dios! que aquí nos une en perfecta y dulce paz;
   Por su diestra protegidos, alumbrados por su faz.

6. ¡Gloria a Dios! que en abundancia bendiciones hoy nos da;
   Si esto El hace aquí en la tierra, en los cielos ¿qué no hará? Amén.

89 Es de Dios la Plena Gracia (453 HB; 122 EH; alt.491 TH)
ENGLISH TITLE UNKNOWN (8.7.8.7.)

1. Es de Dios la plena gracia, cual del mar la inmensidad,
   En la cruz se ve su justicia, y a la vez su gran bondad.

2. Al que estaba en el pecado, enemigo de su amor,
   Dios por gracia unióle al Hijo, escogiéndole a salvar.

3. Y jamás de Dios la gracia mente humana entenderá,
   Como Dios de toda justicia al injusto salvará.

4. Si con fe sencilla el alma recibiera al Salvador,
   Es debido a plena gracia que conoce su amor. Amén.

90 A Dios Bendecid (28 CS I, Surpless)

1. En misericordia nos regeneró,
   Con viva esperanza pues Cristo vivió;
   Bendito el Padre de Cristo Jesús,
   Nos dio pura herencia en su eterna luz.
   A Dios bendecid, y glorificad al Padre de Cristo Jesús;
   Bendito el Padre de Cristo Jesús,
   Nos dio pura herencia en su eterna luz.

2. Vendrán pruebas duras y la tentación,
   También pasaremos por gran aflicción;
   Para, cual el oro, la fe refinar,
   Y hallamos en honra a Cristo adorar.
   A Dios bendecid, y glorificad al Padre de Cristo Jesús;
   Para, cual el oro, la fe refinar,
   Y hallamos en honra a Cristo adorar.

3. Al manifestarse Cristo nuestro Rey,
   El día que venga a buscar su grey;
   Verán nuestros ojos al gran Salvador,
   A quien esperamos con tanto amor.
   A Dios bendecid, y glorificad al Padre de Cristo Jesús;
   Verán nuestros ojos al gran Salvador,
   A quien esperamos con tanto amor.

© 1995 David M. Surpless. Usado con permiso.

91 ¡Gran Dios De Maravillas Mil! (71 TH)
GREAT GOD OF WONDERS (8.8.8.8.8.8.)

1. ¡Gran Dios de maravillas mil! Dignos de Ti tus juicios son;
   La gloria y gracia de tu Ser nunca tendrán comparación.

Coro: ¿Quién como Tú perdona, oh Dios?
   Por tu gracia y grande amor.

2. Perdonar tal ofensa y mal, tales gusanos rescatar,
   Prerrogativa tuya es, nadie este honor compartirá.

3. Angeles, hombres, no podrán reclamar gracia y perdón;
   Estas coronan a Jehová, incomparable es su fulgor.

4. Dios, recibimos tu perdón con grande gozo, con temblor;
   La sangre de Jesús compró perdón por un pecado atroz.

5. Gracia gloriosa y sin par, milagro digno del amor,
   Pueda enseñarnos a alabar, y como ángeles cantar.

Samuel Davies; Luis Soto, Tr. © 2000 Publicaciones Faro de Gracia

92 Es Dulce El Nombre De Jesús (18 HVC)
THE NAME OF JESUS IS SO SWEET (8.8.8.7. c/coro)

1. Es dulce el Nombre de Jesús, raudal de paz, virtud y luz;
   Pues El por mí murió en la cruz, ¡santo y bendito Nombre!

Coro:
   ¡Nombre sin comparación, fuente de gran bendición,
   Tema de feliz canción: Jesús, sagrado Nombre!

2. Adoro el nombre de Quien ve mis penas, y su paz provee;
   Es fiel amigo, bien lo sé; ¡amado y tierno Nombre!

3. Deleite siento el nombre al oír de Quien me vino a redimir;
   Tristezas huyen al decir el exaltado Nombre.

4. Contar la gracia sin igual jamás podrá aquí el mortal;
   El tema en gloria celestial será el grandioso Nombre.

© 1966 Christian Publicationes, Inc. Todos los derechos reservados. Usado con permiso.

93 Un Nombre Existe (473 TH; alt.181 TH)
ORIGINAL IN SPANISH (11.11.11.5.)

1. Un nombre existe que escuchar me agrada,
   Y hablar me place del valor que encierra;
   No hay otro nombre que en dulzura iguale
   Sobre la tierra.

2. El testifica del amor sublime
   Del que, muriendo, libertad me ha dado,
   Siendo su sangre redención perfecta
   Por el pecado.

3. Que hay un amante corazón me dice,
   Que sentir puede mi dolor profundo;
   Cual él quien logre compartir mis penas
   No hay en el mundo.

4. El regocija mi doliente pecho,
   El de mis ojos desvanece el llanto,
   Y dice al alma que confíe siempre,
   Libre de espanto.

5. ¡Jesús! el nombre que escuchar me agrada.
   ¿Cuál de los santos, el valor que encierra
   Nombre tan dulce, referir podría
   Sobre la tierra? Amén.

94 Ni en la Tierra, Ni en el Cielo (64 EH)
ORIGINAL IN SPANISH (8.7.8.7.)

1. Ni en la tierra, ni en el cielo hay un nombre cual Jesús;
   Sobre todo El sólo reina, El es sólo eterna luz.

2. Es Jesús mi gran riqueza, hallo en El mi sólo bien;
   Valen más que todo el oro, los tesoros de su Edén.

3. Es Jesús mi gran sustento, mi pan suave y celestial;
   De mis dichas y mi gozo, es el rico manantial.

4. Infinita es su ternura, ¿quién la puede sondear?
   Con los ángeles hoy quiero su grandeza pregonar. Amén.

95 Hoy, Con los Santos (281 TH; 150 HB; alt.407 EH)
FOR ALL THE SAINTS (10.10.10.4.)

1. Hoy, con los santos que descansan ya,
   Después de confesarte por la fe,
   Tu nombre, oh Cristo, hemos de alabar.
   ¡Aleluya! ¡Aleluya!

2. Tú fuiste amparo, roca y defensor,
   En la batalla, recio Capitán;
   Tu luz venció las sombras del temor.
   ¡Aleluya! ¡Aleluya!

3. Y cuando ruda la batalla es,
   Del cielo se oye un cántico triunfal;
   Se afirma el brazo, vence al fin la fe:
   ¡Aleluya! ¡Aleluya!

4. Que tus soldados sigan la verdad,
   Luchen cual ellos con fidelidad,
   Corona alcancen por su lealtad.
   ¡Aleluya! ¡Aleluya!

5. Oh bendecida y celestial visión,
   De los que aún luchan o en la gloria están;
   La lucha es nuestra, suyo el galardón.
   ¡Aleluya! ¡Aleluya!

6. La aurora eterna ya despuntará;
   Las huestes fieles al Rey llegarán,
   Cantando al Padre, Hijo y Espíritu,
   ¡Aleluya! ¡Aleluya! Amén.

CRISTO: ADORACION Y CULTO

96 A Ti Mi Corazón Levanto *(Salmo 25)* (433 TH; alt.652 TH)
LORD, I LIFT MY SOUL TO THEE (8.7.8.7.D.)

1. ¡A Ti mi corazón, Señor, levanto en alabanza!
   No tengo ya ningún temor pues, pongo en Ti confianza;
   Enséñame, mi Salvador, tus sendas, mi carrera;
   Permanecer en tu amor y en tu salud quisiera.

2. Mi buen Señor, protégeme con todos tus cuidados;
   En tu bondad perdóname, olvida lo pasado;
   Tu rectitud ha de mostrar al mundo su camino,
   Y el malo en Ti descubrirá su meta y su destino.

3. Tus sendas son benignidad y en tu sagrada alianza,
   Están la paz y la verdad, la bienaventuranza;
   En cuanto a mí, soy pecador, en tu piedad espero;
   Que me perdones, mi Señor, es todo cuanto quiero.

4. Quien tema al Dios de Israel reposará confiado;
   La tierra heredará, si es fiel, por la que ha suspirado;
   Pues, el secreto del Señor es para quien le teme,
   Y si clamare a su Dios desatará sus redes. Amén.

97 Jesús Es Mi Pastor (538 TH; alt.345 TH)
ORIGINAL IN SPANISH (6.4.6.4.6.6.6.4.)

1. Jesús es mi Pastor, conmigo está;
   Nada con mi Señor me faltará;
   En El confiaré de todo corazón,
   Con El derrotaré la tentación.

2. Cuando en su red el mal me cautivó,
   Jesús, Dios inmortal, me rescató;
   Por eso alabaré su santa caridad;
   Por eso le amaré, Dios de bondad.

3. El es mi dulce luz, mi salvación;
   A los pies de su cruz hallo perdón;
   Por mí, por mí murió, por mí, vil pecador,
   Mis culpas El pagó, ¡Gloria al Salvador!

4. La fe que me dio El me salvará,
   En justo, santo, y fiel me cambiará;
   Su sangre me lavó, y su resurrección
   La paz con Dios me dio vida y perdón. Amén.

98 ¡Salve, Jesús, Mi Eterno Redentor! (135 TH; 375 HB)
I GREET THEE, WHO MY SURE REDEEMER ART (10.10.10.10.)

1. ¡Salve, Jesús, mi eterno Redentor!
   En Ti confía mi alma, Salvador;
   Sufriste cruenta cruz por mi maldad,
   Para librarme en tu gran bondad.

2. Omnipotente, Tú reinando estás;
   Misericordia y gracia plena das;
   Tu reino en nuestras almas haz, Jesús;
   Llénalas de tu dulce y pura luz.

3. Vida eres, y de Ti es el vivir;
   De Ti el sostén confiamos recibir;
   Por fe esperamos sólo en tu poder,
   Que en toda prueba nos hará vencer.

4. Amor Tú eres, y el perfecto bien,
   No hay en Ti afrenta, o ningún desdén;
   Más de tu gracia haznos conocer,
   Para tu paz y unidad tener.

5. Otra esperanza no hay para el mortal,
   En su tan corta vida terrenal.
   Tu gracia y paz nos guardan del azar,
   Tus fuerzas nos harán perseverar. Amén.

John Calvin, George P. Simmonds, Tr. © 1978 Casa Bautista de Publicaciones. Todos los derechos reservados. Usado con permiso. R. Wayne Andersen, Tr. estrofa 4.

99 Alabanzas Dad a Cristo (302 HVC; 498 HB)
SING THE WONDROUS LOVE OF JESUS (8.7.8.7. c/coro)

1. Alabanzas dad a Cristo, ensalzad al Redentor,
   Tributadle escogidos grande gloria y loor.

Coro:
   Cuando estemos en gloria,
   En presencia de nuestro Redentor
   A una voz la historia diremos del gran Vencedor.

2. La victoria es segura a las huestes del Señor;
   ¡Oh pelead con la mirada puesta en nuestro Protector!

3. El pendón alzad, cristianos, de la cruz y caminad,
   De victoria en victoria, siempre firmes avanzad.

4. Adelante en la lucha, ¡Oh soldados de la fe!
   La victoria es segura triunfando Cristo el Rey!

CRISTO: ADORACION Y CULTO

100 Del Alba al Despuntar (131 TH; 20 EH)
WHEN MORNING GILDS THE SKY (6.6.6.6.6.6.)

1. Del alba al despuntar, oh mi alma sin tardar,
   ¡Bendice al buen Jesús! Y luego al emprender,
   La senda del deber, ¡Bendice al buen Jesús!

2. En calma y dulce paz, en horas de solaz,
   ¡Bendice al buen Jesús! En tiempo de aflicción,
   En ruda tentación, ¡Bendice al buen Jesús!

3. Si atribulado estás, consuelo en El tendrás,
   ¡Bendice al buen Jesús! En este mundo cruel,
   Seguro amparo es El, ¡Bendice al buen Jesús!

4. De coro angelical es himno celestial,
   ¡Bendice al buen Jesús! Y temen diablos mil,
   Al dulce tono oír, ¡Bendice al buen Jesús!

5. Qué en todo país, nación resuene la canción,
   ¡Bendice al buen Jesús! Qué cielo y tierra dad
   La voz en unidad, ¡Bendice al buen Jesús!

6. Dios, mientras vida des, cantando yo estaré,
   ¡Bendito buen Jesús! Allá en la eternidad,
   Los santos cantarán, ¡Bendito buen Jesús! Amén.

101 Oh Cristo, Nuestra Roca Aquí (179 HVC)
THE LORD'S OUR ROCK (8.8.8.8. c/coro)

1. Oh Cristo, nuestra Roca aquí y Abrigo de la tempestad,
   Dichoso quien se esconda en Ti, Abrigo de la tempestad.

Coro:
   En tierra de cansancio Jesús Roca es,
   Jesús Roca es, Jesús Roca es;
   En tierra de cansancio Jesús Roca es,
   Y Abrigo de la tempestad.

2. Sombra eres Tú y escudo fiel y Abrigo de la tempestad;
   ¿Por qué temer con tal broquel y Abrigo de la tempestad?

3. En Ti encontramos del turbión Abrigo de la tempestad;
   En Ti halla siempre el corazón Abrigo de la tempestad.

4. Refugio Tú eres, Salvador y Abrigo de la tempestad,
   Sé nuestro gran Auxiliador y Abrigo de la tempestad.

© 1939 George P. Simmonds. Usado con permiso.

102 Alcemos Nuestra Voz (155 HB; alt.216 TH)
WE SING THE BOUNDLESS PRAISE (S.M.D. o 6.6.8.6.D.)

1. Alcemos nuestra voz, al Rey y Creador,
   Y al Cordero que murió, a Cristo el Salvador.
   Cantemos de su amor, poder y majestad.
   Cantemos todos a una voz por la eternidad.

2. Su sangre derramó, y al Padre nos unió.
   Descarriados éramos, mas Dios nos acercó.
   Su sangre carmesí salvó al pecador;
   El sacrificio se cumplió, incomparable amor.

3. Loores dad al Rey, Cordero de la cruz.
   Los redimidos cantarán por siempre al Rey Jesús.
   Loor al gran Yo Soy, los santos cantarán.
   Digno el Cordero, el Rey Jesús, su nombre alabarán. Amén.

Joseph C. Macaulay. Leslie Gómez C., Tr. © 1957 Hope Publishing Co. Todos los derechos reservados. Usado con permiso.

103 Cristo Hermoso (129 TH; 63 EH; 53 HB)
FAIREST LORD JESUS (5.6.8.5.5.8. irr.)

1. Cristo hermoso, Creador de todo,
   Hijo de Dios y hombre, a Ti loor;
   A Ti sólo honraré, te reverenciaré,
   De mi alma vida, sol y amor.

2. Brilla con bella luz, el sol y la luna;
   La luz de estrellas no tiene igual;
   Jesús es superior, brilla con más fulgor,
   Que luz o ser angelical.

3. Bellas las flores; bella la criatura,
   En su sencilla juventud;
   Mas su belleza pronto perece:
   Sólo es eterna en Jesús.

4. De tierra y cielo toda hermosura,
   Se muestra en Cristo, mi Señor;
   Nadie merece cual Jesucristo,
   Nuestra alabanza y nuestro amor.

5. Glorioso Cristo, Rey de naciones,
   Habita en Ti toda plenitud;
   Honor y gloria, prez y adoración,
   Sean tuyos por la eternidad. Amén.

CRISTO: EL REY

104 Dominará Jesús el Rey *(Salmo 72)* (374, 15 TH; 389 EH; alt.61 TH)
JESUS SHALL REIGN WHERE'ER THE SUN (L.M. o 8.8.8.8.)

1. Dominará Jesús el Rey en todo país que alumbra el sol,
   Regido por su santa ley, y puesto a prueba en su crisol.
2. Llama a sus escogidos ya, de lejos todos van a Sión,
   De muerte a vida salvos son por gracia soberana, el don.
3. Le ensalzarán en la canción que eternamente elevarán;
   En nombre de El cada oración cual un perfume suave harán.
4. Paganos mil traerán su don, delante de El se postrarán;
   Prez, honra y gloria al Salvador naciones todas alzarán.
5. Propicio entonces nos será el brazo fuerte del Señor;
   Del poderoso librará al que no tiene ayudador.
6. Toda criatura traiga honor a nuestro Rey y Salvador;
   Los ángeles mil himnos den, y todo hombre un gran "Amén."

Isaac Watts; T.M. Westrup, Tr.; R. Wayne Andersen, Tr. estrofa 2.
Pricilla Piñero, Tr. estrofa 6. Usado con permiso.

105 A Cristo Coronad (216 TH; 143 EH; 68 HVC; 103 HB)
CROWN HIM WITH MANY CROWNS (6.6.8.6.D.)

1. A Cristo coronad, Rey de la eternidad,
   Tributa cantos de loor, el coro celestial;
   Con ellos a una voz, con júbilo sin par,
   Las glorias de su gracia y amor, cristianos entonad.
2. Al Salvador Jesús canciones por doquier,
   Con gratitud y puro amor entone todo ser;
   A Quien nos redimió en santa caridad,
   Cristianos todos con ardor su nombre celebrad.
3. Las glorias declarad, del Príncipe de paz;
   En su justicia, salvación y en su poder, bondad.
   Es digno solo El de gloria sin igual,
   Pues con su sangre nos abrió el reino celestial.
4. Rey de la vida es El, del mundo el Vencedor,
   Quien a la muerte despojó de todo su terror;
   En el poder vivid de su resurrección;
   Glorioso el día llegará de plena redención.
5. A Cristo coronad, Señor de vida y luz;
   Con alabanzas proclamad los triunfos de la cruz;
   A El solo adorad, Señor de salvación;
   Loor eterno tributad de todo corazón. Amén.

CRISTO: EL REY

106 Corona a Nuestro Salvador (143 TH; 61 HVC; 270 HB)
MAJESTIC SWEETNESS SITS ENTHRONED (C.M. o 8.6.8.6. c/repeat)

1. Corona a nuestro Salvador, dulzura celestial;
Sus labios fluyen rico amor,
Y gracia divinal, y gracia divinal.

2. En todo el mundo pecador no tiene Cristo igual,
Y nunca ha visto superior,
La corte celestial, la corte celestial.

3. Me vio sumido en males mil, El pronto me auxilió;
Por mí cargó la cruz tan vil,
Mis penas El llevó, mis penas El llevó.

4. A El le debo de mi ser la vida, luz, y bien,
Me da victoria y libertad,
Y en la muerte su sostén, en la muerte su sostén.

5. Me ha dado de su plenitud la gracia, rico don;
Mi vida y alma en gratitud,
Señor, ya tuyas son; Señor, ya tuyas son.

© 1978 George P. Simmonds, Tr. Usado con permiso. R. Wayne Andersen, Tr. est. 4.

107 Majestuoso Soberano (142, alt.247 TH)
ONE THERE IS, ABOVE ALL OTHERS (8.7.8.7.7.7.)

1. Majestuoso Soberano, bien merece ser el Rey.
Mas nos trata cual hermano en su amor sin límite.
Ven y prueba su bondad; morarás en la eternidad.

2. ¿Puede haber mejor amigo? El su sangre derramó.
Para hacer la paz conmigo, mis pecados expió.
¡Quién podrá cuidarme aquí, como Aquel murió por mí!

3. De la gloria descendióse para el hombre socorrer.
"Heme aquí," El ofrecióse, nuestra suerte a correr.
Y a la diestra del Gran Rey es hermano de su grey.

4. Mil caídas y pecados a Jesús no alejarán;
El nos ama como a hermanos, a su pueblo sostendrá.
Si su ejemplo El mostró, faltas mil tolere yo.

5. Líbranos de olvidarte, oh Amigo sin igual.
Y enséñanos a amarte, adorarte más y más.
Mas sabremos bien amar al llegar al dulce hogar.

John Newton; Salvador Gómez Dickson, Tr. Usado con permiso.

CRISTO: EL REY

108 ¡Dad Gracias y Hoy Cantad! (502 TH; 326 EH; 37 HB)
REJOICE, YE PURE IN HEART (S.M. o 6.6.8.6. c/coro)

1. Cristianos, la canción alegres entonad,
   Y el símbolo de salvación de Cristo desplegad.

   Coro: ¡A Dios load! ¡Dad gracias y hoy cantad!

2. Con los que están con Dios, con los que están aquí,
   Hoy levantad alegre voz, a Dios honor rendid.

3. La enseña tremolad, las fuerzas Dios dará;
   Con paso firme y fiel marchad, la lucha fin tendrá.

4. De todo corazón loores siempre dad,
   Y bajo toda condición el himno levantad.

   © 1978, George P. Simmonds, Tr. Todos los derechos reservados. Usado con permiso.

109 Jesús Es Mi Rey Soberano (145 EH; 266 HVC; 47 HB)
ORIGINAL IN SPANISH (Irregular)

1. Jesús es mi Rey soberano; mi gozo es cantar su loor;
   Es Rey y me ve cual hermano; es Rey y me imparte su amor.
   Dejando su trono de gloria me vino a sacar de la escoria,
   Y yo soy feliz, y yo soy feliz por El.

2. Jesús es mi amigo anhelado, y en sombras o en luz siempre va,
   Paciente y humilde a mi lado y ayuda y consuelo me da.
   Por eso constante lo sigo, porque El es mi Rey y amigo,
   Y yo soy feliz, y yo soy feliz por El.

3. Señor, ¿qué pudiera yo darte por tanta bondad para mi?
   ¿Me basta servirte y amarte? ¿Es todo entregarme yo a Ti?
   Entonces acepta mi vida, que a Ti sólo queda rendida,
   Pues yo soy feliz, pues yo soy feliz por Ti.

110 Señor Jesús, Eterno Rey (298 TH; 66 EH)
WELCOME SWEET DAY OF REST (8.8.8.8.)

1. Señor Jesús, eterno Rey, las alabanzas de tu grey,
   Acepta hoy, que con fervor te ofrece en prueba de su amor.

2. Que nuestro culto al ofrecer un pacto nuevo pueda ser,
   Del santo amor, que sólo a Ti debiera el alma darte aquí.

3. Y de tus gracias, buen Jesús, que al alma llenan de tu luz,
   Jamás me lleguen a faltar, y así no pueda desmayar.

4. Que cada instante pueda ver un nuevo triunfo de mi ser,
   Creciendo en gozo, fe y amor hasta llegar a Ti, Señor. Amén.

111 Gloria a Tu Nombre (36 HB)
GLORIOUS IS THY NAME (8.7.8.7. c/coro)

1. ¡Oh bendito Rey divino! Te adoramos con fervor.
Poderoso, admirable eres Tú, ¡Oh Salvador!

Coro: Gloria, Gloria, ¡Gloria a tu nombre oh Dios!
Gloria, Gloria, ¡Gloria a tu nombre oh Dios!

2. Redentor, Señor del cielo, Luz eterna, dulce bien;
Las naciones de tu reino cantan gloria a su Rey.

3. De tu trono en los cielos a este mundo pecador,
Has bajado para darte como nuestro Salvador.

4. Ven, oh ven, Señor eterno; ven con gloria divinal.
Ven y lleva a tu iglesia a tu reino celestial.

B.B. McKinney. Salomón Mussiett C., Tr. © 1978 Broadman Press. Todos los derechos reservados. Usado con permiso de LifeWay Christian Resourses.

112 Dad Gloria al Ungido (224 TH; alt.488 TH)
HAIL TO THE LORD'S ANOINTED (7.6.7.6.D.)

1. Dad gloria al Ungido, al Hijo de David;
Su reino ya ha venido, su nombre bendecid.
De todo ser cautivo El es la libertad;
Y es gracia que nos limpia de toda iniquidad.

2. Es El socorro urgente de cuantos sufren mal;
Al pobre y al humilde, valor y fuerzas da.
La pena trueca en canto, la oscuridad en luz;
Aún al condenado acoge el buen Jesús.

3. Vendrá cual fresca lluvia la tierra a saturar.
Y a su glorioso paso las flores se abrirán.
Será sobre altos montes heraldo de la paz;
Y en valles y collados justicia brotará.

4. De todo país y lengua a Cristo llegarán;
Su salvación gustando su gloria admirarán;
De todo el mundo reyes vendrán a ofrecer,
Con devoción, tesoros y ofrendas a sus pies.

5. A todo enemigo su cetro vencerá,
Y cada vez más grande su reino se verá;
Jamás su pacto olvida el Rey cual siglos van,
Su Nombre para siempre y amor alabarán. Amén.

James Montgomery; J. Burghi, Tr. estrofas 1-3; R. Wayne Andersen, Tr. estrofas 4-5

CRISTO: EL REY

113 Loores Dad a Cristo el Rey (218 TH; 62 EH; 66 HVC; 33 HB)
ALL HAIL THE POWER OF JESUS' NAME (C.M. o 8.6.8.6. c/coro)

1. Loores dad a Cristo el Rey, suprema potestad;
   De su divino amor la ley, postrados aceptad;
   Sus siervos, homenaje dad, y coronadle Rey.
2. Vosotros, hijos del gran Rey, ovejas de la grey;
   Loores dad a Emanuel, y proclamadle Rey;
   Su gracia eterna y amor cantad, y coronadle Rey.
3. Naciones todas, escuchad y obedeced su ley,
   De gracia, amor, y santidad, y proclamadle Rey;
   De Cristo ved su majestad, y coronadle Rey.
4. Dios quiera que con los que están del trono en derredor,
   Cantemos por la eternidad a Cristo, el Salvador;
   Cantadle por la eternidad, y coronadle Rey. Amén.

114 Cristianos Todos Alabad (123 TH)
ENGLISH TITLE NOT KNOWN (C.M. c/repeat)

1. Cristianos todos alabad en su alto trono a Dios,
   Pues, abre el reino celestial y al Hijo nos mandó,
   Y al Hijo nos mandó.
2. De su poder se despojó haciéndose inferior;
   De humilde siervo se vistió Quien fuera Creador,
   Quien fuera Creador.
3. Señor es El y siervo fue, ¡Qué gran transformación!
   ¡Más grato no podría ser, Jesús al corazón!
   Jesús al corazón. Amén.

115 Entonemos al Señor (70 EH; 459 TH)
ENGLISH TITLE NOT KNOWN (7.7.7.7 D.)

1. Entonemos al Señor alabanzas sin cesar,
   Entonemos con amor himnos mil a su bondad.
   El nos da la plenitud de la gracia celestial,
   El es fuente de salud para el mísero mortal.
2. El nos llama sin cesar, y nos da la salvación,
   El nos vino a libertar del pecado abrumador.
   Ya podemos recorrer el camino terrenal
   Sin temor, hasta obtener nuestra herencia celestial.
3. Y entre tanto que el Señor nos reciba donde está,
   Entonemos el loor que alegre acogerá;
   Mientras huella nuestro pie este mundo pecador,
   Le entregamos nuestra fe, nuestro canto, nuestro amor. Amén.

116 Honor, Loor y Gloria (173 TH; 115 EH; 24 HB)
ALL GLORY, LAUD, AND HONOR (7.6.7.6.D.)

1. Honor, loor y gloria al Rey y Redentor,
A quien los niños daban hosannas con fervor,
Y hebreos con sus palmas te dieron recepción;
Tu pueblo te ofrece sincera aclamación.
2. Tú, de David el Hijo, de Israel el Rey,
Así te recibimos los miembros de tu grey;
Como antes de tu muerte, honráronte también,
Acepta nuestras preces, como en Jerusalén.
3. Recibes la alabanza, y oyes la oración;
Lo bueno te deleita, también la adoración;
Honor, loor y gloria a Ti, Rey, Redentor,
Nosotros ensalzamos tu nombre, oh Señor. Amén.

117 ¡Gloria! ¡Gloria! (683 TH; 38 HB)
PRAISE HIM, PRAISE HIM (Irregular)

1. ¡Gloria! ¡Gloria! a Jesús Salvador nuestro.
¡Alabadle! Cantad a su bondad.
¡Gloria! ¡Gloria! Todo su pueblo escogido,
Dé honor y gloria con libertad.
Contad cómo El descendió del cielo,
A nacer y en vida sufrir dolor.
¡Gloria! con los ángeles santos del cielo,
Que a su nombre dan eternal loor.
2. ¡Gloria! ¡Gloria! a Jesús Salvador nuestro.
Por nosotros El con la cruz cargó:
Por salvarnos El sufrió pena de muerte,
Del pecado Cristo nos libertó.
¡Alabadle! ¡Oh qué amor tan grande!
Que nos brinda, éste que El mostró.
¡Gloria! ¡Gloria! Todo su pueblo bendito,
Rinda gloria al que nos rescató.
3. ¡Gloria! ¡Gloria! a Jesús Salvador nuestro.
¡Rey de gloria! Digno de todo es El;
Viva y reine siglos sin fin, Dios Eterno,
Ha de ser vencida la muerte cruel.
¡Coronadle! Toda nación y pueblo,
En su nombre todos se postrarán,
¡Gloria! ¡Gloria! Viene el Señor, Rey del cielo,
Majestad y honor sólo a El se dan.

Fanny Crosby, R. Wayne Andersen, Tr.

CRISTO: EL SALVADOR

118 Redentor, Te Adoramos (32 HB; alts.368, 269 TH)
GREAT REDEEMER, WE ADORE THEE (8.7.8.7.D.)

1. Redentor, te adoramos, grande es tu merced y amor;
   Que tu rostro contemplemos, que sintamos tu calor.
   Redentor, te adoramos, de Dios muestras compasión;
   Redentor, te adoramos, reina en nuestro corazón.

2. Redentor, te adoramos, quita dudas y temor;
   Resplandezca en nuestras vidas de tu rostro el fulgor;
   Redentor, te adoramos, tu renombre es sin igual;
   Redentor, te adoramos, con la hueste angelical.

3. Redentor, te adoramos, perdonaste nuestro mal;
   Llénanos de tu presencia, danos vida espiritual.
   Redentor, te adoramos, por tu amor y libertad;
   Redentor, te adoramos, llénanos de tu bondad.

4. Redentor, te adoramos, tu hermosura singular,
   Algún día por tu gracia, la podremos contemplar.
   Redentor, te adoramos, transformónos tu verdad;
   Redentor, te adoramos, hoy y por la eternidad. Amén.

John R. Harris; George P. Simmonds, Tr. © 1978 Broadman Press. Todos los derechos reservados. Usado con permiso de LifeWay Christian Resources.

119 Digno Es El Cordero (34 HB)
WORTHY IS THE LAMB (Irregular)

1. Digno es el Cordero que en la cruz murió;
   Digno es el Cordero que al ladrón salvó.
   Digno es el Señor; su vida dio por mí. ¡Oh!
   Digno es el Señor: loor doy a Ti.

2. Digno es el Cordero, al morir pagó;
   Digno es el Cordero, la vida El me dio.
   Digno es el Señor; propicio fue a mí. ¡Oh!
   Digno es el Señor: loor doy a Ti.

3. Digno es el Cordero, y no tiene igual;
   Digno es el Señor: nos quita El del mal.
   Digno es el Señor; su gracia es para mí. ¡Oh!
   Digno es el Señor: loor doy a Ti.

4. Digno es el Cordero, vivo yo por El;
   Digno es el Señor; y yo le sigo fiel.
   Digno es el Señor; mi vida cambia aquí. ¡Oh!
   Digno es el Señor: loor doy a Ti.

Stephen Leddy. Daniel Díaz, Tr. © 1967 Hope Publishing Co. Todos los derechos reservados. Usado con permiso.

120 Tesoro Incomparable (599 TH; 67 EH; 19 HVC)
ORIGINAL IN SPANISH (7.6.7.6.D.)

1. Tesoro incomparable, Jesús, amigo fiel;
   Refugio del que huye del adversario cruel;
   Sujeta compasivo a Ti mi corazón,
   Ya que por redimirme sufriste la pasión.

2. Dirige a mí tu rostro, eterno Rey de amor,
   Sol puro de justicia, y fiel consolador.
   Pues sin tu influencia santa, la vida es un morir;
   Gozar de tu presencia: sólo esto es vivir.

3. Jesús, riqueza mía, mi amante Salvador,
   En mis flaquezas eres mi fuerte protector.
   Jamás el enemigo podrá turbar mi paz;
   Por más que lo intentare, no lo permitirás.

4. Al mundo de falacias no pertenezco ya;
   El cielo es mi morada, allí mi patria está.
   A donde Cristo habita con ansia quiero ir;
   En sempiterno gozo deseo con El vivir. Amén.

121 Hoy Cantemos de El la Gloria (127 TH)
LET US LOVE AND SING AND WONDER (8.7.8.7.7.7.)

1. Hoy cantemos de El la gloria quien es nuestro Salvador,
   El calmó la ley temible y sus llamas apagó;
   Con su sangre nos lavó, y nos acercó a Dios.

2. Demos prez y amor a Cristo, quien por gracia nos salvó,
   Dándonos oídos y ojos, nos llamó y enseñó;
   Con su sangre nos compró, nos presenta ahora a Dios.

3. Vamos a cantar en tiempos aun de angustia y tentación,
   Porque Amparo fiel tenemos, y nos brinda el galardón;
   Con su sangre nos lavó, y nos llevará a Dios.

4. Vamos de las maravillas de la gracia de El cantar,
   Su merced y su justicia son unidas y sin par;
   Con su sangre nos lavó y nos dio la paz con Dios.

5. Alabad unidos todos con los santos ya con Dios,
   Que desde antes proclamaban, desde lo alto dan su voz:
   Sí, tu sangre nos lavó, todo honor a Ti, Señor. Amén.

John Newton, R. Wayne Andersen, Tr. con agradecimiento a Oskar Arocha.
© 2000 Publicaciones Faro de Gracia.

CRISTO: EL SALVADOR

122 Venid con Cánticos (19 TH; alt.26 TH)
COME, LET US JOIN OUR CHEERFUL SONGS (C.M. o 8.6.8.6.)

1. Venid con cánticos, venid, del trono en derredor;
Con ángeles loor rendid a Cristo, Salvador.
2. De alabanzas digno es El que en la cruz bebió
La copa de amarga hiel, y al hombre redimió.
3. Jesús es digno de tomar riquezas, gloria y prez,
A Ti, Cordero eternal, la honra y el poder.
4. Cantad, mortales por doquier, cantadle con fervor;
Por siempre atribuiremos a El dominio y honor.
5. Con gozo, pues, alzad la voz, al Rey alegres id;
Y con los ángeles de Dios a Cristo bendecid. Amén.

123 Todos Juntos Tributemos Gracias (60 TH; 75 EH)
ORIGINAL IN SPANISH (8.7.8.7.8.7.)

1. Todos juntos tributemos gracias al buen Salvador;
Grande ha sido su paciencia y precioso su amor;
¡Aleluya! ¡Aleluya! Proclamemos su loor.
2. Nuestro Rey divino, eterno, nos rodea con favor,
Santifica a los creyentes y perdona al pecador.
¡Aleluya! ¡Aleluya! Proclamemos su loor.
3. Plenamente, pues, confiemos en el santo Redentor;
Y en la gloria, redimidos cantaremos su amor;
¡Aleluya! ¡Aleluya! Proclamemos su loor. Amén.

124 A Cristo Doy Mi Canto (78 EH; 20 HVC)
I WILL SING FOR JESUS (7.7.7.7. c/coro)

1. A Cristo doy mi canto, El salva el alma mía;
Me libra del quebranto y con amor me guía.

Coro:
Ensalce nuestro canto tu sacrosanta historia;
Es nuestro anhelo santo mirar, Jesús, tu gloria.

2. Jamás dolor ni agravios enlutarán la mente,
Si a Cristo nuestros labios bendicen dulcemente.
3. Tu nombre bendecido alegra el alma mía;
Tu nombre es en mi oído dulcísima armonía.
4. Viviendo he de ensalzarte; y si abandono el suelo,
Veránme ir a adorarte los ángeles del cielo.

CRISTO: EL SALVADOR

125 De Quien Pagó Mi Redención (507 TH; 146 EH; 43 HB)
ORIGINAL IN SPANISH (8.8.8.8.)

1. De quien pagó mi redención, podría siempre yo cantar,
   Y con mi voz y corazón su nombre siempre alabar.
2. Por fe en El, el pecador encuentra vida y perdón,
   Y goza en su Redentor, de Dios el inefable don.
3. Por redimirnos El sufrió amargas penas y dolor,
   Y por la muerte demostró la plenitud de su amor.
4. Oh Salvador, a Ti mi voz levantaré con gratitud:
   A Ti mi Redentor y Dios, Autor de vida y salud. Amén.

126 Tu Obra Sola, Oh Cristo (441 TH)
THY WORKS, NOT MINE, O CHRIST (6.6.6.6.8.8.)

1. Tu obra sola, oh Cristo, al alma habla paz,
   Ya consumada es y no necesito más.

Coro:
   ¿Por quién podré perdón tener, refugio ver, sino en Ti?

2. Tu muerte sola, oh Cristo, en la cruz atroz,
   Pagó la deuda a la ley, y me libró.
3. Podría jamás de Dios yo la ira apaciguar,
   Tu muerte, oh Jesús, mi mal pudo quitar.
4. Tu santidad, oh Cristo, todo cubrirá,
   No hay otra obra que nos justificará.

Horatius Bonar, R. Wayne Andersen, Tr. © 2000 Publicaciones Faro de Gracia.

127 Tu Santo Nombre Alabaré (133 TH; 39 HB; 25 HVC)
OH FOR A THOUSAND TONGUES (C.M. o 8.6.8.6.)

1. Tu santo Nombre alabaré, bendito Redentor;
   Ni lenguas mil cantar podrán la grandeza de tu amor.
2. Bendito mi Señor y Dios, Te quiero proclamar,
   Decir al mundo en derredor de tu salvación sin par.
3. Dulce es tu Nombre para mí, pues quita mi temor;
   En él hay gracia, paz, salud para el pobre pecador.
4. Sobre pecado y tentación victoria te dará.
   Su sangre limpia al ser más vil. ¡Gloria a Dios, soy limpio ya!
5. ¡Habla el Señor, y oyéndole los muertos vivirán.
   A tristes almas da perdón, creyendo gozarán. Amén.

Charles Wesley, R.H. Dalke y Ellen de Eck, Tr. estrofas 1-4; R. Wayne Andersen, Tr. estrofa 5.

CRISTO: EL SALVADOR

128 Gracias Dad a Jesucristo *(Salmo 118)* (269 TH; 48 HB)
ORIGINAL IN SPANISH (8.7.8.7.D.)

1. Gracias dad a Jesucristo por su sempiterno amor;
Alabadle, santos todos, El es nuestro Salvador.
Que sus siervos por doquiera canten su benignidad;
Los que temen a su nombre hablen de su libertad.

2. En cadenas de amargura yo pedí su protección;
Escuchó mi voz y mi alma la salvó de la prisión.
Si me asalta el enemigo nada tengo que temer;
En la lucha tremebunda con Jesús podré vencer.

3. Quien confía en Jesucristo la justicia llevará,
Mas si fía en los hombres, su esperanza fallará.
Oh Señor, tu santo nombre alabamos sin cesar;
Por tu amor incomparable, gracias te queremos dar. Amén.

129 Eres del Mundo, Cristo, la Esperanza (88 HB; 383 EH)
WE WOULD SEE JESUS (11.10.11.10.)

1. ¡Eres del mundo, Cristo, la esperanza!
Habla y aquieta nuestro corazón;
Salva a tu pueblo de falsa confianza,
Falsos intereses y mortal pasión.

2. ¡Tú, la esperanza! Don del alto cielo,
Al alma hambrienta das de vida el pan;
Haz que tu Espíritu nos dé consuelo,
Y ponga fin al angustioso afán.

3. ¡Tú, la esperanza! Ven a nuestro lado;
En nuestra senda oscura, sé la luz.
Con tu poder evita que el pecado,
Nos extravíe lejos de tu cruz.

4. ¡Tú, la esperanza! De la culpa y juicio
Nos rescataste a santa libertad.
De nuestro amor acepta el sacrificio,
Y en nuestras vidas haz tu voluntad.

5. ¡Tú, la esperanza! surges victorioso
Sobre la muerte, y vida eterna das.
Fieles seremos al pregón glorioso:
¡Tú para siempre, Cristo, reinarás! Amén.

Georgia Harkness, G. Báez-Carmargo, Tr. © 1975 Broadman Press. Todos los derechos reservados. Usado con permiso de LifeWay Christian Resources.

CRISTO: EL SALVADOR

130 Tiernas Canciones Alzad Al Señor (2 EH)
ENGLISH TITLE NOT KNOWN (10.10.10.10.10.10.8.9. c/coro)

1. Tiernas canciones alzad al Señor,
   Himnos que llevan del alma la fe,
   Y hablen muy alto del férvido amor,
   Que hay en el pecho del hombre que cree,
   Vengan trayendo ferviente canción;
   Niños y ancianos, de Dios al altar,
   Traigan a El su corazón, único don que podrá aceptar.
   Coro:
   ¡Cielo y tierra canten al Señor de las naciones!
   ¡Cielo y tierra canten al Señor de las naciones!
   ¡Y los hombres todos, con alegres corazones,
   Sirvan al Señor que vida y paz siempre les da! Amén.

2. El es la fuente de toda bondad,
   El es la vida, la luz y el calor,
   Sólo El nos libra de cruel ansiedad,
   Sólo El aleja del alma el dolor;
   Digno es, por tanto, que el hombre le dé,
   Gloria y honor que resuenen doquier,
   Vamos a El llenos de fe; nos salvará con su gran poder.

131 ¡Cuán Dulce el Nombre de Jesús! (544 TH; 65 EH)
HOW SWEET THE NAME OF JESUS SOUNDS (8.6.8.6.)

1. ¡Cuán dulce el nombre de Jesús es para el hombre fiel!
   Consuelo, paz, vigor, salud encuentra siempre en El.

2. Al pecho herido fuerzas da y calma el corazón;
   Al alma hambrienta es cual maná y alivia su aflicción.

3. Tan dulce nombre es para mí, de dones plenitud;
   Raudal que nunca exhausto vi de gracia y de salud.

4. Jesús, mi amigo y mi sostén, mi Rey y Salvador,
   Mi vida y luz, mi eterno bien, acepta mi loor.

5. Es pobre ahora mi cantar; mas cuando en gloria esté,
   Y allí te pueda contemplar, mejor te alabaré.

6. En tanto, dame que tu amor proclame sin cesar,
   Y torne en gozo mi dolor tu nombre, al expirar. Amén.

132 Bendito Dios (161 HB)

ORIGINAL IN SPANISH (11.11.11.11. c/coro)

1. Descendió de gloria, Cristo Salvador,
Para rescatar su pueblo pecador.
Vino a este mundo con toda humildad,
Cristo el Salvador, mostrando su piedad.

Coro:
Bendito Dios, Cristo Jesús;
Que vino a darnos gloriosa luz.
Gloria a El, aleluyas mil,
Nos ha traído a su redil.

2. En el plan divino de la redención,
Fuimos elegidos para salvación.
Antes que formara toda su creación,
Dios quiso librarme de condenación.

3. El amado Hijo, glorioso Jesús,
Derramó su sangre en la cruenta cruz.
Y fue sepultado; ya resucitó,
Vive eternamente; Dios le exaltó.

Raul R. Solís © 1978 Casa Bautista de Publicaciones.
Todos los derechos reservados. Usado con permiso.

133 Por Su Misericordia (175 HB)

ENGLISH TITLE UNKNOWN (7.5.7.5.D. irr.)

1. Por su misericordia, a Cristo cantaré;
Con mi copa rebosando yo le bendeciré;
Cordero de Dios Santo: ¡Su vida entregó!
Por mí pagó gran precio; su sangre me compró.

2. Por su misericordia, no me avergonzaré,
De la historia redentora que a todos cantaré.
Si vienen duras penas no hay nada que temer:
Yo serviré mi Cristo con gozo y con placer.

3. Por su misericordia, con gozo al cielo voy,
Hacia aquel hogar glorioso que mi alma anhela hoy.
Mas cuando yo llegare a ver la gran mansión,
Entonaré por siempre a Cristo mi canción. Amén.

Leslie Gómez C., Tr. © 1978 Casa Bautista de Publicaciones.
Todos los derechos reservados. Usado con permiso.

134 Roca De La Eternidad (421 TH; 151 HVC; 159 HB)
ROCK OF AGES, CLEFT FOR ME (7.7.7.7.7.7.)

1. Roca de la eternidad, fuiste abierta Tú por mí.
   Sé mi Escondedero fiel, sólo encuentro paz en Ti.
   Rico, limpio manantial, en el cual lavado fui.

2. Aunque sea siempre fiel, aunque llore sin cesar,
   Del pecado no podré justificación lograr;
   Sólo en Ti teniendo fe el perdón podré alcanzar.

3. Nada traigo para Ti, mas tu cruz es mi sostén,
   Desprovisto y en escasez, hallo en Ti la paz y el bien;
   Sucio y vil acudo a Ti, a ser puro y limpio al fin.

4. Mientras haya de vivir, y al instante de expirar;
   Cuando vaya a responder en tu augusto tribunal,
   Sé mi Escondedero fiel, Roca de la eternidad. Amén.

135 No Hay Otro Mediador (245 TH)
ORIGINAL IN SPANISH (7.7.7.7.)

1. No hay otro mediador entre Dios y el pecador,
   Más que el Salvador Jesús, que por él murió en la cruz.

2. El su sangre derramó y amarga hiel bebió;
   Por su muerte y su pasión, obtuvimos el perdón.

3. Dios promete recibir al que quiere a El venir,
   En el nombre de Jesús y al amparo de su cruz.

4. Cristo dice: "A mí venid"; sólo a El pues, acudid;
   Escuchad su dulce voz, y por El llegad a Dios. Amén.

136 Amoroso Salvador (245 TH; 137 EH; 478 HB)
ORIGINAL IN SPANISH (7.7.7.7.)

1. Amoroso Salvador, sin igual es tu bondad;
   Eres Tú mi Mediador, mi perfecta santidad.

2. Mi contrito corazón te confiesa el mal, Señor;
   Pide al Padre su perdón por tu muerte en mi favor.

3. Te contemplo sin cesar en tu trono desde aquí;
   ¡Oh cuán grato es meditar que intercedes Tú por mí!

4. Fuente Tú de compasión, siempre a Ti te doy loor,
   Siendo grato al corazón ensalzarte, mi Señor. Amén.

CRISTO: EL SALVADOR

137 A Ti Que por Tu Muerte (119 TH; alt.197, 118 TH)
ENGLISH TITLE NOT KNOWN (7.6.7.6.D.)

1. A Ti que por tu muerte al mundo vida das,
   Jesús humilde y fuerte, que siempre reinarás;
   A Ti canta aleluya la iglesia de la luz;
   Toda potencia es tuya, y tu pendón la cruz.

2. Tu fuerza omnipotente todo lo vencerá;
   Y todo continente tu voz escuchará;
   De ocaso hasta el oriente, del uno al otro mar,
   Contemplarán las gentes tu triunfo sobre el mal.

3. Tu ejército adelanta, y tu potente voz,
   En la palabra santa doquier corre veloz;
   Por calles y caminos tus mensajeros van,
   Y pobres peregrinos acuden con afán.

4. Congrega a tus amados, Señor, siega tu mies;
   Que todos los salvados se inclinen a tus pies;
   Y donde suena el nombre de Jesucristo Rey,
   La paz encuentre el hombre en tu bendita grey. Amén.

138 ¡Oh Qué Salvador Es Cristo Jesús! (675 TH; 184 HVC; 469 HB)
A WONDERFUL SAVIOR IS JESUS MY LORD (Irregular)

1. ¡Oh qué Salvador es mi Cristo Jesús! ¡Un gran Salvador para mí!
   El salva al más malo de su iniquidad, y vida eterna le da.

Coro:
   Me escondo en la Roca que es Cristo el Señor,
   Y allí nada yo temeré;
   Me escondo en la Roca que es mi Salvador,
   Y en El siempre yo confiaré, y siempre con El viviré.

2. ¡Oh qué Salvador es Jesús el Señor! Mi horrendo pecado quitó;
   Me guarda y sostiene feliz en su amor, mi vida del mal redimió.

3. Raudales de gracia recibo de El, raudales de paz y virtud;
   Su Espíritu inunda del todo mi ser de gozo, sin par plenitud.

4. Y cuando esta vida termine aquí, la lucha por fin dejaré,
   Entonces a Cristo yo voy a mirar, loor a su nombre daré.

5. Y cuando en las nubes descienda Jesús,
   Glorioso al mundo a reinar,
   Su amor infinito, su gracia sin fin por siempre he de alabar.

CRISTO: EL SALVADOR

139 Venid, Nuestras Voces Alegres Unamos (513 HB; alt.83 TH)
WE GATHER TOGETHER (12.11.12.11.)

1. Venid, nuestras voces alegres unamos,
   Al coro celeste del trono al redor;
   Sus voces se cuentan por miles de miles,
   Mas todas son una en su adoración.

2. "Es digno el Cordero que ha muerto", proclaman,
   "De estar exaltado en los cielos así."
   "Es digno el Cordero", decimos nosotros,
   "Pues El por salvarnos sufrió muerte aquí."

3. A Ti, que eres digno, se den en los cielos,
   Poderes divinos y gloria y honor;
   Y más bendiciones que darte debemos,
   Se eleven por siempre a tu trono, Señor.

4. Del Dios de los cielos el nombre sagrado,
   A uno bendiga la salva nación;
   Y lleve al Cordero sentado en el trono,
   El dulce tributo de su adoración. Amén.

140 Oh, Tierno y Buen Pastor (249 TH)
SHEPHERD OF TENDER YOUTH (6.6.4.6.6.6.4.)

1. Oh, tierno y buen Pastor que guías con amor la juventud;
   Oh, soberano Rey, oye a tu humilde grey
   Que acude a ofrecer su gratitud.

2. Santo eres Tú, Señor, poder transformador, guía y sostén;
   Cumpliendo tu misión de amor y redención,
   Sufriste humillación por nuestro bien.

3. Oh, sumo Mediador que a todo cruel dolor alivio das;
   Que en duda y aflicción al débil corazón
   Brindas consolación y dulce paz.

4. ¡Sé nuestro buen Pastor constante inspirador de nuestra acción!
   Hijo del santo Dios, que yendo de Ti en pos,
   ¡Sea tu grata voz la dirección!

5. Que el alma al entregar, podamos alabar tu voluntad;
   Y en coro triunfal la iglesia universal
   Se una para ensalzar tu majestad. Amén.

Atribuido a Clemente de Alejandría, h. 200; Adapt. Henry M. Dexter, 1821-1890; F. J. Pagura, Tr.

141 Fruto del Amor Divino (501 TH; 302 EH)
ENGLISH TITLE NOT KNOWN (8.7.8.7.8.7.7.)

1. Fruto del amor divino, génesis de la creación:
   El es Alfa y es Omega, es principio y conclusión;
   De lo que es, de lo que ha sido, de lo nuevo en formación:
   Y por siempre así será.

2. Es el mismo que el profeta vislumbrara en su visión,
   Y encendiera en el salmista la más alta inspiración;
   Ahora brilla y es corona de la antigua expectación:
   Y por siempre así será.

3. Las legiones celestiales ahora canten su loor;
   Los dominios hoy le adoren como Rey y Redentor;
   Y los pueblos de la tierra le proclamen su Señor,
   Por la eternidad. Amén.

142 Del Gran Amor de Cristo (115 HVC; 90 HB)
SWEETER AS THE YEARS GO BY (13.13.13.13 c/coro)

1. Del gran amor de Cristo que errantes nos buscó,
   De su divina gracia que a malos rescató,
   De su misericordia, inmensa como el mar,
   Y cual los cielos alta, con gozo he de cantar.

Coro:
   El amor de mi Señor, grande y dulce es más y más;
   Rico e inefable, nada es comparable,
   Al amor de mi Jesús.

2. Cuando El vivió en el mundo la gente lo siguió,
   Y a conocer su gracia abundante se le dio;
   Entonces, bondadoso, su amor brotó en raudal,
   Incontenible, inmenso, sanando todo mal.

3. El puso en los ojos del ciego nueva luz,
   La eterna luz de vida que brilla en la cruz,
   Y dio a las almas todas la gloria de su Ser,
   Al impartir su gracia, su Espíritu y poder.

4. Fue el gran amor de Cristo que a la cruz le guió,
   Sin queja, nuestra culpa y angustia así sufrió;
   Con santos redimidos en gloria le elevemos,
   Las alabanzas dignas a nuestro Salvador.

Leila N. Morris, Vicente Mendoza, Tr. estrofas 1-3. R. Wayne Andersen, Tr. estrofa 4.

143 ¡O Misterio del Divino Amor! (436 TH)
O MYSTERY OF LOVE DIVINE (C.M. o 8.6.8.6. irr.)

1. ¡O misterio del divino amor, excediendo mi pensar!
   ¡Qué intercambio sin igual! Sufriste en mi lugar.
2. Cada hecho tuyo puro fue; pero nuestro es el don
   De tu fidelidad en vez de nuestra rebelión.
3. Contra Ti la escondida faz, desgracia y dolor;
   Mas para mí la faz sonriente, tu gracia y tu favor.
4. ¡Mi culpa de pecado atroz tu pureza soportó!
   Y yo el pecador soy justo; tu sangre me limpió.
5. Oh, Salvador en plenitud mora en mi corazón,
   Quien te entregaste en mi favor, impárteme este don. Amén.

Thomas Gill. © 1973 Priscilla Piñero, Tr. Usado con permiso.
R. Wayne Andersen, Tr. estrofa 5.

144 Mirad El Gran Amor (292 HVC)
ORIGINAL IN SPANISH (Irregular)

1. Mirad el gran amor, ¡Aleluya! ¡Aleluya!
   De nuestro Salvador; ¡Aleluya! ¡Aleluya!
   Su trono El dejó, al mundo descendió,
   Su sangre derramó por salvar el pecador;
   ¡Aleluya! ¡Aleluya! Demos gloria a Jesús;
   ¡Aleluya! ¡Aleluya! Somos salvos por su cruz.
2. Luchemos con valor, ¡Aleluya! ¡Aleluya!
   En nombre del Señor; ¡Aleluya! ¡Aleluya!
   El diablo rugirá, el mundo se reirá,
   El Salvador será con nosotros hasta el fin;
   ¡Aleluya! ¡Aleluya! Confiemos en Jesús;
   ¡Aleluya! ¡Aleluya! Venceremos por su cruz.
3. ¡Muy pronto volverá! ¡Aleluya! ¡Aleluya!
   ¡Qué gozo nos dará! ¡Aleluya! ¡Aleluya!
   ¡Gloriosa reunión! ¡Eterna bendición!
   Y grata comunión para siempre con Jesús;
   ¡Aleluya! ¡Aleluya! Para siempre con Jesús;
   ¡Aleluya! ¡Aleluya! Redimidos por su cruz. Amén.

CRISTO: SU AMOR

145 La Maravilla De Su Grande Amor (731 TH)
AND CAN IT BE? (Irregular)

1. La maravilla de su grande amor,
   Se muestra en la gracia de mi Señor;
   Por un indigno, El se entregó;
   Yo, enemigo, me rescató;
   ¡Qué grande amor del Cordero, de la eternidad
   Me escogió, se entregó el Dios por mi maldad!

Coro: ¡Qué gran favor del Salvador!
   ¿Quién me podrá su amor contar?

2. De la diestra del Padre de Luz,
   Bajó a este mundo vil el Señor Jesús;
   Se despojó de gloria y honor;
   Por raza inútil se dio el Señor,
   ¡Cuán grande amor, inmenso, pleno y sin par!
   Que al pecador, el Salvador dignóse a salvar.

3. ¡Qué tinieblas encerráronme!
   Esclava mi alma fue a pasiones mil;
   Mas el fulgor de su convicción,
   Me despertó de tal condición.
   De mis cadenas por don de gracia me libró;
   Me levanté y caminé para seguirle en pos.

4. Ya el terror de la condenación
   Se aleja y tengo paz, y en Jesús, perdón;
   Vivo en El, mi divina ley,
   Vestido en justicia, la de mi Rey;
   Ya con certeza al trono de El me acercaré,
   Coheredero con el Hijo todo heredaré.

Charles Wesley; R. Wayne Andersen, Tr. © 2000 Publicaciones Faro de Gracia

146 Tanto al Mundo Dios Amó (173 HB)
FOR GOD SO LOVED THE WORLD (L.M. o 8.8.8.8.)

1. Tanto al mundo Dios amó que a su Hijo nos envió,
   Y todo aquel que crea en El vida eterna obtendrá.

2. No quiere ver al pecador en su pecado perecer.
   En su palabra enseña El como esa vida alcanzar.

3. Cristo el objeto de la fe, se encarnó y muerto fue;
   Los que confiando en El están, fuerte cimiento en El tendrán.

Paul Gerhardt. Luden A. Gutiérrez, Tr. © 1978 Casa Bautista de Publicaciones.
Todos los derechos reservados. Usado con permiso.

CRISTO: SU AMOR

147 Grande Amor, Sublime, Eterno (209 HVC; 177 HB)
LOVE DIVINE SO GREAT AND WONDROUS (8.6.8.6. c/coro)

1. Grande amor, sublime, eterno, más profundo es que la mar;
   Y más alto que los cielos, insondable es y sin par.

Coro:
   El la puerta abriráme y así entrar podré.
   Redención El ha comprado y perdón me da por fe.

2. Grande amor, sublime eterno, en la cruenta cruz murió,
   Mi bendito Jesucristo mi castigo así llevó.

3. Grande amor, sublime, eterno, que perdido me buscó,
   Tiernamente me escuchaba, y a mi llanto El acudió.

4. Grande amor, sublime, eterno, soy indigno pecador,
   Mas el Hijo incomparable dio su vida en mi favor.

5. Grande amor, sublime, eterno, me prepara un lugar,
   Y me hace en Jesucristo digno de a su lado estar.

Frederick A. Blom. Tr. inglés, Nathaniel Carlson. Tr. español, Jorge Sánchez y Robert C. Savage. © 1978 Singspiration Music / ASCAP. Todos los derechos reservados. Usado con permiso de Brentwood-Benson Music, Inc.
R. Wayne Andersen, Tr. estrofas 3, 5.

148 Maravilloso Es (222 HB)
O THE WONDER OF IT ALL (Irregular)

1. Qué grandiosa es la puesta del sol; admirable cual amanecer,
   Pero es más grandioso y conmovedor,
   El amor que me tiene el Señor.

Coro:
   Maravilloso es, Maravilloso es,
   Cuando pienso que Dios me ama a mí.
   Maravilloso es, Maravilloso es,
   Cuando pienso que Dios me ama a mí.

2. Maravilla de un sol que se oculta; maravilla aurora que vi.
   Maravilla que en mi alma resulta hoy,
   Cuando pienso que Dios me ama a mí.

3. Qué grandioso el verano copioso; los cielos, la luna y el sol,
   Pero es más grandioso y conmovedor,
   El amor que me tiene el Señor.

George B. Shea. Salomón Mussett, Tr. © 1978 Word Music, Inc. / ASCAP. Todos los derechos reservados. Usado con permiso.

CRISTO: SU AMOR

149 ¡Oh Amor Que Excede A Todos! (460 TH; 338 HB)
LOVE DIVINE, ALL LOVES EXCELLING (8.7.8.7.D.)

1. ¡Oh amor que excede a todos, don del Padre Celestial,
   Pon corona a tus mercedes y entre nos ven a morar!
   Eres Tú, Jesús bendito, todo amor y compasión;
   Baja al corazón penitente, tráenos tu salvación.

2. ¡Ven, amor, a cada vida; mueve toda inclinación;
   Guárdanos de mal deseo y de andar en tentación!
   Tú el Alfa y Omega, sé de todo nuestro ser;
   Que tu gracia nos proteja y sostenga divina fe.

3. ¡Oh amor, no te separes de la iglesia terrenal;
   Unela estrechamente con el lazo fraternal!
   Perfecciona a cada miembro, ilumina nuestro andar,
   Y que el alma se complazca en tu nombre glorificar. Amén.

150 ¡Oh, Profundo, Inmenso Amor! (121 TH; alt.612 TH; 505 HB)
O LOVE, HOW DEEP, HOW BROAD, HOW HIGH (L.M. o 8.8.8.8.)

1. ¡Oh amor profundo, inmenso amor! De gozo llena el corazón,
   Que el Dios eterno en su bondad, tomara forma corporal.

2. Fue bautizado y soportó intenso ayuno y dolor;
   El por nosotros afrontó la más aguda tentación.

3. Fue por nosotros su oración y su enseñanza, su labor;
   Jamás buscó su propio bien, se hizo siervo, siendo Rey.

4. El por nosotros padeció blasfemias, burlas y dolor;
   Y para darnos vida y luz halló la muerte en una cruz.

5. Mas en su triunfo el nuestro está, y junto al Padre, nuestro hogar;
   Nos da su Espíritu, y en El hallamos gozo, paz, poder. Amén.

151 Cantaré Loor A Cristo (681 TH; 485 HB)
I WILL SING OF MY REDEEMER (8.7.8.7. c/coro)

1. Cantaré a Jesucristo, de su gracia y fiel amor;
   El sufrió en el Calvario por librar al pecador.

Coro: Cantaré a Jesucristo, con su sangre me compró,
   En la cruz me dio el indulto, del pecado me libró.

2. Cantaré la excelsa historia de gloriosa salvación,
   Que Jesús del mal me libra y de su condenación.

3. Cantaré loor a Cristo por su triunfo y gran poder;
   Al pecado y la muerte El, por su pueblo ha de vencer.

4. Cantaré a Jesucristo, de su eterno y gran amor;
   Hijo soy de Dios por gracia de Jesús, mi Salvador.

152 El Profundo Amor de Cristo (453 TH; 24 HVC; 328 HB)
OH THE DEEP, DEEP LOVE OF JESUS (8.7.8.7.D.)

1. El profundo amor de Cristo es inmenso, sin igual;
   Cual océano sus ondas en mí fluyen, gran caudal.
   Me rodea y protege la corriente de su amor,
   Siempre guiando, impulsando hacia el celestial hogar.

2. El profundo amor de Cristo digno es de loor y prez;
   ¡Cuánto ama, siempre ama, nunca cambia, puro es!
   ¡Cuánto ama a sus hijos; por salvarlos El murió!
   Intercede en el cielo por aquellos que compró.

3. El profundo amor de Cristo, grande sin comparación,
   Es refugio de descanso, es mar de gran bendición.
   El profundo amor de Cristo es un cielo para mí;
   Me levanta hasta la gloria; pues me atrae hacia Ti.

   S. Trevor Francis. © Pickering y Inglis, Ltd.; Ellen de Eck., Tr. © 1966 Christian Publicacions, Inc. Todos los derechos reservados. Usado con permiso.

153 El Rey de Amor Es Mi Pastor *(Salmo 23)* (141 TH; 54 EH; 329 HB)
THE KING OF LOVE MY SHEPHERD IS (8.7.8.7.)

1. El Rey de amor es mi Pastor; su amor es verdadero;
   Su amparo no me faltará; pues yo soy su cordero.

2. Me lleva al fresco manantial, y a buenos pastos guía;
   Y por su gracia celestial, me nutre con su vida.

3. Perverso y necio me aparté por valles peligrosos;
   Me halló, me trajo a su redil en hombros poderosos.

4. En valle oscuro no tendré temor si Dios me guía;
   Su vara y su cayado son cual luz al alma mía.

5. Ha puesto mesa para mí; ungióme con aceite;
   Mi copa rebosando está; su amor es mi deleite.

6. Misericordia, gracia y paz Tú das al alma mía,
   Y en tus mansiones moraré, Señor, por largos días. Amén.

154 La Maravilla de Tu Amor (29 I Surpless)

1. La maravilla de tu amor, Señor,
   Amor perfecto, santo, eternal;
   Amor que trajo al Salvador,
   Obrando gracia celestial;
   Y así, Dios me mostró su gran amor,
   Pues, siendo pecador, oh cuán infiel;
   En cruenta cruz murió Cristo el Señor,
   Para traerme hasta El.

2. Me maravillo de tu amor, Señor,
   Pues mérito no tengo ante Ti;
   Yo sé que lo que ves en mí,
   Sólo merece tu ira, sí;
   Mas en tu gracia me buscaste, Dios,
   A este muerto diste vida y luz;
   Por sangre santa todo nuevo es,
   Fue obra de mi buen Jesús.

3. ¿Por qué moriste en mi lugar, Señor?
   Llevando mi castigo sobre Ti;
   Que gran amor se demostró,
   Al dar tu sangre carmesí;
   Mi culpa tu llevaste en la cruz,
   Cumpliste ante Dios su ley por mí;
   Justicia y santidad yo recibí,
   ¡Tu amor, me maravilla, sí!

4. Aunque no quiero, sé que pecaré,
   Si miro al pecador, oh Señor;
   Sin Ti, el mal no venceré,
   De gracia cúbreme, Señor;
   En todo quiero agradarte, Dios,
   Tu Espíritu susténteme, Señor;
   Que mi alma siempre pueda alabar,
   La maravilla de tu amor.

© 1995 David M. Surpless. Usado con permiso.

CRISTO: SU NACIMIENTO

155 Gloria a Dios en las Alturas (28 HVC)
ORIGINAL IN SPANISH (8.7.8.7.D.)

1. ¡Gloria a Dios en las alturas! que mostró su gran amor,
   Dando a humanas criaturas un potente Salvador.
   Con los himnos de los santos hagan coro nuestros cantos
   De alabanza y gratitud, por la divinal salud;
   Y digamos a una voz: ¡En los cielos gloria a Dios!

2. ¡Gloria a Dios! La tierra cante al gozar de su bondad,
   Pues le brinda paz constante en su buena voluntad.
   Toda tribu y lenguas todas al excelso eleven cantos,
   Por el Rey Emmanuel que les vino de Israel;
   Y prorrumpan a una voz: ¡En los cielos gloria a Dios!

3. ¡Gloria a Dios! La Iglesia entona, rota al ver su esclavitud,
   Por Jesús, que es su corona, su cabeza y plenitud.
   Vigilante siempre vive y a la lucha se apercibe,
   Mientras llega su solaz en la gloria y plena paz;
   Donde exclama a una voz: ¡En los cielos gloria a Dios! Amén.

156 ¿Quién Es Este? (169 TH)
WHO IS THIS? (8.7.8.7.D.)

1. ¿Quién es este niño débil, de una pobre de Israel?
   Ha nacido en un establo y en pesebre sueña El;
   El Creador, Señor de todo, se humilló en amor por nos;
   Es el Dios desde lo antiguo, y eternamente Dios.

2. ¿Quién el Hombre de dolores, sin lugar de reposar?
   Llora por los pecadores, quienes vino a rescatar;
   Es el Dios, Salvador nuestro, quien por nos prepara allá
   Una habitación celeste, donde lágrima no habrá.

3. ¿Quién es El? vedle sangrando, despreciada su virtud,
   Insultado y desechado por rabiosa multitud;
   Nuestro Dios, que a su iglesia, bendiciones mil les da;
   Quien en su venganza santa sus enemigos juzgará.

4. ¿Quién es El quien por su pueblo, en la cruz colgado es,
   Con espinas por corona, clavos en sus manos, pies?
   Nuestro Dios que ahora reina, para siempre reinará;
   Cantan ángeles y santos alabanzas sin cesar.

William How; David Vater, Tr.

CRISTO: SU NACIMIENTO

157 Tú Dejaste Tu Trono (107 EH; 60 HB; alt.170 TH)
THOU DIDST LEAVE THY THRONE (12.9.12.9. c/coro)

1. Tú dejaste tu trono y corona por mí,
   Al venir a Belén a nacer;
   Mas a Ti no fue dado el entrar al mesón.
   Y en establo te hicieron nacer.

Coro:
   Gracias doy yo a Ti, oh Cristo por venir a salvarme a mí;
   Mi alma rindo a Ti, oh Cristo Rey; pues en ella hay lugar para Ti.

Coro (Alt.):
   1.- 4. Ven a mi corazón, oh Cristo; pues en él hay lugar para Ti.
   5. Tengo gozo al saber, oh Cristo, que hay lugar junto a Ti para mí.

2. Alabanzas celestes los ángeles dan,
   En que rinden al Verbo loor,
   Mas humilde viniste a la tierra, Señor;
   A dar vida al más vil pecador.

3. Siempre pueden las zorras sus cuevas tener,
   Y las aves sus nidos también;
   Mas el Hijo del hombre no tuvo un lugar,
   En el cual reclinar su sien.

4. Tú viniste, Señor, con tu gran bendición
   Para dar libertad y salud;
   Mas con odio y desprecio Te hicieron morir,
   Aunque vieron tu amor y virtud.

5. Alabanzas sublimes los cielos darán,
   Cuando vengas glorioso de allí,
   Y tu voz entre nubes dirá: "Ven a mí,
   Que hay lugar junto a mí para Ti."

158 Angeles Cantando Están (67 HB)
ANGELS WE HAVE HEARD ON HIGH (7.7.7.7. c/coro)

1. Angeles cantando están tan dulcísima canción;
   Las montañas su eco dan como fiel contestación.

Coro: Gloria a Dios en lo alto.
       Gloria a Dios en lo alto.

2. Los pastores sin cesar alabanzas dan a Dios;
   Cuán glorioso es el cantar de su melodiosa voz.

3. Oh venid pronto a Belén para contemplar con fe,
   A Jesús, Autor del bien, al recién nacido Rey.

159 Oh Ven, Emanuel (147 TH; 83 EH; 54 HB)
O COME, O COME EMMANUEL (8.8.8.8.8.8.)

1. Oh ven, oh ven Rey, Emanuel, rescata ya a Israel,
Que llora en su desolación y espera su liberación.
Coro: Vendrá, vendrá, Rey Emanuel; alégrate, oh Israel. Amén.
2. Sabiduría celestial, al mundo hoy ven a morar;
Corrígenos y haznos ver en Ti lo que podemos ser.
3. Anhelo de los pueblos ven; en Ti podremos paz tener;
De tentaciones líbranos, y reine soberano Dios.
4. Ven Tú, oh Hijo de David, tu trono establece aquí;
Destruye el poder del mal; ¡Visítanos Rey celestial!

160 Jesús, Dejando su Poder, Aquí Nació (606 TH)
ENGLISH TITLE NOT KNOWN (8.6.8.6.D.)

1. Jesús, dejando su poder, humilde aquí nació;
A esta tierra vino el Rey, sin gloria y sin honor.
Como El transiten nuestros pies por sendas de la paz;
Como El crezcamos en saber, en gracia y en bondad.
2. Palabras tiernas pronunció, los niños al llamar,
Y bendecirles con amor, con sin igual bondad.
Así podemos junto a El seguro abrigo hallar;
Pues con su brazo fuerte y fiel nos ha de sustentar.
3. Cantaron himnos con fervor allá en Jerusalén,
Los niños cuando al Salvador le proclamaron Rey.
Hosanna cante nuestra voz, hosanna sin cesar;
Que si callamos, al Señor las piedras cantarán. Amén.

161 Noche de Paz (161 TH; 95 EH; 38 HVC; 58 HB)
SILENT NIGHT, HOLY NIGHT (Irregular)

1. ¡Noche de paz, noche de amor! Todo duerme en derredor,
Entre los astros que esparcen su luz,
Bella anunciando al niñito Jesús,
Brilla la estrella de paz, brilla la estrella de paz.
2. ¡Noche de paz, noche de amor! Oye humilde el fiel pastor,
Coros celestes que anuncian salud,
Gracias y glorias en gran plenitud,
Por nuestro buen Redentor, por nuestro buen Redentor.
3. ¡Noche de paz, noche de amor! Ved qué bello resplandor,
Luce en el rostro del niño Jesús,
En el pesebre, del mundo la luz,
Astro de eterno fulgor, Astro de eterno fulgor.

CRISTO: SU NACIMIENTO

162 Oíd un Son en Alta Esfera (168 TH; 97 EH; 64 HB)
HARK, THE HERALD ANGELS SING (7.7.7.7.D. irr.)

1. Oíd un son en alta esfera: "¡En los cielos, gloria a Dios!"
¡Al mortal paz en la tierra!" canta la celeste voz;
Con los cielos alabemos, al eterno Rey cantemos,
A Jesús que es nuestro bien, con el coro de Belén,
Canta la celeste voz: "¡En los cielos, gloria a Dios!"

2. El Señor de los señores, el Ungido celestial,
A salvar los pecadores bajó al seno virginal;
Loor al Verbo encarnado, en su humanidad velado,
Gloria al Santo de Israel, cuyo nombre es Emanuel,
Canta la celeste voz: "¡En los cielos, gloria a Dios!"

3. Príncipe de Paz eterna, gloria a Ti, Señor Jesús,
Entregando el alma tierna, Tú nos traes vida y luz;
Has tu majestad dejado y buscarnos te has dignado;
Para darnos el vivir, a la muerte quieres ir,
Canta la celeste voz: "¡En los cielos, gloria a Dios!"

163 A Media Noche (157 TH; 85 EH; 68 HB)
IT CAME UPON A MIDNIGHT CLEAR (8.6.8.6.D.)

1. A media noche allá en Belén de Dios la salvación,
Por ángeles se proclamó en celestial canción.
En las alturas "Gloria a Dios," el coro tributó;
La paz y buena voluntad al mundo pregonó.

2. Alzad la vista sin temor, mortales por doquier;
Mensaje de gran gozo os doy, que es para todo ser:
Os ha nacido hoy en Belén, oh pueblo con dolor,
Un Salvador de gran merced que es Cristo el Señor.

3. Mensaje grato proclamó celeste multitud,
Que por los campos resonó con gozo y gran virtud:
"¡En las alturas gloria a Dios, y al mundo salvación,
Al hombre en busca de Jesús, paz, gozo y bendición!"

4. Vosotros, llenos de maldad, y tristes hoy que estáis,
Y que agobiados de dolor con paso lento vais,
Hoy descansad, y contemplad la angélica visión;
Alzad la vista y escuchad la célica canción.

Edmond H. Sears. © 1939 George P. Simmonds. Usado con permiso.

164 Angeles de Alta Gloria (164 TH; 102 EH; 69 HB)
ANGELS FROM THE REALMS OF GLORY (8.7.8.7.8.7.)

1. Angeles de alta gloria, vuestras voces levantad;
   Cristo ya nació, la historia pronto a todos proclamad.
   Adoremos, Adoremos, al recién nacido Rey.

2. Los pastores vigilando sobre su ganado están;
   Dios en Cristo ya habitando, con los hombres mirarán.
   Adoremos, Adoremos, al recién nacido Rey.

3. Sabios, las meditaciones todas pronto abandonad;
   Al Deseado de naciones en pesebre vil mirad.
   Adoremos, Adoremos al recién nacido Rey.

4. Los que a Cristo reverentes esperando verle están,
   En su templo, muy fervientes contemplarle allí podrán.
   Adoremos, Adoremos, al recién nacido Rey.

165 Suenen Dulces Himnos (99 EH; 29 HVC; 86 HB)
RING THE BELLS OF HEAVEN (11.9.11.9. c/coro)

1. ¡Suenen dulces himnos gratos al Señor,
   Y óiganse en concierto universal!
   Desde el alto cielo baja el Salvador,
   Para dar la vida al mortal.

Coro:
   ¡Gloria! ¡Gloria sea a nuestro Dios!
   ¡Gloria! Sí, cantemos a una voz.
   Y el cantar de gloria, que se oyó en Belén,
   Sea nuestro cántico también.

2. Montes y collados fluyan leche y miel,
   Y abundancia esparzan y solaz.
   Gócese Su pueblo; viene ya su Rey,
   Que a la tierra traerá la paz.

3. Salte, de alegría lleno el corazón,
   La caída y pobre humanidad;
   Dios se compadece de su condición,
   Y en su gracia viene a rescatar.

4. Lata en nuestros pechos noble gratitud,
   Hacia Quien nos brinda redención;
   Y a Jesús, el Cristo, que nos da salud,
   Tributemos nuestra adoración.

166 Un Niño Ha Nacido (7 II Surpless)

Prólogo y último coro:
Un Niño ha nacido, es Hijo de Dios;
Un Hijo es dado, es eterno Dios.

1. El Mesías viene, se declaró, en profetas Dios habló;
Al cumplirse el tiempo el Rey vendrá, a su pueblo salvará.
He aquí la virgen concebirá, y un hijo parirá;
Hijo de David, Rey eterno es El, con nosotros Emmanuel.

Coro:
El es Admirable, Dios fuerte es El;
También Consejero, y siempre es fiel.

2. A María el ángel Gabriel llegó, bendición le proclamó;
Entre todas, Dios te miró, mujer, bendecida has de ser.
Engrandece mi alma a mi Salvador, hoy me gozo en Ti, Señor;
"Sólo sierva soy," ella confesó, "Hoy tu gracia me miró."

Coro: (2-5)
Un Niño ha nacido, El es pura luz;
Un Hijo es dado, Su nombre es Jesús.

3. Angeles cantaron: "El Rey llegó, en pesebre hoy nació."
Dios cumplió palabra en gran amor, enviando al Salvador.
En pesebre humilde nació Jesús, desde allí brotó la luz;
Aunque siendo Dios, El se humilló, cuando de mujer nació.

4. Simeón con gozo al Niño vio, y en sus brazos lo tomó;
Bendiciendo a Dios dijo: "Ya me voy, salvación he visto hoy."
Salvación que a todos los pueblos das, que en tu luz alumbrarás;
Al gentil darás tu palabra fiel, y la gloria de Israel.

5. A la cruz fue El, salvación compró; en su gracia, sangre dio;
Para perdonar y santificar, y la vida eterna dar.
Sepultado fue y resucitó, y al cielo ascendió;
Un glorioso día El volverá, y su Iglesia le verá.

6. A los suyos vino Cristo Jesús, y al mundo trajo luz;
Aunque el pueblo, ciego, le rechazó, Dios su gracia demostró.
Padre eterno es, siempre justo, fiel; Príncipe de Paz es El;
Gracia eterna al mundo Dios reveló, cuando el Niño aquí nació.

© 1996, David M. Surpless. Usado con permiso.

CRISTO: SU NACIMIENTO

167 Venid, Fieles Todos (151 TH; 90 EH; 72 HB)
O COME, ALL YE FAITHFUL (6.6.10.5.6. c/coro)

1. Venid, fieles todos, a Belén marchemos:
De gozo triunfantes, henchidos de amor.
Y al Rey de los cielos humildes veneremos:

Coro:
Venid, adoremos, venid, adoremos,
Venid, adoremos a Cristo el Señor.

2. El que es Hijo eterno del eterno Padre,
Y Dios verdadero que al mundo creó,
Al seno humilde vino de una madre:

3. En pobre pesebre yace reclinado.
Al hombre ofrece eternal salvación,
El Santo Mesías, Verbo humanado:

4. Cantad jubilosas, célicas criaturas:
Resuene el cielo con vuestra canción:
¡Al Dios bondadoso gloria en las alturas!

5. Jesús, celebramos tu bendito nombre,
Con himnos solemnes de grato loor;
Por siglos eternos adórete el hombre.

168 Dichosa Tierra, Proclamad (149 TH; 84 EH; 76 HB)
JOY TO THE WORLD (8.6.8.6.6.8.)

1. ¡Dichosa tierra, proclamad que vino ya el Señor!
En vuestras almas preparad un sitio al Redentor,
Un sitio al Redentor; un sitio a nuestro Redentor.

2. ¡Dichosa tierra, el Salvador triunfante ha de reinar!
Resuenen coros de loor, en cielo, tierra y mar,
En cielo, tierra y mar; en cielo, tierra y vasto mar.

3. Cese en el mundo rebelión, y ahuyéntese el dolor;
Que brote en cada corazón, paz, gozo y santo amor,
Paz, gozo y santo amor; paz, pleno gozo y santo amor.

4. El rige al mundo con verdad y gracia paternal;
Su amor sublime y gran bondad, jamás tendrá su igual,
Jamás tendrá su igual; jamás, jamás tendrá su igual. Amén.

Isaac Watts, S.D. Athans, Tr. © 1961 Word Music, Inc. / ASCAP. Todos los derechos reservados. Usado con permiso.

CRISTO: SU NACIMIENTO

169 ¡Cantad, Cantad, la Voz Alzad! (12 TH)
ENGLISH TITLE NOT KNOWN (L.M.D. o 8.8.8.8.D.)

1. ¡Cantad, cantad; la voz alzad! ¡Jesús nació, la nueva dad!
   Con gratas loas ensalzad al Padre Dios por su bondad.
   En este día sin igual de alegría celestial,
   Cantemos todos el loor en gratitud por tanto amor.

2. ¡Cantad hosannas al Señor, pues El es Rey y Salvador!
   De mal hacer nos librará y su verdad nos guiará;
   ¡Gloriad al Rey que fue a nacer en pobre cuna de Belén!
   El salvará a todo aquel que en El creyere y fuere fiel.

3. ¡Cantad, cantad, al Rey mirad! Con El seguid, con El luchad;
   Que bendición habéis de ser doquier vayáis, doquier estéis;
   Su nacimiento celebrad, sus mandamientos acatad;
   ¡Honor a El, oh pueblos dad, que suya es la Navidad! Amén.

170 Admirable, Consejero (150 TH)
ALL MY HEART THIS NIGHT REJOICES (8.3.3.6.D.)

1. ¡Oh qué gozo siente el alma!
   Al saber, comprender, que Jesús nos ama.
   Descendió de la alta gloria para dar sin igual
   Perdón, vida y gloria.

2. Porque un niño ha nacido.
   El Señor lo envió para rescatarnos.
   Porque un hijo nos es dado; es tu amor, Padre Dios,
   Nos has recordado.

3. Su intención es redimirte;
   Ocupar tu lugar, del juicio eximirte.
   El irá como un Cordero a sufrir, a morir,
   Al degolladero.

4. Admirable, Consejero;
   Conquistó, derrotó, implantó su imperio.
   Ya con El gobernaremos, desde Sión, la mansión,
   Con Él reinaremos.

Tr., Salvador Gómez Dickson. Usado con permiso.

171 Dad Loor a Dios (87 HB)

ORIGINAL IN SPANISH (7.7.7.7.5.5.7. c/coro)

Coro: (cantado antes de las estrofas)
Dad loor a Dios, himnos elevad, alabando su bondad;
Canta de Jesús, pobre pecador; canta, sí, su gran amor.

1. Jesucristo descendió de los cielos a Belén;
Nuestra paz allí nació, nuestra dicha, luz y bien.
¡Oh bendito Dios! Gloria a Ti, Señor, por Jesús, el Salvador.

2. Por venir a padecer a los ángeles dejó,
Y nacido de mujer, con los hombre habitó.
¡Oh bendito Dios! Gloria a Ti, Señor, por Jesús, el Salvador.

3. En la cruz, martirio cruel, dio su vida el Salvador,
Porque tenga paz en El todo pobre pecador.
¡Oh bendito Dios! Gloria a Ti, Señor, por Jesús, el Salvador.

172 Cabeza Ensangrentada (178 TH; 127 EH; 45 HVC; 97 HB)

O SACRED HEAD NOW WOUNDED 7.6.7.6.D.)

1. Cabeza ensangrentada, herida por mi bien,
De espinas coronada, por fe mis ojos ven;
Por todos despreciado; mi eterno bien será;
Por todas las edades mi ser Te adorará.

2. Pues oprimida tu alma fue por el pecador,
La transgresión fue mía, mas tuyo fue el dolor;
Hoy vengo contristado, merezco tu dolor,
Concédeme tu gracia, oh dame tu perdón.

3. Oh cuánto alivio encuentro por mi pecado aquí,
Cuando en tu cuerpo herido me escondo Cristo en Ti;
Oh Salvador, tu gloria hoy manifiesta en mí,
Junto a tu cruz espero, Te entrego mi alma a Ti.

4. Te doy loor eterno, Bendito Salvador,
Por tu dolor y muerte, por tu divino amor;
Oh Salvador, deseo tu gracia conocer;
Servirte para siempre, Te entrego a Ti mi ser.

5. En la hora de la muerte enséñame tu cruz;
De todos mis temores, oh líbrame, Jesús;
Por fe verán mis ojos a Cristo el Salvador;
Quien muere en Ti creyendo, es salvo por tu amor. Amén.

CRISTO: SU MUERTE

173 Hay una Fuente (188 TH; 119 EH; 98 HB; 55 HVC; alt.77 iii TH)
THERE IS A FOUNTAIN (8.6.8.6.6.6.8.6.)

1. Hay una fuente sin igual de sangre de Emmanuel,
   En donde lava cada cual las manchas que hay en él.
   Que se entrega a El, que se entrega a El;
   En donde lava cada cual las manchas que hay en él.

2. El malhechor se convirtió clavado en una cruz;
   El vio la fuente y salvo fue creyendo en Jesús,
   Creyendo en Jesús, creyendo en Jesús;
   El vio la fuente y salvo fue, creyendo en Jesús.

3. Y allí también mi indigno ser Dios me logró lavar;
   La gloria de su gran poder me gozo en ensalzar.
   Me gozo en ensalzar, me gozo en ensalzar;
   La gloria de su gran poder me gozo en ensalzar.

4. ¡Eterna fuente de bondad! ¡Raudal de paz, perdón!
   Cantemos por la eternidad la gracia del Señor.
   La gracia del Señor, la gracia del Señor;
   Cantemos por la eternidad la gracia del Señor. Amén.

174 Todo Por Sangre (8 I Surpless)

1. Cristo murió, su sangre dio, como Cordero fue a la cruz;
   Cual sustituto El sufrió, para traernos a la luz;
   Dios castigó nuestro pecado en el cuerpo del Señor,
   Mostrando eternamente así su gran amor.

2. Por gracia fue, mérito no hay, pues soy indigno pecador;
   Su sangre dio en su amor, mi amado, eterno Salvador;
   Por eso doy toda la gloria y el honor a mi Jesús,
   Pues hizo de un pecador hijo de luz.

3. Su gracia extiende al más vil, al que merece oscuridad;
   Mas esperanza hay por su sangre derramada en gran bondad;
   Nada podremos reclamar, nuestros esfuerzos nada son;
   Sólo en Cristo, por su sangre, rico don.

4. Cristo murió, resucitó, al trono eterno ascendió;
   Todo poder, autoridad, Dios en sus manos colocó;
   Y así, segura su iglesia sin temor podrá servir;
   Todo por sangre, cuán glorioso así vivir.

© 1995, David M. Surpless. Usado con permiso.

175 De Tal Manera Me Amó (104 HB)
WHY SHOULD HE LOVE ME SO? (10.7.10.7. c/coro)

1. Crucificado por mí fue Jesús; de tal manera me amó;
Ira de Dios, la llevó en su cruz; de tal manera me amó.

Coro:
De tal manera me amó; de tal manera me amó;
Cristo en la cruz del Calvario murió;
De tal manera me amó.

2. Por los injustos, el Justo se dio; de tal manera me amó;
Paz ante Dios y perdón consumó; de tal manera me amó.

3. El inocente Cordero de Dios; de tal manera me amó;
Desde el principio inmolado quedó; de tal manera me amó.

4. Por sus ovejas murió el Pastor; de tal manera me amó;
Vida abundante les dio en favor; de tal manera me amó.

5. Resucitado, triunfamos en El; de tal manera me amó;
Glorificado, reinamos con El; de tal manera me amó.

176 Azotado y Abatido (192 TH)
STRICKEN, SMITTEN, AND AFFLICTED (8.7.8.7.D.)

1. Azotado y abatido, vedlo en el madero hoy,
Es Jesús, el rechazado por el hombre y por su Dios;
Es el Hijo prometido de David, mas su Señor;
Por Su Hijo Dios ha hablado, por el Verbo salvador.

2. Ved y escuchad sus gritos, ¿se había visto pena así?
Le dejaron sus amigos, le afrentó la boca vil;
Manos malas le abusaron, sin socorro se encontró,
Pero el más penoso azote, la justicia se lo dio.

3. Los que excusáis pecados y tenéis en poco el mal,
En la cruz ved vuestra culpa en su horrenda realidad;
Fíjate en el sacrificio, por impíos El murió,
Es el Salvador ungido, Hijo único de Dios.

4. He aquí por los perdidos el socorro fiel sin par,
Cristo el Salvador, la Roca en que podemos descansar;
El Cordero inmolado quita el mal del pecador,
No serás avergonzado confiando en el Señor. Amén.

Thomas Kelly, R. Wayne Andersen, Tr., para Paco y Julia Orozco
© 2000 Publicaciones Faro de Gracia.

CRISTO: SU MUERTE

177 Cristo Su Preciosa Sangre (389 i TH; 101 HB; alt.424 TH)
ENGLISH TITLE NOT KNOWN (8.5.8.3.)

1. Cristo su preciosa sangre en la cruz la dio;
   Por nosotros pecadores la vertió.

2. Con su sangre tan preciosa hizo redención;
   Y por eso Dios nos brinda el perdón.

3. Es la sangre tan preciosa del buen Salvador,
   La que quita los pecados y el temor.

4. Sin la sangre es imposible que haya remisión;
   Por las obras no se alcanza salvación. Amén.

178 Cristo, Hazme Ver Tu Cruz (43 HVC)
LEAD ME TO CALVARY (8.6.8.6. c/coro)

1. Rey de mi vida Tú eres ya, gloria te doy, Jesús;
   No me permitas olvidar tu obra en la cruenta cruz.

Coro:
   Si olvido del Getsemaní, tu sufrimiento agudo allí,
   Y tu divino amor por mí, Cristo, hazme ver tu cruz.

2. Por fe la tumba puedo ver que ya vacía está;
   Angeles santos de poder fueron tu guardia allá.

3. Yo, cual María, quien su amor te demostró, Jesús,
   Quiero servirte fiel, Señor, al recordar tu cruz.

4. Hazme ser pronto, Salvador, mi cruz llevar por Ti;
   Con gozo sufriré, Señor; fuiste a la cruz por mí. Amén.

179 En el Jardín del Olivar (182 TH)
'TIS MIDNIGHT, AND ON OLIVE'S BROW (L.M. o 8.8.8.8.)

1. Es medianoche, ya el fulgor de aquel lucero se nubló,
   Y en el jardín del olivar padece y ora el Salvador.

2. Es medianoche, en soledad lucha Jesús con el temor,
   Ni su discípulo más fiel comparte su mortal dolor.

3. Es medianoche, y el Señor de un mensajero celestial,
   Oye la suave y tierna voz que viene su alma a confortar.

4. Es medianoche, al Salvador le vemos triste sollozar,
   Y sostenido por su Dios, por nuestra culpa agonizar. Amén.

CRISTO: SU MUERTE

180 Voz de Amor y Clemencia (217 TH; alt.187 TH)
HARK, THE VOICE OF LOVE AND MERCY (8.7.8.7.4.7.)

1. Voz de amor y de clemencia en el Gólgota sonó;
   Y al oírla, con violencia el Calvario retembló,
   "¡Consumado es!" Fue la voz que Cristo dio.

2. Voz de escarnio, de ironía, vil pronuncia el hombre audaz,
   Mientras Cristo en su agonía hace al sol nublar su faz;
   "¡Consumado es!" Fue la voz de un Dios veraz.

3. Entre angustias y dolores, sin amparo se encontró,
   El Señor por pecadores, ira del Dios Juez sufrió;
   "¡Consumado es!" Y su espíritu entregó.

4. "¡Consumado es!" Grato anuncio para el triste pecador,
   Bendiciones celestiales por nos obtuvo el Señor;
   ¡Aleluya! Del perdón es el Fiador.

5. Canten ángeles la gloria de la gracia del Señor,
   Con las almas redimidas, todos démosle loor;
   ¡Consumado es! ¡Gloria a nuestro Salvador! Amén.

Jonathan Evans. Juan Cabrera, Tr. estrofas 1-3; R. Wayne Andersen, Tr. estrofas 4-5.

181 Jesús Amado (181 TH)
O DEAREST JESUS (11.11.11.5.)

1. Jesús amado, ¿cuál es tu delito,
   Que pueda merecer tan duro juicio?
   ¿De qué ruindad enorme, execrable, eres culpable?

2. Pues, con espinas cruel te coronaron,
   Y con azotes viles te abusaron;
   Aún en la cruz te afrentan, desafían, te crucifican.

3. ¿Por qué tu alma con dolor declina?
   ¡Ay! Son mis culpas causa de tu ruina.
   Jesús amado, ¡cómo fiel expías las faltas mías!

4. ¡Cómo es maravillosa la condena!
   Su vida da el Pastor por las ovejas;
   Así las culpas paga por sus siervos, paga Dios bueno.

5. El Hijo santo en dolores muere,
   Y el hijo malo de Adán ahora vive;
   Por los injustos dándose el Justo, somos los suyos. Amén.

Johann Heermann; Roberto Carman, Tr. estrofas 1, 3-4;
R. Wayne Andersen, Tr. estrofas 2, 5.

182 En la Excelsa Cruz de Cristo (122 EH)
IN THE CROSS OF CHRIST I GLORY (8.7.8.7.)

1. En la excelsa cruz de Cristo es mi gloria y salvación;
   Otra igual visión no hay digna de nuestra contemplación.
2. Si el temor me sobrecoge y me asalta el tentador,
   A la cruz Jesús me acoge y a su seno protector.
3. De la cruz la luz radiante mi sendero alumbrará;
   Y mi Salvador amante con su mano me guiará.
4. De la cruz la luz fulgura con perenne resplandor,
   En la noche más obscura de la pruebas y el dolor.
5. Es la cruz que santifica la alegría y la aflicción;
   El pesar se dulcifica por su paz y provisión. Amén.

183 La Cruz Excelsa al Contemplar (186 TH; 117 EH; 48 HVC; 109 HB)
WHEN I SURVEY THE WONDROUS CROSS (L.M. o 8.8.8.8.)

1. La cruz excelsa al contemplar do Cristo allí por mi murió,
   De todo cuanto estimo aquí, lo más precioso es su amor.
2. ¿En qué me gloriaré, Señor, sino en tu sacrosanta cruz?
   Lo que más pueda ambicionar, ofrezco a Ti, Señor Jesús.
3. De su cabeza, manos, pies, preciosa sangre allí corrió;
   Corona vil de espinas fue la que Jesús por mí llevó.
4. El mundo entero no será dádiva digna de ofrecer,
   Amor tan grande y sin igual, en cambio exige todo el ser. Amén.

184 Junto a la Cruz de Cristo (177 TH; 380 EH; 47 HVC; 332 HB)
BENEATH THE CROSS OF JESUS (Irregular)

1. Junto a la cruz de Cristo yo quiero siempre estar,
   Pues mi alma albergue fuerte y fiel allí pueda encontrar;
   En medio del desierto aquí, allí yo encuentro hogar,
   Que del calor y del trajín yo pueda descansar.
2. Bendita cruz de Cristo, a veces veo en ti,
   La misma forma en fiel visión del que sufrió por mí;
   Hoy mi contrito corazón confiesa la verdad,
   De tu asombrosa redención, y de mi indignidad.
3. Oh, Cristo, en Ti he hallado completa y dulce paz;
   No busco bendición mayor que la de ver tu faz;
   Sin atractivo el mundo está, ya que ando por tu luz;
   Avergonzado de mi mal, mi gloria es ya la cruz. Amén.

© 1964 George P. Simmonds, Tr. Usado con permiso.

185 En la Vergonzosa Cruz (42 HVC; 111 HB)
ENGLISH TITLE NOT KNOWN (7.7.7.7.D.)

1. En la vergonzosa cruz padeció por mí, Jesús;
   Por la sangre que vertió, mis pecados El expió.
   Lavará de todo mal ese rojo manantial,
   El que abrió por mí Jesús en la vergonzosa cruz.

Coro:
   Sí, fue por mí, Sí, fue por mí;
   Sí, por mí murió Jesús en la vergonzosa cruz.

2. ¡Oh qué amor, qué gran favor reveló mi Salvador!
   La maldad que hice yo, al suplicio le llevó.
   Ahora a Ti mi todo doy, cuerpo y alma, tuyo soy;
   Mientras permanezca aquí, hazme siempre fiel a Ti.

3. Yo de Cristo sólo soy, a seguirle pronto estoy;
   Al bendito Redentor serviré con firme amor.
   Sea mi alma ya su hogar, y mi corazón su altar;
   Vida emana, paz y luz, del calvario, de la cruz.

186 Mi Vida Di por Ti (195 EH; 427 HB)
I GAVE MY LIFE FOR THEE (Irregular)

1. Mi vida di por ti, mi sangre derramé,
   La muerte yo sufrí, por gracia te salvé;
   Por ti, por ti inmolado fui, ¿Y tú, qué das por mí?
   Por ti, por ti inmolado fui, ¿Y tú, qué das por mí?

2. Mi celestial mansión, Mi trono de esplendor,
   Dejé por rescatar al pueblo pecador;
   Si, todo yo dejé por ti, ¿Qué dejas tú por mí?
   Si, todo yo dejé por ti, ¿Qué dejas tú por mí?

3. Reproches, aflicción, y angustia yo sufrí,
   La copa amarga fue que yo por ti bebí;
   Insultos yo por ti sufrí, ¿Qué sufres tú por mí?
   Insultos yo por ti sufrí, ¿Qué sufres tú por mí?

4. De mi celeste hogar te traigo el rico don,
   Del Padre, gracia y paz, la plena salvación;
   Mi don de amor yo traigo a ti, ¿Qué ofreces tú por mí?
   Mi don de amor yo traigo a ti, ¿Qué ofreces tú por mí?

187 Levantado Fue Jesús (175 TH; 120 EH; 54 HVC; 169 HB)
MAN OF SORROWS! WHAT A NAME (7.7.7.8.)

1. Levantado fue Jesús en la vergonzosa cruz,
   Para darme la salud: ¡Aleluya! ¡Gloria a Cristo!
2. Soy indigno pecador, El es justo Salvador,
   Dio su vida en mi favor: ¡Aleluya! ¡Gloria a Cristo!
3. Por mis culpas yo me vi que su juicio merecí;
   Mas Jesús murió por mi. ¡Aleluya! ¡Gloria a Cristo!
4. El rescate a Dios pagó, "¡Consumado es!", declaró;
   Dios por eso me aceptó, ¡Aleluya! ¡Gloria a Cristo!
5. Cuando venga nuestro Rey en cosecha a su grey,
   A El de nuevo cantaré, ¡Aleluya! ¡Gloria a Cristo! Amén.

Philip P. Bliss. Enrique Turrall, Tr. estrofas1-4; R.Wayne Andersen, Tr. estrofa 5.

188 ¿Qué Me Puede Dar Perdón? (677 TH; 286 HVC; 160 HB)
NOTHING BUT THE BLOOD (7.8.7.8. c/coro)

1. ¿Qué me puede dar perdón? Sólo de Jesús la sangre,
   ¿Y un nuevo corazón? Sólo de Jesús la sangre.

Coro: Precioso es el raudal, que limpia todo mal;
   No hay otro manantial, Sólo de Jesús la sangre.

2. Fue el rescate eficaz, Sólo de Jesús la sangre;
   Trajo santidad y paz, Sólo de Jesús la sangre.
3. Veo para mi salud, Sólo de Jesús la sangre,
   Tiene de sanar virtud, Sólo de Jesús la sangre.
4. Cantaré junto a sus pies, Sólo de Jesús la sangre.
   El Cordero digno es, Sólo de Jesús la sangre.

189 ¿Es Cierto Que Jesús Murió? (195 TH; 118 EH)
ALAS! AND DID MY SAVIOR BLEED (C.M. o 8.6.8.6.)

1. ¿Es cierto que Jesús murió? ¿Sufrió por mí el Señor?
   ¿Verdad es que su vida dio por este pecador?
2. Por mis pecados en la cruz sufrió tan cruel dolor;
   ¡Qué compasión, la de Jesús! ¡Qué sin igual amor!
3. Bien pudo esconderse el sol en negra confusión,
   Al ver morir al Salvador por nuestra redención.
4. Al ver su angustia por mi mal, me escondo con dolor;
   Confiesa ya con gratitud mi indigno corazón.
5. No pagarán mis lágrimas mi deuda al Salvador;
   Ya para siempre de hoy y más soy tuyo, mi Señor. Amén.

© 1956 George Simmonds, Tr., estrofas 1,2,5; Usado con permiso.

190 Herido, Triste, a Jesús (110 HB; alt.195 TH; 299 HVC)
ALAS! AND DID MY SAVIOR BLEED (8.6.8.6. c/coro)

1. Herido, triste, a Jesús le causé su dolor,
   Perdido, errante, ¡qué amor tenía por mí el Señor!

Coro:
   En la cruz, en la cruz, do primero vi la luz,
   Y las manchas de mi alma yo lavé;
   Fue allí por fe donde vi a Jesús, y siempre feliz con El seré.

2. Sobre una cruz Cristo Jesús su sangre derramó,
   Por este pobre pecador, a quien así salvó.

3. Venció a la muerte con poder y el Padre le exaltó;
   Confiar en El es mi placer; morir no temo yo.

4. Aunque El se fue, conmigo está el gran Consolador;
   Por El entrada tengo ya al trono del Señor.

5. Vivir en Cristo me da paz; con El habitaré;
   Ya suyo soy, y de hoy en más a El le serviré.

191 Unidos, Fieles Todos (130 EH; 64 HVC; 430 TH)
ENGLISH TITLE NOT KNOWN (7.6.7.6.D.)

1. Unidos fieles todos, al coro celestial,
   Con ángeles cantemos un cántico triunfal;
   Si lágrimas vertimos al frente de la cruz,
   Rebose hoy el gozo, pues ya triunfó Jesús.

2. Lo que en la cruz amarga derrota pareció,
   En túmulo sellado victoria se mostró;
   Vencido está el infierno, menguado su poder,
   Y el hombre su cautivo no más habrá de ser.

3. Encima del Calvario nos dio la salvación;
   Se ostenta allí la prenda de nuestra redención;
   Los vínculos, ya sueltos, de la mortalidad,
   La tumba sola es prueba de nuestra libertad.

4. Jesús resucitado, autor de nuestra paz,
   Dirígenos, benigna, su esplendorosa faz;
   Acepta el dulce himno de nuestra gratitud,
   Por dádiva tan rica de celestial salud. Amén.

CRISTO: SU RESURRECCION

192 El Señor Resucitó (205 TH; 129 EH; 58 HVC; 115 HB)
CHRIST THE LORD IS RISEN TODAY (7.7.7.7. c/aleluyas)

1. El Señor resucitó, ¡Aleluya!
   Muerte y tumba ya venció, ¡Aleluya!
   Con su fuerza y su virtud, ¡Aleluya!
   Cautivó a la esclavitud, ¡Aleluya!
2. El que al polvo se humilló, ¡Aleluya!
   Vencedor se levantó, ¡Aleluya!
   Y cantamos en verdad, ¡Aleluya!
   Su gloriosa majestad, ¡Aleluya!
3. El que a muerte se entregó, ¡Aleluya!
   El que así nos redimió, ¡Aleluya!
   Hoy en gloria celestial, ¡Aleluya!
   Reina en vida triunfal. ¡Aleluya!
4. Hoy al lado está de Dios, ¡Aleluya!
   Donde escucha nuestra voz; ¡Aleluya!
   Por nosotros rogará, ¡Aleluya!
   Con poder nos salvará. ¡Aleluya!
5. Cristo es nuestro Salvador, ¡Aleluya!
   De la muerte Vencedor, ¡Aleluya!
   Pronto vamos sin cesar, ¡Aleluya!
   Tus loores a cantar. ¡Aleluya!

193 Glorioso Día de Resurrección (197 TH)
THE DAY OF RESURRECTION! (7.6.7.6.D.)

1. En el glorioso día de la resurrección,
   Celebre el mundo entero la pascua del Señor;
   De muerte a vida eterna, de oscuridad a luz,
   Con himnos de victoria condúcenos, Jesús.
2. Limpiemos nuestras almas de todo vicio y mal,
   La gloria contemplemos del Cristo inmortal;
   Y al escuchar el "¡Salve!" de su resurrección,
   Cantemos su victoria de boca y corazón.
3. Entonen cielo y tierra el triunfo del Señor,
   Y todo lo creado alabe a su Creador,
   Lo oculto y lo visible en armoniosa unión,
   Proclamen nuestro gozo por la resurrección. Amén.

194 Oh Hermanos, Dad a Cristo (121 HB)

ORIGINAL IN SPANISH (8.5.8.5. c/coro)

1. Oh hermanos, dad a Cristo alabanzas mil,
   El la muerte ha vencido y la tumba vil.

Coro:
   Cristo, por tu gran victoria me das vida a mí;
   Vencedor, Tú, de la muerte; ¡Gloria doy a Ti!

2. En la cruz El fue clavado por mí, pecador;
   Por su muerte El se hizo nuestro Redentor.

3. En la tumba sepultaron a mi Salvador;
   De la muerte le ha quitado todo el terror.

4. La potencia de la muerte Cristo derrotó;
   Del sepulcro tenebroso El se levantó.

195 Sí, Cristo Vive (37 I Surpless)

1. Cristo ya vive, hoy El habita, por su Espíritu mora en mi;
   El, por su gracia, salvó mi alma, del hoyo hondo me libró,
   Para vivir en la esperanza de cara a cara verle a El;
   Qué dicha tengo de ser un hijo del eterno Rey.

2. Fue por su gracia que Cristo vino, con voz de vida El me llamó;
   Y este muerto, vivificado, salió a vida y a su luz,
   Para andar ya no en pecado, sino en perfecta santidad;
   Por eso alabo el santo Nombre de mi buen Jesús.

3. Hoy te confieso, oh Jesucristo, que en mi carne pecado hay;
   Y necesito de la limpieza, que sólo por tu sangre puedes darme,
   Y oro, que por tu gracia Tú me sostengas siempre fiel;
   Hasta que en gloria perfeccionado esté ante Ti.

4. Hoy Te alabo, mi Jesucristo, ante tu trono confiado estoy;
   A Ti me acerco por el camino que Tú abriste para mí,
   Y hoy Te pido, Señor eterno, que siempre pueda ante Ti vivir,
   Trayendo honra a quien su vida en cruz dio por mí.

Refrán:
   Sí, Cristo vive, en mi alma mora, por su Espíritu vivo hoy;
   Gloriosa dicha saber que en gracia, del gran Rey yo soy.

© 1994 David M. Surpless. Usado con permiso.

196 Un Día (689 TH; 150 EH; 80 HVC; 116 HB)
ONE DAY (11.10.11.10. c/coro)

1. Un día que el cielo sus glorias cantaba,
   Un día que el mal imperaba más cruel;
   Jesús descendió y al nacer de una virgen,
   Nos dio por su vida un ejemplo tan fiel.

Coro:
   Vivo, me amaba; muerto, salvóme;
   Y en el sepulcro victoria alcanzó;
   Resucitado, El es mi justicia;
   Un día El viene, pues lo prometió.

2. Un día lleváronle al monte Calvario,
   Un día enclaváronle sobre una cruz;
   Sufriendo dolores y pena de muerte,
   Expiando el pecado, salvóme Jesús.

3. Un día dejaron su cuerpo en el huerto,
   Tres días en paz reposó de dolor;
   Velaban los ángeles sobre el sepulcro,
   De mi única, eterna esperanza, el Señor.

4. Un día la tumba ocultarle no pudo,
   Un día el ángel la piedra quitó;
   Habiendo Jesús a la muerte vencido,
   A estar con su Padre en su trono, ascendió.

5. Un día otra vez viene con voz de arcángel,
   Un día en su gloria el Señor brillará;
   ¡Oh día admirable en que unido su pueblo
   Loores a Cristo por siempre dará!

197 Divina Luz, en Claridad (3 TH)
ENGLISH TITLE NOT KNOWN (L.M. o 8.8.8.8.)

1. Divina luz, en claridad su triunfo viene a proclamar;
   El cielo goza vencedor, y el hades gime de dolor.

2. El Rey de reyes y Señor quitó a la muerte su aguijón;
   No más tinieblas, pues su luz venció la noche por la cruz.

3. Fue vano intento asegurar la piedra aquella y vigilar,
   Pues, al sepulcro derrotó y Vencedor se levantó.

4. El llanto cesa y el pesar, y a la alegría dan lugar;
   De gozo salta el corazón, pues ¡el Señor resucitó! Amén.

198 Al Cristo Vivo Sirvo (132 EH; 63 HVC; 518 HB)

HE LIVES (Irregular)

1. Al Cristo vivo sirvo y El en el mundo está;
   Aunque otros lo negaren yo sé que El vive ya.
   Su mano tierna veo, su voz consuelo da,
   Y cuando me angustio, muy cerca está.

Coro:
   El vive, El vive; hoy vive el Salvador;
   Conmigo está y me guardará mi amante Redentor.
   El vive, El vive; imparte salvación.
   Sé que El viviendo está porque vive en mi corazón.

2. En toda providencia contemplo su favor,
   Y al sentirme triste consuélame el Señor;
   Seguro estoy que Cristo mi vida guiando está,
   Y que otra vez al mundo regresará.

3. Regocijad, cristianos, hoy himnos entonad;
   Eternas aleluyas a Cristo el Rey cantad.
   La única esperanza es del mundo pecador,
   No hay otro soberano como el Señor.

Alfred H. Ackley. George P. Simmonds, Tr. © 1933 renovado 1961, Word Music, Inc. / ASCAP. Todos los derechos reservados. Usado con permiso.

199 La Ruda Lucha Terminó (201 TH; 133 EH; 62 HVC)

THE STRIFE IS O'ER (8.8.8. c/aleluyas)

¡Aleluya! ¡Aleluya! ¡Aleluya!

1. La ruda lucha terminó, la muerte Cristo conquistó,
   De triunfo el canto comenzó: ¡Aleluya!

2. La muerte en Cristo se ensañó, mas sus cadenas destrozó,
   El Salvador resucitó: ¡Aleluya!

3. Tres días fueron de dolor de luto por Cristo el Señor;
   Hoy vive y reina el Salvador: ¡Aleluya!

4. Oh muerte, ¿tu aguijón do está? ¿Y tu poder, sepulcro? Ya
   Cristo el Rey vencido ha: ¡Aleluya!

5. Para librarnos del temor de la cruel muerte y su terror,
   Resucitó nuestro Señor: ¡Aleluya! Amén.

© 1964 George P. Simmonds, Tr. Usado con permiso.

200 Bienvenido el Día (199 TH; 131 EH)
WELCOME, HAPPY MORNING (6.5.6.5.D. c/coro)

1. ¡Bienvenido el día de resurrección!
   Del Señor cantamos su gran redención;
   Vive El que fue muerto, siempre es Vencedor,
   Hoy sus obras todas loan al Creador.

Coro:
   Muerte, infierno y tumba con poder venció;
   Cristo en este día de ellos nos libró. Amén.

2. Vístese la tierra, muestra gozo y fe,
   Adornada para su invencible Rey;
   Oye a la natura su proclamación:
   Ha llegado el día de resurrección.

3. El Autor de vida muerte atroz gustó,
   Mas de sus tinieblas con poder volvió;
   Cristo, tu palabra de gran salvación,
   Cumple en este día de resurrección.

© 1964 George P. Simmonds, Tr. Usado con permiso.

201 Del Sepulcro Tenebroso (135 EH; alt.145 TH)
ORIGINAL IN SPANISH (8.7.8.7.D.)

1. Del sepulcro tenebroso el Señor le levantó,
   A las trabas de la muerte poderoso destrozó;
   No temáis, pues el Maestro ha tornado a vivir,
   Y no sólo El, mas todos los que le hayan de seguir.

2. Como el grano de semilla en la tierra debe entrar,
   Nuestros cuerpos, igualmente en la tumba habrán de estar,
   Esperando aquel gran día, en las nubes la señal,
   Cuando la final trompeta llame a todos por igual.

3. A los fieles Cristo llama a su lado siempre a estar,
   Y con El por las edades en los cielos a morar;
   No temáis, que el buen Maestro a la vida retornó,
   Y no sólo El, mas todos los que aquí su amor salvó. Amén.

CRISTO: SU RESURRECCION / SU EXALTACION

202 La Tumba Le Encerró (206 TH; 136 EH; 125 HB)
CHRIST AROSE (6.5.6.4. c/coro)

1. La tumba le encerró, Cristo, mi Cristo;
   El alba allí esperó, Cristo el Señor.

   Coro: Cristo la tumba venció y con gran poder resucitó;
   De sepulcro y muerte Cristo es vencedor,
   Vive para siempre nuestro Salvador.
   ¡Gloria a Dios! ¡Gloria a Dios! El Señor resucitó.

2. En vano guárdanlo, Cristo, mi Cristo;
   El sello destruyó, Cristo el Señor.

3. La muerte dominó, Cristo, mi Cristo;
   El su poder venció, Cristo el Señor.

Robert Lowery. © 1967 George P. Simmonds, Tr. Usado con permiso.

203 No Habrá de Verse al Salvador (138 EH; 133 TH)
ORIGINAL IN SPANISH (C.M. o 8.6.8.6.)

1. No habrá de verse al Salvador en este mundo ya,
   Hasta ese día de esplendor que en nubes volverá.

2. Miradle, cielos y admitid su procesión triunfal;
   Al Rey eterno recibid que vuelve inmortal.

3. El de la muerte es Vencedor y torna a su mansión;
   Es nuestro Rey, y es el Autor de nuestra salvación.

4. El otra vez vendrá a cumplir promesa hecha ya;
   Los justos ha de conducir a donde El mismo está.

5. Los redimidos entrarán con El en sociedad,
   Y en paz y gozo morarán en la inmortalidad. Amén.

204 Alzad, Alzad Hoy Vuestra Voz (202 TH)
LIFT UP, LIFT UP YOUR VOICES NOW (L.M. o 8.8.8.8.)

1. Alzad, alzad hoy vuestra voz, el mundo entero goza ya;
   Triunfó el Señor con su poder y victorioso reinará.

2. Fue vano todo aquel poder que así intentó al Señor guardar;
   Se alzó glorioso vencedor, y en su triunfo viene ya.

3. Y su conquista, su valor hoy El los quiere compartir,
   Y darnos gozo, fe y amor: es su victoria para ti.

4. Oh Tú, que eres vencedor, ayúdanos y danos luz;
   Por tus senderos llévanos a ver a Dios en Ti, Jesús. Amén.

CRISTO: SU EXALTACION

205 Arpas de Oro Toquen (213 TH)
GOLDEN HARPS ARE SOUNDING (6.5.6.5.D. c/coro)

1. Arpas de oro toquen, ángeles cantad;
   Las puertas de perla le abren a su Rey;
   Cristo el Rey de gloria, el Señor Jesús,
   Ascendió en victoria, su obra consumó.

Coro: La victoria es nuestra, Cristo ascendió;
   Elevad hosannas, su obra consumó.

2. Derramó su sangre, por nos El sufrió;
   Así demostrando su infinito amor;
   Ascendió a la gloria, ya no más sufrir;
   Pues la culpa toda pudo así cubrir.

3. Intercede en gloria por los que salvó;
   ¿Quién contra nosotros, por los que El murió?
   Hogar nos prepara donde en santidad,
   Con El moraremos por la eternidad.

   Salvador Gómez Dickson, Tr. Usado con permiso.

206 Con las Nubes Viene Cristo (151 EH; 81 HVC; alt. 237 TH)
LO, HE COMES WITH CLOUDS DESCENDING (8.7.8.7.8.7.)

1. Con las nubes viene Cristo que una vez por nos murió,
   Santos miles cantan himnos a Quien en la cruz triunfó;
   ¡Aleluya! ¡Aleluya! Cristo viene y reinará.

2. Todos al gran Soberano le verán en majestad;
   Los que le crucificaron llorarán su indignidad,
   Y con llanto, y con llanto al Mesías mirarán.

3. Las señales de su muerte en su cuerpo llevará;
   Y la Iglesia ya triunfante al Rey invicto aclamará,
   Y con gozo, y con gozo sus insignias mirará.

4. Todos lo verán sentado en su augusto tribunal;
   En su nombre se arrodillan, es Jesús, Juez inmortal;
   La trompeta, la trompeta señalará el día final.

5. Que Te adoren todos, todos; digno Tú eres, oh Señor;
   En tu gloria y en justicia reinarás, oh Salvador;
   Ven en breve, ven en breve, para siempre a reinar. Amén.

   Charles Wesley. © 1939 George P. Simmonds, Tr. estrofas 1, 2, 3, 5; Usado con permiso. R. Wayne Andersen, Tr. estrofa 4.

207 ¡Victoria! ¡Victoria! (142 HFA; 80 TH)
ORIGINAL IN SPANISH (11.11.11.11.11.)

1. ¡Victoria! ¡Victoria! Cantemos la gloria,
   Del Rey poderoso que resucitó;
   Quedó abolido el poder de la muerte:
   El fuerte vencido por uno más fuerte;
   Jesús vencedor, y vencido satán.

2. El Crucificado por Dios coronado,
   El Rey Soberano, glorioso Señor;
   Daránle honores, dominio y grandeza,
   Los siglos futuros, eterna realeza,
   De que ya es digno y pronto tendrá.

3. Su frente celeste ciñendo corona;
   Los hombres le alaban, pues, digno es de honor;
   El cetro terrestre en breve empuñando;
   En paz le veremos cual Rey dominando;
   En cielos y tierra el reino de Dios.

208 Tuya Es la Gloria (124 HB)
THINE BE THE GLORY (Irregular)

1. Tuya es la gloria, victorioso Redentor,
   Porque tu la muerte venciste, Señor.
   Quitan la gran piedra ángeles de luz,
   Y en la tumba el lienzo guardan, Oh Jesús.

Coro:
   Tuya es la gloria, victorioso Redentor,
   Porque Tú la muerte venciste, Señor. Amén.

2. Vemos que llega el Resucitado ya;
   Ansias y temores El nos quitará;
   Que su iglesia alegre cante la canción:
   ¡Vivo está! ¡La muerte pierde su aguijón!

3. ¡Ya no dudamos, Príncipe de vida y paz!
   Sin Ti no valemos; fortaleza das,
   Más que vencedores haznos, Triunfador,
   Y al hogar celeste llévanos, Señor.

Marjorie J. de Caudill, Tr. © 1978 Casa Bautista de Publicaciones.
Todos los derechos reservados. Usado con permiso.

CRISTO: SU EXALTACION

209 De Gloria Coronado Está (215 TH; alts.214, 353, 143 TH)
THE HEAD THAT ONCE WAS CROWNED (C.M. o 8.6.8.6.)

1. De gloria coronado está el Rey y Vencedor,
   Que tuvo un día que llevar corona de dolor.
2. Honor más alto y celestial merece solo El,
   El Rey de reyes eternal, la Luz de luces fiel.
3. El gozo célico es El al redimido ser,
   Su amor le brinda Cristo a aquel, dándose a conocer.
4. Reciben ellos de la cruz oprobio y merced,
   Encuentran en la eterna luz renombre, honor y prez.
5. Padecen todo por su amor y reinarán con El,
   Mas admirados quedan por la gracia de Emanuel.
6. La cruz de Cristo es vida y paz, aunque para El dolor,
   Es nuestra esperanza acá, nuestro eterno loor. Amén.

Thomas Kelly, F.J. Pagura, Tr. estrofa 1; R. Wayne Andersen, Tr. estrofas 2-6, con agradecimiento a Olga Arocha © 2000 Publicaciones Faro de Gracia

210 Ved al Cristo, Rey de Gloria (142 EH; 70 HVC; 31 HB; alt.217 TH)
LOOK, YE SAINTS, THE SIGHT IS GLORIOUS (8.7.8.7. c/coro)

1. Ved al Cristo, Rey de gloria, es del mundo el vencedor;
   De la muerte sale invicto, todos deben darle loor.

Coro:
   Coronadle, santos todos, coronadle Rey de reyes;
   Coronadle, santos todos, coronad al Salvador.

Alt. Coro:
   Coronadle, coronad al Salvador.

2. Exaltadle, exaltadle, ricos triunfos trae Jesús;
   En los cielos entronadle en la refulgente luz.
3. Si los malos se burlaron coronando al Salvador;
   Hoy los ángeles y santos lo proclaman su Señor.
4. Escuchad las alabanzas que se elevan hacia El,
   Victorioso reina el Cristo, adorad a Emanuel.

CRISTO: SU EXALTACION

211 Hoy en Gloria Celestial (139 HFA; 186 EH; 60 HVC)
ORIGINAL IN SPANISH (7.7.7.7.7.7.)

1. Hoy en gloria celestial, reina vivo e inmortal,
Cristo que la cruz sufrió, con poder se levantó;
Su gloriosa majestad, cante, pues, la Cristiandad.
2. Muerte y tumba ya venció, El que al polvo se humilló,
Su poder y gran virtud cautivó la esclavitud;
Su gloriosa majestad, cante, pues, la Cristiandad.
3. A los cielos ascendió, por amor nos redimió;
Cristo el victorioso Rey intercede por su grey;
Su gloriosa majestad, cante, pues, la Cristiandad.

212 Por Mil Arpas (225 TH; 139 EH)
HARK! TEN THOUSAND HARPS (8.7.8.7.7.7. c/aleluyas)

1. Por mil arpas y mil voces se alcen notas de loor;
Cristo reina, el cielo goza; Cristo reina, el Dios de amor.
Ved, su trono ocupa ya, solo el mundo regirá;
¡Aleluya! ¡Aleluya! ¡Aleluya! Amén.
2. Rey de gloria, reine siempre tu divina potestad;
Nadie arranque de tu mano los que son tu propiedad.
Dicha tiene aquel que está destinado a ver tu faz.
¡Aleluya! ¡Aleluya! ¡Aleluya! Amén.
3. Apresura tu venida en las nubes, oh Señor;
Nuevos cielos, nueva tierra danos, Cristo por tu amor.
Aureas arpas de tu grey "Gloria", entonen a su Rey;
¡Aleluya! ¡Aleluya! ¡Aleluya! Amén.

213 Doy Gloria a Jesús (54 HFA)
ALL GLORY TO JESUS (11.6.11.7.)

1. Doy gloria a Jesús, el Ungido de Dios, el gran "Yo soy" es El,
Creador de los mundos, de El voy en pos;
Cordero fiel, Emanuel.
2. Pastor es mi Cristo de estrellas sin fin, las guarda con todo poder;
También El me cuida en cualquier confín,
Sus manos me han de sostener.
3. Señor de señores, de reyes el Rey, en gloria reinando está;
Un día vendrá a recoger a su grey; muy pronto Jesús volverá.

John W. Peterson. Magdalena S. Cantu y Roberto Savage, Tr. © Copyright 1957 renovado 1985, John W. Peterson Music Co. Todos los derechos reservados. Usado con permiso.

CRISTO: SU SEGUNDA VENIDA

214 Viene Otra Vez (82 HVC; 127 HB)
WHAT IF IT WERE TODAY? (Irregular)

1. Viene otra vez nuestro Rey Jesús, ¡Oh qué si fuera hoy!
   Para reinar con poder y luz, ¡Oh qué si fuera hoy!
   Viene a buscar a su esposa fiel; eternamente estará con El;
   Esta esperanza hoy es cual broquel, ¡Oh qué si fuera hoy!

Coro:
   ¡Gloria! ¡Gloria! Gozo tendrá su grey,
   ¡Gloria! ¡Gloria! Al coronarle Rey;
   ¡Gloria! ¡Gloria! Démosle honra y prez,
   ¡Gloria! ¡Gloria! Cristo viene otra vez.

2. Terminará la obra de Satán, ¡Ojalá fuera hoy!
   No más tristezas aquí verán, ¡Ojalá fuera hoy!
   Todos los muertos en Cristo irán, arrebatados por El serán;
   ¿Cuándo estas glorias aquí vendrán? ¡Ojalá fuera hoy!

3. Fieles y leales nos debe hallar, ¡Si El viniera hoy!
   Todos velando con santidad, ¡Si El viniera hoy!
   Vemos al mundo en su maldad;
   Por eso dice el Señor, ¡Velad!
   Ya más cercano el tiempo está, ¡Ojalá fuera hoy!

215 ¡Despertad! La Voz Nos Llama (231 TH)
WAKE, AWAKE, FOR NIGHT IS FLYING (8.9.8.8.9.8.6.6.4.8.8.)

1. ¡Despertad! que ya nos llama el guarda fiel con su proclama;
   ¡Despierta, pueblo de David! Es llegada ya la hora,
   Que llama con su voz sonora; ¡Prudentes vírgenes, salid!
   La lámpara encended, y al fiel Esposo ved, ¡Aleluya!
   ¡Presto acudid al adalid! Con júbilo a sus bodas id.

2. Escuchando a los vigías despierta Sión con alegría;
   Levántase a recibir al que es fuerte y poderoso,
   A su leal y tierno Esposo, que desde el cielo ha de venir;
   ¡Corona eres Tú, eterno Rey, Jesús! Cantando va
   Todo mortal al sin igual festín del reino celestial.

3. Gloria sea a Ti cantando por querubines, entonando
   Con arpas de sonora voz; Doce perlas en la entrada,
   Que nos conduce a la morada, mansión de paz de nuestro Dios.
   Jamás el ojo vio, ningún oído oyó, de un coro tal
   Igual cantar, id sin tardar, eternos himnos a entonar. Amén.

216 Un Alba Hermosa (153 EH; 78 HVC)
SOME GOLDEN DAYBREAK (9.9.9.9. c/coro)

1. Un alba hermosa llanto no habrá, Dios paz eterna concederá;
Toda tristeza su fin tendrá, un alba hermosa Cristo vendrá.

Coro:
Un alba hermosa Cristo Jesús en gloria viene de plena luz.
Viene triunfante al mundo aquí un alba hermosa por ti y por mí.

2. Los que han llorado se gozarán, la noche en luz se transformará;
Un alba hermosa como El seré, y a Cristo en gloria contemplaré.

3. Un alba hermosa Cristo vendrá, y nuestro lloro enjugará;
¡Oh, qué reunión con Cristo será,
Con los que amamos en gloria allá!

Carl Blackmore. George P. Simmonds, Tr. © 1934 renovado1963, Word Music, Inc. / ASCAP. Todos los derechos reservados. Usado con permiso.

217 Pudiera Bien Ser (152 EH; 72 HVC)
IT MAY BE AT MORN (12.12.12.7. c/coro)

1. Pudiera bien ser cuando el día amanezca,
Y el sol otra vez en el cielo aparezca,
Que al mundo ya resplandeciente de gloria,
Regrese el Señor Jesús.

Coro:
¿Cuándo en tu hogar, Señor cantaremos tu loor?
¡Aleluya! Cristo viene, ¡Aleluya! Amén. ¡Aleluya! Amén.

2. También puede ser que cual orbe de día,
Flamee la tarde o la noche sombría,
En luz eternal, porque al mundo con gloria,
Regresa el Señor Jesús.

3. Los santos del cielo descienden y cantan,
Con ángeles mil que al Señor acompañan,
Pues ya con poder, majestad y gran gloria,
Regresa el Señor Jesús.

4. Del mundo salir, ¡Oh qué gozo sería!
Sin lágrimas, muerte, temor o agonía;
Así puede ser, pues al mundo con gloria,
Vendrá el Señor Jesús.

© 1939 George P. Simmonds. Usado con permiso

218 Desciende, Espíritu de Amor (77 i TH; 164 EH; alt.542 TH)
COME, HOLY SPIRIT, HEAVENLY DOVE (C.M. o 8.6.8.6.)

1. Desciende, Espíritu de amor, Paloma celestial,
   Promesa fiel del Salvador de gracia manantial.

2. Aviva nuestra escasa fe, y danos tu salud;
   Benigno guía nuestro pie por sendas de virtud.

3. Consuela nuestro corazón y habita siempre en él;
   Concédele el precioso don de serte siempre fiel.

4. Derrama en pródigo raudal, la vida, gracia y luz;
   Y aplícanos el eternal rescate de la cruz.

5. Al Padre sea todo honor, y al Hijo sea también,
   Y al celestial Consolador eternamente, amén. Amén.

219 Oh Buen Espíritu de Amor (436 TH; 165 EH)
COME, HOLY SPIRIT, HEAVENLY DOVE (8.6.8.6.)

1. Oh, buen Espíritu de amor, Paloma celestial,
   Inspíranos un santo ardor del vivo manantial.

2. Eleva nuestro corazón del mundo tan cruel;
   Concédenos el santo don de un alma pura y fiel.

3. Perdona nuestra tibia fe, y líbranos del mal;
   Enséñanos tu santa ley, doctrina celestial.

4. ¿No habremos nunca de volver en gracia para Ti?
   Demuestra, pues, tu gran poder en nuestras almas, sí.

5. Oh, ven Espíritu de amor, Paloma celestial;
   Inspíranos un santo amor del vivo manantial.

220 Imploramos Tu Presencia (163 EH; alts.491, 642, TH)
ENGLISH TITLE NOT KNOWN (8.7.8.7)

1. Imploramos tu presencia, Santo Espíritu de Dios;
   Vivifique tu influencia nuestra débil fe y amor.

2. Nuestras mentes ilumina, da tu gracia al corazón;
   Nuestro ser a Dios inclina en sincera devoción.

3. Ante el Dios supremo tenga nuestro culto aceptación;
   Y a nosotros pronto venga de raudales bendición. Amén.

221 En Mi Alma Mora, Santo Espíritu (310 TH; 157 EH; 86 HVC)
SPIRIT OF GOD, DESCEND UPON MY HEART (10.10.10.10.)

1. En mi alma mora, Santo Espíritu,
   Del mundo aleja mi ambición banal;
   Con tu poder mi vida inspira, Tú,
   Y haz que yo te ame cual te debo amar.

2. No anhelo ensueños, celestial visión,
   Ni roto el velo del misterio ver;
   Ni querubines por revelación;
   Sólo que en tu Palabra guíes mi ser.

3. ¿No debo amarte, mi buen Rey, mi Dios?
   La mente, el alma, el corazón te di;
   Haz que camine de tu cruz en pos;
   Quiero seguirte y elevarme a Ti.

4. Hazme saber que siempre cerca estás,
   Y enséñame a las luchas sostener;
   Que no vacile, ni que dude más,
   Y con paciencia espere en Ti mi ser.

5. Como Te es digno, yo Te quiero amar,
   Que reine soberana cual pasión;
   Pues, en mi alma se alzará un altar,
   Donde arden tu amor y devoción. Amén.

222 Consolador, Espíritu Eterno (16 I Surpless)

1. Consolador, Espíritu Eterno, de Cristo enviado es fuente de paz;
   Arras es El de mi vida eterna; sellado en El, promesa veraz.
   Consolador, Consolador, Espíritu eterno de Dios;
   Consolador, Espíritu eterno, de Cristo enviado, es fuente de paz.

2. Maestro divino, Espíritu Santo, El me guiará a toda verdad;
   Me redarguye de mi pecado y en Cristo libra de mi maldad.
   Consolador, Consolador, Espíritu eterno de Dios;
   Maestro divino, Espíritu Santo, El me guiará a toda verdad.

3. Cristo se fue, pero está presente por su Espíritu vive en mí;
   Ciego, el mundo no le conoce, conmigo está desde que creí.
   Consolador, Consolador, Espíritu eterno de Dios;
   Cristo se fue pero está presente, por su Espíritu vive en mí;

© 1994 David M. Surpless. Usado con permiso.

223 Espíritu de Amor (137 HB)
ORIGINAL IN SPANISH (6.6.7.6.)

1. Espíritu de amor que estás en nosotros,
   Ven presto a revelarnos tu santa voluntad.

2. Espíritu de amor, ven a dirigirnos,
   Y que al vivir, podamos hacer tu voluntad.

3. Espíritu de amor, haz que hoy vivamos,
   En paz, amor y gozo. Sosténnos hasta el fin. Amén.

224 Divino Espíritu de Dios (364 TH; 138 HB)
SPIRIT OF GOD, OUR COMFORTER (C.M. o 8.6.8.6.)

1. Divino Espíritu de Dios, enviado por Jesús,
   Del bien condúcenos en pos, y alúmbranos tu luz.

2. Haz comprender al corazón cuán grave es su maldad,
   Y danos el precioso don de andar en santidad.

3. Venza la fuerza de tu luz al fiero tentador,
   Por Cristo quien muriendo en cruz nuestro dolor sufrió.

4. Sé nuestro guía al transitar la senda que El trazó,
   Danos poder, y así triunfar, siguiendo de El en pos. Amén.

William Hendricks. © 1978 Broadman Press. Todos los derechos reservados.
Usado con permiso de Lifeway Christian Resources.

225 Espíritu de Luz y Amor (141 TH; 140 HB)
ORIGINAL IN SPANISH (8.7.8.7.)

1. Espíritu de luz y amor, escucha nuestro ruego;
   Inflama nuestro corazón con tu celeste fuego.

2. Ven a los que en pecado están, sus almas vivifica;
   Y a los que por Ti viven ya, fructifica la vida.

3. Promesa del Señor Jesús, y dádiva del Padre,
   Con tu poder y santidad, visítanos, no tardes. Amén.

226 Ilumina, Luz Divina (340 TH; alt.491 TH)
ORIGINAL IN SPANISH (8.7.8.7.)

1. Ilumina, Luz divina con tu gracia el corazón;
   Sé Tú siempre nuestro guía, nuestro alivio en la aflicción.

2. Revelaste y enseñaste a la iglesia la verdad;
   Y benigna, tu doctrina nos transmites con piedad.

3. A las almas que te imploran, siempre atiendes con amor,
   Y a los que sus culpas lloran, das consuelo en su dolor.

4. Tú nos amas y nos llamas hijos tuyos Buen Pastor;
   Padre nuestro te llamamos, pues te amamos con ardor. Amén.

227 Dicha Grande Es la del Hombre *(Salmo 1)*
(460 ii TH; 271 EH; 230 HVC)

ORIGINAL IN SPANISH (8.7.8.7.D.)

1. Dicha grande es la del hombre, cuyas sendas rectas son;
   Lejos de los pecadores, lejos de la tentación.
   A los malos consejeros deja, porque teme el mal;
   Huye de la burladora gente impía e inmoral.

2. Antes, en la ley divina cifra su mayor placer,
   Meditando día y noche en su divinal saber.
   Este, como el árbol verde, bien regado y en sazón,
   Frutos abundantes rinde y hojas, que perennes son.

3. Cuanto emprende es prosperado; duradero le es el bien;
   Mas diversos resultados los impíos siempre ven.
   Pues los lanza como el tamo que el ciclón arrebató,
   De pasiones remolino que a millones destruyó.

4. En el juicio ningún malo por lo tanto, se alzará;
   Entre justos congregados, insensatos nunca habrá;
   Porque Dios la vía mira por la cual los suyos van,
   Otra es la de los impíos: al infierno bajarán. Amén.

228 Los Cielos Cantan Tu Loor *(Salmo 19)* (263 TH)
THE HEAV'NS DECLARE THY GLORY, LORD (L.M. o 8.8.8.8.)

1. Los cielos cantan tu loor; los astros muestran tu poder;
   Mas en tu libro es, oh Señor, donde tu nombre es dado ver.

2. Tu sabia mano guía al sol y a noche y día da lugar;
   Aún más fiel revelación en tu Palabra se hallará.

3. En alabanzas sin cesar prorrumpe a una la creación;
   Y tu justicia y tu verdad fulgura en limpio corazón.

4. Hasta que pueda el mundo ver bajo la gloria de tu faz,
   A Cristo dando por doquier su bendición, su amor, su paz.

5. Levántate gran Sol de Dios, y resplandece en cada ser,
   Tu gracia al humilde das, tu ley, pureza y poder.

6. Tus maravillas sí se ven en nuevas vidas en Jesús;
   Señor, mi guía y sostén, renuévame en tu vía de luz. Amén.

Isaac Watts. N. Martínez, Tr. estrofas 1-4; R. Wayne Andersen, Tr. estrofas 5-6.

229 Oh Verbo Encarnado (267 TH; 180 EH)
O WORD OF GOD INCARNATE (7.6.7.6.D.)

1. Oh, Verbo Encarnado, oh celestial Verdad,
   Sabiduría eterna, luz en la oscuridad,
   Te loamos por tu Libro que luz eterna da;
   Cual lámpara divina su luz siempre dará.

2. La Iglesia, de su Maestro el don de El recibió,
   Y brilla aún cual faro la luz que a ella dio.
   Es tu Palabra caja: de joyas llena está,
   Y célica pintura del Cristo vivo da.

3. Delante de tu pueblo cual estandarte va,
   Y al mundo envuelto en nieblas sus rayos puros da;
   Es brújula, y es carta que en tormentosa mar,
   Por todos los peligros a Cristo saben guiar.

4. Haz de tu Iglesia, oh Cristo, fanal de tu Verdad,
   Que alumbre a las naciones como en la antigüedad,
   Que sepa el peregrino su senda aquí trazar;
   Tu rostro, tras la noche, verá en tu eterno hogar. Amén.

© 1964. George P. Simmonds. Usado con permiso.

230 Bellas Palabras de Vida (722 TH; 179 EH; 229 HVC; 143 HB)
WONDERFUL WORDS OF LIFE (Irregular)

1. ¡Oh! Cantádmelas otra vez, bellas palabras de vida;
   Hallo en ellas mi gozo y luz, bellas palabras de vida.
   Sí, de luz y vida son sostén y guía;

Coro:
   ¡Qué bellas son, qué bellas son!
   Bellas palabras de vida,
   ¡Qué bellas son, qué bellas son!
   Bellas palabras de vida.

2. Jesucristo a todos da bellas palabras de vida;
   Oye su dulce voz, mortal, bellas palabras de vida.
   Bondadoso te salva, y al cielo te llama.

3. Grato el cántico sonará, bellas palabras de vida;
   Tus pecados perdonará, bellas palabras de vida.
   Sí, de luz y vida son sostén y guía;

LAS SAGRADAS ESCRITURAS

231 Tu Palabra Es Divina y Santa (145 HB; alt.16 TH)
ENGLISH TITLE NOT KNOWN (8.7.8.7.D.)

1. Es de Dios la Santa Biblia su palabra de verdad.
   Yo la creo con el alma hoy y por la eternidad.
   Si la Biblia no es mi Guía, esperanza no tendré;
   Aunque el mundo me abandone, tu palabra me da fe.

2. ¡Aleluya! ¡Cuan preciosa! es la Biblia, ¡Roca fiel!
   Sus preceptos son seguros y son dulces cual la miel.
   Fortaleza dame, Cristo, pues servirte quiero aquí;
   Y a tus pies, oh buen Maestro, pueda yo aprender de Ti. Amén.

Daniel Díaz Ruiz, Tr. © 1978 Casa Bautista de Publicaciones.
Todos los derechos reservados. Usado con permiso.

232 Santa Biblia, Para Mí (186 EH; 227 HVC; 146 HB)
ORIGINAL IN SPANISH (7.7.7.7.7.7.)

1. Tu Palabra para mí, Dios, es un tesoro aquí;
   Pues, contiene con verdad tu divina voluntad;
   Y me dice lo que soy, de quien vine y a quien voy.

2. Me reprende el dudar, y me exhorta sin cesar;
   Ella es faro que a mi pie lo conduce por la fe;
   A las fuentes del favor de Ti, mi buen Salvador.

3. Es la infalible voz de tu Espíritu, oh Dios,
   Que vigor al alma da, cuando en aflicción está;
   Y me enseña a triunfar de la muerte y el pecar.

4. Por Tu santa letra sé que con Cristo reinaré;
   Yo, que tan indigno soy, por Tu luz al cielo voy;
   Tu Palabra para mí, Dios, es un tesoro aquí. Amén.

233 Sabia, Justa y Toda Pura (626 TH; 177 EH)
ORIGINAL IN SPANISH (8.7.8.7.)

1. Sabia, justa y toda pura es la ley de mi Señor,
   Que hasta el alma, la más dura, libra del fatal error.

2. Del Señor el testimonio, lleno de fidelidad,
   Hace sabios a los niños y consejos buenos da.

3. Los consejos del Dios nuestro rectos y benignos son;
   La alegría que despiertan tengo en mi corazón.

4. Más que el sol resplandeciente, los preceptos del Señor,
   Iluminan nuestra mente con divino resplandor. Amén.

234 La Palabra Hoy Sembrada (382 TH; 176 EH; 274 HFA)
ORIGINAL IN SPANISH (8.7.8.7.4.7.)

1. La palabra hoy sembrada hazla, Cristo, en mí nacer,
   Para darle crecimiento sólo tienes Tú poder.

Coro:
   Ricos frutos Tú nos puedes conceder;
   Ricos frutos Tú nos puedes conceder.

2. La semilla que tu siervo ha sembrado con saber,
   No permitas que las aves se la vengan a comer.

3. Haz que crezca con tu gracia y tu rica bendición,
   No la ahoguen las espinas de congojas y aflicción.

4. Que su efecto muy profundo en la mente y corazón,
   Llevará consigo al mundo que le das la salvación.

5. Sembraremos la palabra con amor y profusión,
   Esperando la cosecha en la célica mansión.

235 Padre, Tu Palabra Es (690 EH; 142 HB)
ORIGINAL IN SPANISH (Irregular)

1. Padre, tu palabra es mi delicia y mi solaz;
   Guíe siempre aquí mis pies, y a mi alma traiga paz.

Coro: Es tu ley, Señor, faro celestial,
   Que en perenne resplandor, norte y guía da al mortal.

2. Si obediente oí tu voz, en tu gracia fuerza hallé,
   Y con firme pie y veloz, por tus sendas caminé.

3. Tu verdad es mi sostén, contra duda y tentación,
   Y destila calma y bien, cuando asalta la aflicción.

4. Son tus dichos para mí, prendas fieles de salud;
   Dame, pues, que te oiga a Ti, con filial solicitud.

236 La Ley de Dios Perfecta Es *(Salmo 19:7-10)* (147 HB; alt.116 TH)
ORIGINAL IN SPANISH (C.M. o 8.6.8.6.)

1. La ley de Dios perfecta es: convierte al pecador;
   Su testimonio es tan fiel que al simple iluminó.

2. Los mandamientos del Señor dan gozo al corazón;
   Tan puro su precepto es que aclara la visión.

3. Es limpio el temor de Dios, que permanecerá;
   Los sabios juicios del Señor, son justos, son verdad.

4. Deseables más que el oro son, sus juicios mucho más:
   Aun más dulces que la miel que fluye del panal.

237 Después de Haber Oído Tu Palabra (316 TH; 36 EH; 257 HB)
ORIGINAL IN SPANISH (10.10.10.10.)

1. Después, Señor, de haber tenido aquí,
   De tu palabra la bendita luz,
   A nuestro hogar condúcenos y allí,
   De todos cuida, ¡buen Pastor Jesús!

2. En nuestras almas graba con poder,
   Tu fiel palabra, cada exhortación;
   Y que tu ley pudiendo comprender,
   Contigo estemos en mayor unión.

3. Danos tu paz, la senda al transitar,
   De alegrías, pruebas o pesar.
   Y cuando al fin podamos descansar,
   Y por tu gracia, gloria alcanzar.

4. Al terminar, Señor, mi vida aquí,
   Mis ojos puedan sin temor cerrar;
   Y en mi glorioso despertar, que en Ti,
   De paz eterna pueda disfrutar. Amén.

238 Glorias Mil de Ti Se Cuentan (269 TH; 340 EH; 223 HVC)
GLORIOUS THINGS OF THEE ARE SPOKEN (7.6.7.6.D.)

1. Glorias mil de ti se cuentan, oh Ciudad de nuestro Dios;
   Tus mansiones se sustentan al sonido de su voz.
   Sobre Roca estás fundada, tus cimientos fijos son;
   Pues estás amurallada con eterna salvación.

2. Ved los ríos de agua viva que por las praderas van;
   Su belleza nos cautiva, nuestra sed apagarán.
   ¿Con sus aguas quién desmaya en la senda terrenal?
   Pues, la paz con Dios se halla cual sus aguas en raudal.

3. Al redor de sus moradas ved la nube, ved la luz:
   Son las muestras señaladas de que cerca está Jesús.
   Habitantes bendecidos, rescatados por su amor,
   Sois los santos escogidos, sacerdotes del Señor.

4. Salvador, si por tu gracia ciudadano de ella soy,
   Y el mundo me desprecia, en Ti yo confiado estoy;
   Lo mundano con sus gustos se va todo a deshacer,
   Dicha eterna sólo el hijo de Sión puede conocer.

John Newton © 1964 George P. Simmonds, Tr. Usado con permiso.
R. Wayne Andersen, Tr. estrofa 4.

LA IGLESIA: GENERAL

239 Tu Reino Amo, ¡Oh Dios! (342 EH; 588 TH, 242 HB; alt. 280 TH)
I LOVE THY KINGDOM, LORD (6.6.8.6.)

1. Tu reino amo, ¡oh Dios, tu casa de oración,
   Y al pueblo que en Jesús halló completa redención.

2. Tu iglesia, mi Señor, fielmente velarás;
   A Ti sus piedras bellas son, por siempre la amarás.

3. Por ella mi oración, mis lágrimas, mi amor.
   Solicitud, cuidado, afán por ella son, Señor.

4. Un gozo sin igual me causa en ella estar;
   Y andando aquí, su comunión anhelo disfrutar.

5. Yo sé que durará, oh Dios, cual tu verdad;
   Y victoriosa llegará hasta la eternidad. Amén.

Timothy Dwight; Epigmenio Velasco, Tr. estrofas 1, 3-5;
R. Wayne Andersen, Tr. estrofa 2.

240 De la Iglesia el Fundamento Es Jesús (269 TH)
THE CHURCH'S ONE FOUNDATION (8.7.8.7.D.)

1. De la Iglesia el fundamento es Jesús el Salvador;
   Por la sangre y la Palabra le dio vida su Señor;
   Para hacerla esposa quiso de los cielos descender,
   Y su sangre por limpiarla en la horrible cruz verter.

2. De entre todas las naciones escogida en variedad,
   A través de las edades se presenta en unidad;
   Y los rasgos que ostenta son: tener sólo un Señor,
   Una fe y un nacimiento, un constante y puro amor.

3. Ella alaba sólo un nombre; participa de un manjar;
   La consuela una esperanza y en la cruz tiene su altar;
   Por el celo que la anima de las almas corre en pos,
   Y ambiciona por la gracia conducirlas hasta Dios.

4. Aunque el mundo la contemple ya con odio y desdén,
   Del error o de los cismas desgarrada en el vaivén,
   En vigilia están los santos y no cesarán de orar;
   Lo que es hoy tristeza pronto se convertirá en cantar.

5. A través de sufrimientos y fatigas y dolor,
   El glorioso día espera en que vuelva su Señor;
   Consumada su carrera y perfecta su salud,
   Entrará triunfante y libre en la eterna beatitud. Amén.

Samuel Stone; J. B. Cabrera, Tr.

241 Es Cristo de Su Iglesia (270 TH; 339 EH; 220 HVC)
THE CHURCH'S ONE FOUNDATION (7.6.7.6.D.)

1. Es Cristo de su Iglesia el fundamento fiel,
   Por fe y la Palabra, hechura es ella de El;
   Su esposa para hacerla del cielo descendió,
   El la compró con sangre cuando en la cruz murió.

2. De todo pueblo electa, perfecta es en unión;
   Ella una fe confiesa, Cristo es su salvación;
   Bendice un solo nombre, la Biblia es su sostén;
   Con paso firme avanza con gracia y todo bien.

3. En medio de su lucha y gran tribulación,
   La paz eterna espera con santa expectación;
   Pues Cristo desde el cielo un día llamará,
   Su Iglesia invicta, entonces, con El descansará.

4. Con Dios, aquí en la tierra, mantiene comunión,
   Y con los ya en el cielo forma una sola unión;
   Oh Dios, haz que en sus pasos podamos caminar,
   Que al fin contigo, oh Cristo, podamos habitar. Amén.

   Samuel Stone; George P. Simmonds, Tr. © 1964 Word Music, Inc. / ASCAP.
   Todos los derechos reservados. Usado con permiso.

242 Yo Vivía en el Pecado (235 HVC)
ENGLISH TITLE NOT KNOWN (8.7.8.7. c/coro)

1. Yo vivía en el pecado y doctrinas del error;
   Me guiaban, engañado a una muerte de terror.

Coro:
   Soy salvado del abismo, con Jesús al cielo voy,
   Y confieso por bautismo que del mundo ya no soy.

2. Tuve el corazón muy triste por en vano paz buscar;
   Pero a mí, Señor, dijiste: "Yo haréte descansar."

3. Es la sangre que me salva y en paz me guardará;
   El Espíritu me sella, y me santificará.

4. Antes, muerto en el pecado, ya he muerto con Jesús,
   Y del mundo separado, yo me juzgo por la cruz.

5. En el agua sumergido testimonio a todos doy,
   Que yo en Cristo he creído y por El salvado soy.

243 En las Aguas de la Muerte (593, 128 TH; alt.247 HB)
ORIGINAL IN SPANISH (8.7.8.7.D.)

1. En las aguas de la muerte sumergido fue Jesús,
   Mas El no fue derrotado por sus penas en la cruz;
   Levantóse de la tumba, las cadenas sacudió,
   Y triunfante y victorioso a los cielos El subió.

2. En las aguas del bautismo confesamos nuestra fe:
   Jesucristo ha ganado, nuestro Redentor y Rey;
   Somos muertos para el mundo, y vivimos en Jesús,
   Y deseamos consagrarnos al Señor y nuestro Dios.

3. Somos ya crucificados, ¿Seguiremos el pecar?
   Con Jesús resucitados, en su vida hemos de andar;
   Pues, no reine ya en nosotros el pecado engañador;
   Presentemos nuestros cuerpos en servicio al buen Señor.

Coro (alt.):
   Salvo soy, Salvo soy;
   En las aguas del bautismo hoy confieso yo mi fe;
   Salvo soy, Salvo soy;
   Y deseo consagrarme al Señor que me salvó.

244 Los Que Somos Bautizados (400 TH; 354 EH; 234 HVC)
ORIGINAL IN SPANISH (8.7.8.7.D.)

1. Los que somos bautizados con el Salvador Jesús,
   Al pecado somos muertos que ya andemos en su luz;
   Sepultados juntamente, somos con el Salvador,
   En figura de la muerte que sufrió el buen Señor.

2. Si por fe con El morimos, (el bautismo es la señal),
   Pues, con El resucitamos por su vida espiritual;
   Y no andamos como antes en caminos de pecar,
   Sino en novedad de vida que el Señor aquí nos da.

3. ¡Cuán gloriosa vida ha dado Cristo a los que El redimió!
   El, de muerte a vida ahora con poder los traspasó;
   Y el bendito amor de Cristo nos constriñe, pues murió,
   Para que ya no vivamos para sí, mas para Dios. Amén.

© 1964 George P. Simmonds. Usando con permiso.

245 Testificando en el Bautismo (245 HB)

ORIGINAL IN SPANISH (7.7.7.5. c/ coro)

1. Oh Jesús hoy vengo a Ti para bautizarme aquí,
   Dando testimonio así de mi salvación.

Coro:
   Oh, Señor por tu bondad cumplo hoy tu voluntad,
   De ser bautizado, sí, confesando a Ti.

2. En el símbolo exterior significa con fervor,
   La experiencia interior que me une a Ti.

3. Ya el agua sepultó al viejo hombre que pecó,
   Y la vida nueva yo gozo en el Señor.

4. Mientras en el mundo esté, Oh Jesús, mi escudo sé,
   Y yo fiel te seguiré con profundo amor.

José Juan Corti. © 1978 Casa Bautista de Publicaciones.
Todos los derechos reservados. Usado con permiso.

246 Desciende, Espíritu de Dios (352 TH)

COME, HOLY SPIRIT, DOVE DIVINE (L.M. o 8.8.8.8.)

1. Desciende, Espíritu de Dios sobre el bautismo a realizar;
   Y haz que al Cordero, con fervor podamos juntos alabar.

2. Tu ley amamos, tu verdad; tu cruz tomamos con amor,
   Cordero muerto por salvar y libertar al pecador.

3. Haz que a las aguas al bajar, podamos hoy por tu poder,
   Con Cristo, muertos al pecar, gloriosamente en Ti vivir.

4. Y al elevarnos otra vez con Cristo en su resurrección,
   Enciende nuestra débil fe, inflama nuestro corazón. Amén.

247 Oh, Pan del Cielo (348 EH; alt.76 TH; 249 HB)

ORIGINAL IN SPANISH (L.M. o 8.8.8.8.)

1. ¡Oh pan del cielo, dulce bien, más excelente que el maná!
   Si el alma busca tu sostén, eternamente vivirá. [bis: alt.]

2. ¡Oh nuevo pacto del Señor en santa copa de salud!
   Reconciliado, el pecador se acerca a Dios por tu virtud. [bis: alt.]

3. Hambrienta el alma, vengo a Ti, Señor Jesús, con viva fe;
   Tu mesa es franca para mí, y en humildad me acercaré. [bis: alt.]

4. Sé Tú, Señor, pan celestial que al alma nutre y da vigor;
   Y en vida y gozo inmortal diré las glorias de tu amor. [bis: alt.]

248 Oh Cristo, Nuestro Gozo y Bien (507 TH; 146 EH)
JESUS, THOU JOY OF LOVING HEARTS (8.8.8.8.)

1. Oh Cristo, nuestro gozo y bien, del que te busca, vida y luz,
   Vacíos, de este mundo aquí, a Ti volvemos ya, Jesús.
2. ¡Cuán inmutable es tu verdad! Al que te clama das salud.
   Tú le eres sin igual bondad, su todo en todo eres Tú.
3. De Ti comiendo, vivo Pan, el alma así saciada está;
   De Ti bebiendo, oh Salvador, la fuente viva encontrará.
4. Te anhela el triste corazón, pues sólo en Ti descansará;
   Se goza el alma al ver tu faz, y cuando en Ti confiando está.
5. Con tu presencia hay bendición, habita siempre en mí, Jesús;
   La sombra del pecado vil, del mundo ahuyenta con tu luz. Amén.

© 1964 George P. Simmonds, Tr. Usado con permiso.

249 En la Postrera Cena (568 TH)
ORIGINAL IN SPANISH (7.6.7.6.)

1. En la postrera cena, antes de su pasión,
   Dijo el Señor la frases de la institución:
2. "Tomad, esto es mi cuerpo, esta mi sangre es,
   Que por el mundo entrego; tomad, comed, bebed."
3. Después, hacia el Calvario para morir marchó,
   Y en una cruz clavado, su sangre derramó.
4. Venid, venid, hermanos, benditos por su amor;
   En su memoria hagamos lo que El nos ordenó. Amén.

250 Pártenos, Señor el Pan (256 TH)
BREAK THOU THE BREAD OF LIFE (6.4.6.4.D.)

1. Pártenos, Tú, Señor, de vida el pan,
   Como a la multitud junto al Jordán;
   Mi alma te busca a Ti, Verbo de Dios;
   Y en comunión anhelo oír tu voz.
2. Bendice, oh Salvador, hoy tu verdad,
   En ella nos darás la libertad;
   El pan de vida aquí, eres, Jesús,
   Divino manantial y eterna luz.
3. "El Pan de Vida soy", dice el Señor,
   Ven, alma hambrienta, ahora al Salvador;
   "Hambre jamás tendrá quien viene a mí,
   Sed nunca más tendrá quien cree en mí." Amén.

251 ¡Santo Cordero! (219 TH)
ORIGINAL IN SPANISH (10.10.10.10.)

1. Santo Cordero! por tu llamamiento,
   Los convidados están a tu mesa;
   Ven a traernos el santo alimento;
   Ven a servirnos según tu promesa.

2. Lo que nos das, este pan y este vino,
   Fiel memorial de tu pacto sagrado,
   Nos representa, Cordero divino,
   Tu sacrificio que expía el pecado.

3. Por libertarnos, Jesús, de la pena,
   De expiación nuestra víctima has sido;
   Tú nos anuncias, que no hay más condena,
   Para los fieles que en Ti hemos creído.

4. Por tu mandato, Jesús, celebramos,
   Este convite de eterna memoria;
   Tu sacrificio cruento anunciamos,
   Hasta que vengas cubierto de gloria. Amén.

252 Pan Tú Eres, Oh Señor (256 TH; 248 HB)
BREAK THOU THE BREAD OF LIFE (6.4.6.4.D.)

1. Pan Tú eres, oh Señor, para mi bien;
   Roto en pedazos fuiste Tú por mí.
   Cuán grande amor mostró, gracia y sostén,
   Al entregarse Dios, morir así!

2. Me inclino en oración, en gratitud,
   Por provisión que nunca merecí.
   Recibe mi cantar como actitud,
   De adoración sincera ante Ti.

3. La copa de dolor bebiste allí;
   Cual hiel y azotes son mis males, sí;
   Pero tu amor cundió y en mi lugar,
   Vertiste sangre allí para salvar.

4. Y ahora al recordar tu obra de amor,
   Todo mi ser se llena de dolor.
   Recibe esta expresión de adoración,
   Al contemplarte en recordación. Amén.

253 Quiero Mirar Tu Rostro Aquí, Señor (310 TH; 349 EH; alt.467 TH)
HERE, O MY LORD, I SEE THEE FACE TO FACE (10.10.10.10.)

1. Quiero mirar tu rostro aquí, Señor,
   Lo misterioso quiero aquí palpar;
   Quiero arraigarme en Ti, oh Salvador,
   Débil, en Ti yo quiero descansar.

2. Yo quiero aquí gustar el vivo pan,
   Y el vino celestial de comunión;
   Quiero abandonar aquí mi afán,
   Y paz gozar que viene del perdón.

3. No hay más auxilio en mi necesidad,
   Que el brazo fuerte tuyo, Salvador;
   Tu brazo suficiente es en verdad;
   Mi fuerza es sólo en tu poder, Señor.

4. Por mi maldad justicia Tú me das,
   Tu sangre limpia mi pecado atroz;
   Hallo salud aquí, refugio, paz:
   Tu sangre, y tu justicia, oh santo Dios. Amén.

© 1958 George P. Simmonds. Usado con permiso.

254 Según Tu Dicho al Expirar (360 TH; 351 EH; 242 HVC)
ACCORDING TO THY GRACIOUS WORD (8.6.8.6.)

1. Según tu dicho al expirar que en gratitud oí,
   Me acordaré, mi Redentor, me acordaré de Ti.

2. Tu cuerpo herido a mi alma es divino pan aquí,
   Y con la copa de tu amor me acordaré de Ti.

3. ¿La angustia cruel podré olvidar que en el Getsemaní,
   Sufriste Tú, mi Redentor? ¿Podré olvidarte así?

4. Y cuando el Gólgota al mirar la cruz contemple allí,
   De Dios Cordero, Redentor, me acordaré de Ti.

5. Me acordaré de tu dolor y de tu amor por mí;
   Y mientras viva, oh Señor, me acordaré de Ti.

6. Y cuando desfallezca al fin y llegue a sucumbir,
   Jesús, que en gloria eterna estás, te acordarás de mí. Amén.

255 Hasta Que Vengas (316 TH; 36 EH; alt.467 TH)
ORIGINAL IN SPANISH (10.10.10.10.)

1. Hasta que vengas, nuestro Salvador,
   Nos congregamos para recordar,
   Tus muchas penas y tu grande amor,
   En tu memoria así partir el pan.

2. Estás aquí: sabémoslo, Señor,
   Pues, nos has dicho: "Donde dos o tres,
   Se hallan reunidos en mi Nombre, Yo
   En medio de ellos me revelaré."

3. Hasta que vengas; sólo un poco más,
   Y nuestros ojos te verán en luz,
   Lleno de gloria, honra y majestad,
   Llevando aun las huellas de la cruz. Amén.

256 Hoy Venimos Cual Hermanos (347 EH; 240 HVC)
ORIGINAL IN SPANISH (8.7.8.7.)

1. Hoy venimos, cual hermanos, a la cena del Señor;
   Acerquémonos, cristianos, respirando tierno amor.

2. En memoria de su muerte y la sangre que vertió,
   Celebremos el banquete, que en su amor nos ordenó.

3. Recordando las angustias que sufrió el Redentor,
   Dividida está nuestra alma entre el gozo y el dolor.

4. Invoquemos la presencia del divino Redentor,
   Que nos mire con clemencia y nos llene de su amor. Amén.

257 Amoroso Nos Convida Cristo (626 TH)
ORIGINAL IN SPANISH (8.7.8.7.)

1. Amoroso nos convida Cristo a su comunión:
   Y nos da con pan de vida, cáliz fiel de redención.

2. A tu dulce llamamiento acudimos, ¡oh, Señor!
   Que en tu comunión aumento hallen nuestra fe y amor.

3. Si nos das tan gratos dones, ¿Qué te habremos de ofrecer?
   Toma nuestros corazones, nuestras almas, nuestro ser.

4. En tu mesa prometemos en tu santa ley vivir,
   Y que fieles te seremos, buen Jesús, hasta morir. Amén.

258 Del Señor el Pueblo Somos (269 TH; 308 HB)
WE ARE CALLED TO BE GOD'S PEOPLE (8.7.8.7.D.)

1. Del Señor el pueblo somos, lo mostramos por su amor.
   Somos uno en espíritu, de esperanza la señal.
   Demostremos nuestro cambio que operó el Salvador,
   Y gocemos todos juntos de su trono alrededor.

2. Del Señor sus siervos somos, trabajamos para El;
   Su trabajo realizamos obedientes a su ley.
   Hoy seguimos su bandera y actuamos con tesón,
   Ocupados en la obra que reclama fiel acción.

3. Del Señor profetas somos, y anunciamos la verdad;
   La justicia bien seguimos con limpieza, claridad.
   Y valientes avanzamos a cumplir con el deber,
   Porque así el mundo puede a Jesús bien conocer. Amén.

Thomas A. Jackson. Daniel Díaz R, Tr. © 1978 Broadman Press. Todos los derechos reservados. Usado con permiso de Lifeway Christian Resources.

259 Sagrado Es el Amor (285 TH; 39 EH; 260 HB)
BLEST BE THE TIE THAT BINDS (6.6.8.6.)

1. Sagrado es el amor que nos ha unido aquí.
   A los que creemos del Señor, la voz que llama así.

2. A nuestro Padre, Dios, rogamos con fervor,
   Alúmbrenos la misma luz; nos una el mismo amor.

3. Nos vamos a ausentar, mas nuestra firme unión,
   Jamás podráse quebrantar por la separación.

4. Un día en la eternidad nos hemos de reunir,
   Que Dios nos lo conceda, hará el férvido pedir. Amén.

260 Dios Te Bendiga (316 TH; 523 HB; alt.35 EH)
ORIGINAL IN SPANISH (10.10.10.10.)

Dios te bendiga, protección te dé;
Sea su gracia siempre tu sostén;
Su ángel velando a tu redor esté,
Dándote abrigo siempre por doquier. Amén.

261 Dios Os Guarde (632 TH; 38 EH; 338 HVC; 262 HB)
GOD BE WITH YOU TILL WE MEET AGAIN (9.8.8.9. c/coro opcional)

1. Dios os guarde en su santo amor; con sus alas El os cubra,
 Y El os de maná que nutra; Dios os guarde en su santo amor.

2. Dios os guarde en su santo amor; si algún riesgo os acomete,
 Que en sus brazos os encuentre; Dios os guarde en su santo amor.

3. Dios os guarde en su santo amor; que de Cristo, la bandera,
 Cubra vuestra vida entera: Dios os guarde en su santo amor.

4. Dios os guarde en su santo amor; hasta el día que lleguemos,
 A la patria do estaremos reunidos en paz y amor. Amén.

Coro Opcional:
 Al venir Jesús nos veremos, a los pies de nuestro Salvador;
 Reunidos todos seremos, un redil con nuestro buen Pastor.

262 ¡Aprisa, Sion! (10 TH; 246 HVC; 302 HB)
O ZION, HASTE (11.10.11.10. c/coro)

1. ¡Aprisa, Sion! que tu Señor espera;
 Al mundo entero di que Dios es luz;
 Que el Redentor no quiere que se pierdan,
 Sus escogidos, lejos de Jesús.

Coro:
 Nuevas proclama de gozo y paz,
 Nuevas de Cristo, salud y libertad.

2. Ve cuántos miles yacen retenidos,
 Por el pecado en lóbrega prisión.
 No saben nada de El que ha sufrido,
 En vida y cruz por darles redención.

3. A todo pueblo y raza, fiel, proclama,
 Que Dios, en quien existen, es amor;
 Que El mandó que se arrepintieran;
 Por cual pecado, sufrió el Señor.

4. Tus hijos da, que lleven su palabra,
 Y con tus bienes hazlos proseguir.
 Por ellos tu alma en oración derrama,
 Que todo Cristo te ha de retribuir.

LA IGLESIA: AVIVAMIENTO

263 Aviva Tu Obra, Oh Dios (250 EH; alt.297 TH)
REVIVE THY WORK, O LORD (S.M. o 6.6.8.6.)

1. ¡Aviva tu obra, oh Dios! Ejerce tu poder;
   Los muertos han de oír la voz que hoy hemos menester.

2. Del sueño de morir despiértalos, Señor,
   Pues, tu aliento vivo da salud al pecador.

3. A tu obra vida da, al alma otorga sed;
   Hambrienta así de tu maná, aguarda la merced.

4. Aviva tu labor, tu nombre a enaltecer;
   Mediante el gran Consolador, sí danos tu poder.

5. La fuente espiritual avive nuestro amor;
   Será tu gloria sin igual y nuestro el bien, Señor. Amén.

264 Mirad y Ved a Nuestro Dios (398 HB; alt.56, 379 TH)
ENGLISH TITLE NOT KNOWN (L.M. o 8.8.8.8.)

1. Mirad y ved a nuestro Dios, al victorioso Redentor;
   Su emblema paz, su espada luz, y su bandera el amor.

2. Seguidle, pues, con humildad, en santidad de corazón;
   Haced al mundo conocer la gloria de su salvación.

3. Oh, levantad la santa cruz de Cristo, nuestro Salvador.
   Id, anunciad perdón, salud a todo triste pecador.

4. Clamad a Dios sin descansar; orad al Dueño de la mies,
   Quien en su gracia ha de llevar los redimidos a sus pies.

265 Ven Tú, ¡Oh Rey Eterno! (488 TH; 282 EH; 191 HVC; 274 HB)
LEAD ON, O KING ETERNAL (7.6.7.6.D.)

1. Ven Tú ¡oh Rey eterno! La marcha suena ya;
   Al campo de combate tu voz nos enviará;
   Tu gracia, al prepararnos, nos fortalecerá
   Y en entusiasmo santo un himno vibrará.

2. Ven Tú, ¡oh Rey eterno! El mal a combatir;
   En medio de la lucha tu paz haznos sentir;
   Pues no con las espadas, ni con el dardo vil,
   Mas con verdad y gracia tu reino ha de venir.

3. Ven Tú, ¡oh Rey eterno! Marchamos sin temor;
   Doquier tu rostro alumbra hay júbilo y valor.
   Tu Espíritu alienta; ampáranos tu amor,
   Y celestial corona aguarda al vencedor.

266 Iglesia de Cristo (149 EH; 221 HVC; 241 HB; alt.35 TH)
ORIGINAL IN SPANISH (11.11.11.11.)

1. Iglesia de Cristo, tu santa misión,
   Es dar el mensaje de paz y perdón.
   No calles, derrama torrentes de luz,
   Mostrando a los pueblos a Cristo Jesús.

2. Iglesia de Cristo, tendrás el poder,
   Que puedas gloriosa victoria traer;
   Serás invencible yendo contra el mal,
   Con la obediencia al Rey celestial.

3. Iglesia de Cristo, reanima tu amor,
   Y espera velando a tu augusto Señor;
   Jesús el Esposo, vestido de honor,
   Viniendo se anuncia con fuerte clamor.

4. Iglesia de Cristo, no temas que el mal,
   Tus puertas derrumbe con odio mortal;
   Jesús es tu Jefe, tu amparo será,
   Y en El tu victoria segura está. Amén.

267 Oh Dios, Ten Misericordia (*Salmo 67*) (385 TH)
O GOD, TO US SHOW MERCY (7.6.7.6.D. irr.)

1. Oh Dios, ten misericordia; pedimos bendición.
   Haz Tú que resplandezca tu rostro sobre Sion;
   Que en todas las naciones y en todo corazón,
   Sea conocido el gran camino de tu salvación.

2. Oh Dios, que los pueblos todos te alaben con fervor;
   Alégrense, naciones, y tributad loor
   A Dios, Quien de los pueblos su Juez es y Pastor.
   Por su justicia y equidad merece sumo honor.

3. Oh Dios, que los pueblos todos te alaben en verdad.
   Por tu bendición la tierra su fruto nos dará.
   ¡Bendícenos, Dios nuestro! Sí, nos bendecirá,
   Y el mundo entero a su Señor y Dios lo temerá.

© 1979 Priscilla Piñero. Todos los derechos reservados. Usado con permiso.

LA IGLESIA: EVANGELISMO

268 El Mundo Es del Señor (276 HB; alt.216, 125 TH)
THE WORLD FOR CHRIST (S.M.D. o 6.6.8.6.D.)

1. El mundo es del Señor: su obra comenzó;
   Millones de almas oirán la voz del Salvador.
   Por Cristo el Redentor iremos sin tardar;
   Constríñenos su gracia, el don que salva al pecador.

2. El mundo es del Señor: su muerte nos salvó;
   Millones en pecado vil, en El tendrán salud.
   Mas nunca escucharán las nuevas de solaz;
   Sin el mensaje del perdón jamás verán su luz.

3. El mundo es del Señor: sus siervos por doquier,
   Proclaman su mensaje fiel, "Salud al pecador."
   Si yo no puedo ir sus nuevas a esparcir,
   Testigo fiel aquí seré, por ellos oraré. Amén.

Hattie Bell Allen. Elina Cabarcas y Crea Ridenour, Tr. © 1978 Broadman Press. Todos los derechos reservados. Usado con permiso de LifeWay Christian Resources.

269 Salgamos, Fieles, a Anunciar (606 TH; 286 HB)
WE GO TO HARVEST FIELDS TODAY (C.M.D. o 8.6.8.6.D.)

1. Salgamos, fieles, a anunciar de Dios la salvación,
   ¡Su reino está, y llega ya con cántico triunfal!
   De Dios brindemos la salud que Cristo predicó,
   Su gran poder transformador levanta al que cayó.

2. Salgamos hoy a proclamar: los pies benditos son
   De los que al mundo anuncian paz, cual Cristo el Salvador,
   Proclamaremos libertad por toda la extensión;
   Marchemos con valor y fe, que Dios guiando está.

3. El alba enciende su arrebol al paso de Jesús,
   Que espera nuestra devoción, ¿y quién irá tras El?
   Feliz aquel que recibió de Dios la comisión;
   Y cumple cual obrero fiel de Dios la voluntad.

4. De Dios hablemos la verdad, henchidos de su luz;
   Salgamos todos a anunciar la gloria de la cruz.
   Movidos por divino afán glorioso es trabajar;
   La mies dorada, ¡a segar! ¡Jesús delante va! Amén.

270 Id y Dad las Nuevas (285 HB)
GO YE FORTH (6.5.6.5.D.)

1. "Id y dad las nuevas": Dios al Hijo dio;
   De una virgen vino; gracia El mostró.
   El por mi pecado muerto fue en la cruz,
   Pero un día en gloria ha de volver Jesús.

2. "Id y dad las nuevas", orden es de Dios;
   Por el mundo entero óigase su voz.
   No busquéis conflictos; nunca claudiquéis,
   De Jesús, las nuevas, al mundo hoy llevad.

3. "Id y dad las nuevas" por el mundo aquí;
   Cristo es quien os dice: "Yo os escogí".
   Sin dudar, haciendo fiel su voluntad,
   De Jesús las nuevas, al mundo hoy llevad.

Richard Baker. Adolfo Robleto, Tr. © 1978 Casa Bautista de Publicaciones. Todos los derechos reservados. Usado con permiso.

271 Haz Arder Mi Alma (288 HB)
SET MY SOUL AFIRE, LORD (11.11.11.11 c/ coro)

1. Haz arder mi alma en tu ley, Señor,
   Y tu voz divina pueda yo escuchar;
   Muchos en tinieblas siguen el error,
   Quiero con tu gracia hoy testificar.

Coro: Haz arder mi alma, hazla arder, oh Dios;
   Hazme un testigo de tu salvación.
   Muchos en tinieblas mueren sin tu voz;
   Haz arder mi alma con tu compasión. Amén.

2. Haz arder mi alma por el pecador;
   Tu pasión yo sienta para trabajar.
   Llena hoy mi vida con tu santo amor;
   Quiero estar sumiso a tu voluntad.

3. Haz arder mi alma en virtudes hoy;
   Pues errante andaba en mi necedad.
   Nada es importante más que Tú Señor;
   Hazme fiel testigo de tu gran verdad.

Gene Bartlett. Adolfo Robleto, Tr. © 1965 renovado 1993, Albert E. Brumley & Sons / SESAC. Todos los derechos reservados. Usado con permiso de Integrated Copyright Group, Inc.

LA IGLESIA: EVANGELISMO

272 Aramos Nuestros Campos (614 TH; 392 EH; 343 HVC)
WE PLOW THE FIELDS (7.6.7.6.D. c/coro)

1. Aramos nuestros campos y luego el sembrador,
   En ellos la simiente esparce con amor;
   Pero es de Dios la mano que la hace germinar,
   Calor y lluvia dando a todos por igual.

Coro:
   Cuanto bien tenemos procede del Creador;
   Su nombre load, y gracias dad por su infinito amor.

2. El Hacedor Supremo de cuanto existe es El;
   Su aroma da a las flores, y a las abejas miel;
   Las aves alimenta, de peces puebla el mar,
   Y da a sus criaturas su cotidiano pan.

3. Te damos gracias, Padre, por cuanto bien nos das;
   Las flores y los frutos, salud, y vida y pan;
   Nada hay con que paguemos lo que nos da tu amor,
   Sino nuestro sincero y humilde corazón.

273 Pronto la Noche Viene (728 TH; 243 EH; 260 HVC; 423 HB)
WORK FOR THE NIGHT IS COMING (7.6.7.5.D.)

1. Pronto la noche viene, tiempo es de trabajar;
   Los que lucháis por Cristo no hay que descansar;
   Cuando la vida es sueño, gozo, vigor, salud,
   Y es la mañana hermosa de la juventud.

2. Pronto la noche viene, tiempo es de trabajar;
   A proclamar al mundo Quien le ha de salvar,
   Cuando la vida alcanza toda su esplendidez,
   Cuando es el mediodía de la madurez.

3. Pronto la noche viene, tiempo es de trabajar;
   Si el pecador perece, idlo a rescatar;
   Aun a la edad madura, débil y sin salud,
   Aun a la misma tarde de la senectud.

4. Pronto la noche viene, ¡listos a trabajar!
   ¡Listos! que muchas almas hay que rescatar.
   ¿Quien de la vida el día puede desperdiciar?
   "Viene la noche y nadie puede trabajar."

LA IGLESIA: EVANGELISMO

274 Oh, Ruégote, Señor, Me Enseñes (93 TH; 279 HB)
ENGLISH TITLE NOT KNOWN (L.M. o 8.8.8.8.)

1. Oh, ruégote, Señor Jesús, que Tú me enseñes siempre a hablar,
   Con eco vivo de tu voz a los que vagan sin tu paz.

2. Enséñame, Señor Jesús; y haz que pueda yo enseñar,
   Palabra tuya, pura luz, que al alma hambrienta vida da.

3. Oh, lléname, Señor Jesús, de gracia y de tu gran poder;
   Y así yo pueda alrededor tu santa influencia derramar.

4. Ocúpame, Señor Jesús, tal como quieras y doquier;
   Que al fin la gloria de tu faz en tu presencia pueda ver. Amén.

275 Mensajeros del Maestro (345 EH)
LET THE LOWER LIGHTS BE BURNING (8.7.8.7. c/coro)

1. Mensajeros del Maestro, anunciad al corazón,
   De Jesús la buena nueva de su grande salvación.

Coro: Mensajeros del Maestro, vuestra voz haced oír,
   Y los hombres que la escuchen vida puedan recibir.

2. De los montes en la cima, en los valles y en el mar,
   Por doquier el evangelio hoy se pueda proclamar.

3. En los antros del pecado y en los sitios del dolor,
   Las alegres nuevas vayan a llevar paz y perdón.

4. Anunciad a los cautivos su gloriosa libertad,
   Al cansado y al caído buenas nuevas proclamad.

276 ¡Oh Alzad Vuestros Ojos! (281 HB)
ORIGINAL IN SPANISH (10.9.10.9 c/coro)

1. Miles hay en lejanas regiones que por sendas oscuras hoy van.
   El Señor murió por pecadores: Ve, tú pues las noticias a dar.

Coro:
   ¡Oh alzad vuestros ojos a los campos!
   La bendita Palabra sembrad.
   De amor y de fe inflamados, ricos frutos Jehová os dará.

2. ¿Cuántos hay que se van a la muerte sin saber esta nueva eternal?
   Vida, fuerza, talentos y bienes, Dios os brinda, ¡salid y luchad!

3. Pronto el día se irá para siempre y la magna ocasión pasará.
   Presto id, el mensaje es urgente, que el Señor con poder salvará.

Samuel Cifuentes S. © 1978 Casa Bautista de Publicaciones.
Todos los derechos reservados. Usado con permiso.

277 Soy Peregrino Aquí (334 HVC; 399 HB)
BUSINESS FOR MY KING (6.6.6.6.6.6.6.8. c/coro)

1. Soy peregrino aquí; mi hogar lejano está,
   En la mansión de luz, eterna paz y amor;
   Embajador yo soy del reino celestial,
   En los negocios de mi Rey.

Coro:
   Este mensaje fiel oíd, mensaje del perdón y amor:
   "Reconciliaos ya," dice el Señor y Rey,
   ¡Reconciliaos hoy con Dios!

2. Y del pecado vil, arrepentidos ya,
   Fieles le seguirán si perdonados son;
   Es el mensaje fiel que debo proclamar,
   En los negocios de mi Rey.

3. Mi hogar más bello es que el valle de Sarón,
   Eterno gozo y paz habrá por siempre en El,
   Jesús ahora da eterna comunión,
   Es el mensaje de mi Rey.

278 Nuestra Oración (415 HB)
ORIGINAL IN SPANISH (11.8.11.8.11.11)

1. Padre amado, a Ti acudimos; atiende a nuestra oración;
   Por los que vagan sin rumbo pedimos,
   Muéstrales hoy tu dirección.
   Tu Hijo es la vida, El es la verdad;
   Un camino hay a la eternidad.

2. Hijo de Dios, en tu nombre oramos conforme a tu voluntad.
   Oh Salvador, en tus manos ponemos
   A los que anuncian la verdad.
   Tu haces oír a los que sordos están;
   Sé con nosotros y a tu voz oirán.

3. Santo Espíritu, ayuda a las almas, a que se entreguen a Jesús,
   Consolador, Tú que ahora las llamas;
   Dales entendimiento y luz.
   Tú las convencerás de su iniquidad,
   Y Tú les limpiarás de toda maldad.

Leslie Gómez Cordero. © 1978 Casa Bautista de Publicaciones.
Todos los derechos reservados. Usado con permiso.

279 Al Mundo Proclamad (371 TH; alts.89 TH, 297 HB)
CHRIST FOR THE WORLD WE SING (6.6.4.6.6.6.4)

1. Al mundo proclamad que Cristo es el Señor,
   Con fiel amor; Si arrepentido está,
   Porque muy triste va, Jesús le sanará de su dolor.

2. Al mundo proclamad que Cristo es el Señor,
   Con oración; Al hombre malo y vil,
   Que gime en gran sufrir, lo vino a redimir el Salvador.

3. Al mundo proclamad que Cristo es el Señor,
   Con otros, sí; Unidos en amor,
   Luchamos con valor, llevando del Señor su cruz aquí.

4. Al mundo proclamad que Cristo es el Señor,
   Con gran placer; Las almas que sin luz,
   Se acercan a Jesús, la vida por su cruz podrán tener. Amén.

280 Quiero Seguir (318 HB)
I'M GOING FORTH (C.M. o 8.6.8.6. c/coro)

1. Quiero seguir de Cristo en pos porque El me guía fiel;
   Y a los que están sin fe, sin Dios, llevarlos quiero a El.

Coro:
   Quiero seguirle por doquier, siempre le he de servir;
   Y a los perdidos quiero ver por fe a El venir.

2. El santo amor me inspira a mí al buen Jesús llevar;
   Y a los que están sufriendo aquí en noches de pecar.

3. El llanto oí del mundo cruel; yo tengo que ayudar.
   Y en el servicio serle fiel a quien vino a salvar.

Oswald J. Smith, Daniel Díaz R., Tr. © 1978 Casa Bautista de Publicaciones.
Todos los derechos reservados. Usado con permiso.

281 La Palabra del Señor (370 TH; 304 HVC; 319 HFA)
ORIGINAL IN SPANISH (7.6.7.6.7.7.7.6.)

1. La palabra del Señor predicad, predicad;
   Con anhelo y oración predicad, predicad;
   Ante el mundo burlador sed testigos de su amor;
   El poder del Salvador predicad, predicad.

2. El ejemplo del Señor imitad, imitad;
   Su humildad y tierno amor imitad, imitad;
   Su constancia en la oración, su paciencia en la aflicción,
   Su bondad y compasión imitad, imitad.

LA IGLESIA: EVANGELISMO

3. La venida del Señor esperad, esperad;
   El vendrá, no tardará, esperad, esperad;
   Como siervos del gran Rey, trabajad con celo y fe;
   Si sembráis, recogeréis: esperad, esperad.

282 A Ti, Señor, Nuestra Canción (424 HB)
WE LIFT OUR HEARTS IN SONGS OF PRAISE (C.M.D. o 8.6.8.6.D.)

1. A Ti, Señor, nuestra canción de amor y gratitud,
   Alzamos, pues nos diste hoy tu gracia en plenitud.
   Nuestro clamor llegue hasta a Ti cual grata oración,
   Pidiendo compartir así con otros de tu amor.

2. Constríñenos llevar, Señor, tus nuevas del perdón,
   A los que en penas y dolor tras el pecado van.
   Permítenos, oh Dios, sentir sincera compasión
   Por los que sufren al vivir en culpas y opresión.

3. Queremos compartir, Señor, la gracia que nos das,
   Con los que van tras el error sin fe, sin luz, sin paz.
   A quienes lejos van de Ti, concédenos traer,
   Y puedan compartir así tu gracia y tu poder. Amén.

Lilian Yarborough Leavell. Agustín Ruiz V., Tr. © 1978 Broadman Press. Todos los derechos reservados. Usado con permiso de Lifeway Christian Resources.

283 Así Os Mando Yo (295 HB; 328 HFA)
SO SEND I YOU, BY GRACE MADE STRONG (11.10.11.10.)

1. Al mundo id, a realizar la obra,
   Id a servir en medio del dolor;
   Desprecio habrá y burlas y congojas,
   "Mas hay que ir," nos dice el Señor.

2. Al mundo id, con soledad y ansias,
   Sintiendo hambre en vuestro corazón;
   Sin más hogar, ni amigos ni familia:
   Yo os daré mi amor y bendición.

3. Al mundo id, de odio y rencillas,
   Que ciegos hay, porque no quieren ver,
   Y allí gastad humildes vuestras vidas,
   Que el Calvario vuestro ha de ser.
   Como el Padre me envió, os envío yo. Amén.

E. Margaret Clarkston y Kurt Kaiser, Adolfo Robleto, Tr. © 1978 Singspiration Music / ASCAP con Word Music, Inc. /ASCAP Todos los derechos reservados. Usado con permiso de Brentwood-Benson Music, Inc y Word Music, Inc.

LA VIDA EN CRISTO

284 Ven, Oh Pobre Descarriado (187 TH; alt.393 TH)
COME, YE SINNERS POOR AND NEEDY (8.7.8.7.4.4.4.7.)

1. Ven, oh pobre descarriado, pecadores con temor,
   Cristo por salvarte espera con poder y compasión;
   Cristo puede, Cristo puede, Cristo puede,
   Y te salva con amor, [y te salva con amor.]

2. Oh venid, necesitados, de Dios su amor probad,
   Os da fe y obediencia, gracia que os acerca a El,
   Sin dinero, sin dinero, sin dinero,
   Id a Cristo a comprar, [id a Cristo a comprar.]

3. Tu conciencia no te impida, prepararte no podrás,
   Todo lo que se requiere se halla en Cristo, en El confiad,
   Esta gracia, esta gracia, esta gracia,
   Jesucristo te la da, [Jesucristo te la da.]

4. Venid, tristes y heridos, los que sufren del pecar,
   Los que esperan a ser buenos nunca lo alcanzaran,
   Pecadores, pecadores, pecadores,
   Cristo vino a rescatar, [Cristo vino a rescatar.]

5. Vedle en el jardín humilde, el Creador postrado está,
   En la cruz sangrienta vedle, al morir, oídlo clamar,
   ¡Consumado es!, ¡consumado es!, ¡consumado es!
   ¿Qué más necesitarás? [¿Qué más necesitarás?]

6. Ved al Cristo en su gloria, por su sangre y su poder;
   Descansad en su justicia, y en El solo ya confiad,
   Solo Cristo, solo Cristo, solo Cristo,
   Por ti puede interceder, [por ti puede interceder.]

7. Santo y ángel en concierto, juntos cantan su loor,
   Ecos en el cielo suenan, alabanzas al Señor,
   ¡Aleluya!, ¡Aleluya!, ¡Aleluya!,
   También cante el pecador, [también cante el pecador.]

Joseph Hart; David Vater, Tr. Usado con permiso.

LLAMAMIENTO E INVITACION

285 La Tierna Voz del Salvador (144 TH; 201 EH; 149 HVC)
THE GREAT PHYSICIAN (8.7.8.7. c/coro)

1. La tierna voz del Salvador nos habla conmovida;
   Oíd al Médico de amor que da a los muertos vida.

   Coro:
   Nunca los hombres cantarán, nunca los ángeles en luz,
   Nota más dulce entonarán que el nombre de Jesús.

2. Cordero manso, ¡gloria a Ti! por Salvador te aclamo;
   Tu dulce nombre es para mí la joya que más amo.

3. La amarga copa de dolor, Jesús, fue tu bebida;
   En cambio das al pecador el agua de la vida.

4. Y cuando al cielo del Señor con El nos elevemos,
   Arrebatados en su amor, su gloria cantaremos.

286 Con Júbilo Tocad (392 TH)
BLOW YE THE TRUMPET, BLOW (6.6.6.6.8.8.8.)

1. Con júbilo tocad trompeta, y anunciad,
   Del mundo en derredor, que vino el Redentor:
   Que el grato día ya llegó, el grato día del Señor:
   ¡Volveos, pues, al Salvador!

2. El mediador Jesús su vida dió en la cruz;
   Cansados, descansad, y tristes, escuchad:
   El grato día ya llegó, el grato día del Señor:
   ¡Volveos, pues, al Salvador!

3. Alzad el nombre de El, Cordero salvador,
   Su sangre proclamad que salva al pecador:
   Que el grato día ya llegó, el grato día del Señor:
   ¡Volveos, pues, al Salvador!

4. Esclavos de maldad, liberación tened
   De culpa, el perdón y nueva vida en El.
   El grato día ya llegó, el grato día del Señor:
   ¡Volveos, pues, al Salvador!

5. La buena nueva oíd; confiados acudid:
   Con infinito amor espera el Salvador;
   Que el grato día ya llegó, el grato día del Señor:
   ¡Volveos, pues, al Salvador! Amén.

Charles Wesley; F.J. Pagura, Tr. estrofas 1, 2, 5; R. Wayne Andersen, Tr. estrofas 3, 4.

LLAMAMIENTO E INVITACION

287 Señor, Tú Me Llamas (296 HB)
ORIGINAL IN SPANISH (Irregular)

1. Señor, Tú llamas por mi nombre desde lejos;
   Por mi nombre cada día Tú me llamas.
   Señor Tú me brindas una vida santa y limpia;
   Una vida sin pecado, sin maldad.

Coro:
   Señor, nada tengo para darte;
   Solamente te ofrezco mi vida para que la uses Tú.
   Señor, hazme hoy un siervo útil,
   Que anuncie el mensaje, el mensaje de la cruz.

2. Señor, me has llamado por tu nombre desde lejos;
   Por tu nombre cada día Tú me llamas.
   Señor yo acudo a tu llamado a cada instante,
   Pues mi gozo es servirte más y más.

3. Señor, me has llamado por tu nombre desde lejos;
   Por tu nombre cada día tu me llamas.

Rubén Giménez. © 1978 Casa Bautista de Publicaciones. Todos los derechos reservados. Usado con permiso.

288 ¿Te Hallas Triste o Abatido? (389 TH)
ART THOU WEARY, ART THOU LANGUID? (8.5.8.3.)

1. ¿Te hallas triste o abatido? ¿Fatigado estás?
   Cristo dice: "En mí descanso hallarás."

2. Si he de hallar en El mi guía, ¿qué señal tendrá?
   Manos, pies, costado heridos por tu paz.

3. ¿Ciñe acaso una diadema su cabeza real?
   Sí, corona, mas de espinas le verás.

4. ¿Qué me ofrece en esta tierra si le sigo yo?
   Muchas pruebas y trabajos y dolor.

5. Y si firme me mantengo, ¿qué me ofrece al fin?
   No más llantos, no más pruebas, dichas mil.

6. Si le ruego me reciba: ¿me rechazará?
   Antes todo: tierra y cielo pasará.

7. Creo en El, seguirle quiero, ¿cuidará de mí?
   Santos, mártires, profetas dicen, "¡Sí!"

LLAMAMIENTO E INVITACION

289 Jesús Es la Luz del Mundo (679 TH; 301 HVC; 165 HB)
THE LIGHT OF THE WORLD IS JESUS (11.8.11.8. c/coro)

1. El mundo perdido en pecado se vio; ¡Jesús es la luz del mundo!
   Mas en las tinieblas la gloria brilló, ¡Jesús es la luz del mundo!

Coro: ¡Ven a la luz; no debes perder vida eterna al amanecer!
   Yo ciego fui, mas ya puedo ver, ¡Jesús es la luz del mundo!

2. La noche se cambia en día con El; ¡Jesús es la luz del mundo!
   Y andamos en luz tras un guía tan fiel, ¡Jesús es la luz del mundo!

3. ¡Oh ciegos y presos de suma maldad! ¡Jesús es la luz del mundo!
   El manda rendiros ante la verdad, ¡Jesús es la luz del mundo!

4. Ni soles ni lunas el cielo tendrá, ¡Jesús es la luz del mundo!
   La luz de su rostro lo iluminará, ¡Jesús es la luz del mundo!

290 Escucha, Pobre Pecador (320 HVC; 204 HB)
ONLY TRUST HIM (C.M. o 8.6.8.6. c/coro)

1. Escucha, pobre pecador en Cristo hay perdón;
   Oh ven contrito y cree en El, te ofrece salvación.

Coro:
   Ven a Cristo, ven a Cristo, ven a Emanuel;
   Y la gracia, vida eterna hallarás en El.

2. Por redimir, el Salvador su sangre derramó;
   Y en la cruz con cruel dolor, la redención logró.

3. Camino cierto es Jesús que lleva al Padre Dios,
   Cree el mensaje de la cruz, justicia hallarás.

4. Ven con el santo pueblo fiel, dejando todo mal;
   Así la paz de Dios tendrás, y gloria inmortal.

291 Pon Tus Ojos en Cristo (214 HB)
TURN YOUR EYES UPON JESUS (9.8.9.8. c/coro)

1. ¡Oh alma cansada y turbada! ¿Sin luz en tu senda andarás?
   Al Salvador mira y vive; del mundo la luz es su faz.

Coro: Pon tus ojos en Cristo, tan lleno de gracia y amor,
   Y lo terrenal sin valor será a la luz del glorioso Señor.

2. De muerte a vida eterna te llama el Salvador fiel.
   En ti no domine el pecado; hay siempre victoria en El.

3. Jamás faltará su promesa; El dijo: "Contigo estoy."
   Al mundo perdido ve pronto y anuncia la salvación hoy.

Helen H. Lemmel. C.P. Denyer, Tr. © 1922 Singspiration Music / ASCAP. Todos los derechos reservados. Usado con permiso de Brentwood-Benson Music, Inc.

LLAMAMIENTO E INVITACION

292 ¿Quieres Ser Salvo de Toda Maldad? (376 EH; 290 HVC; 170 HB)
THERE'S POWER IN THE BLOOD (10.9.10.8. c/coro)

1. ¿Quieres ser salvo de toda maldad?
   Tan sólo hay poder en el Señor.
   ¿Quieres vivir y gozar santidad?
   Tan sólo hay poder en Jesús.

Coro:
   Hay poder, sí, sin igual poder en Jesús, quien murió;
   Hay poder, sí, sin igual poder en la sangre que El vertió.

2. ¿Quieres ser libre de orgullo y pasión?
   Tan sólo hay poder en el Señor.
   ¿Quieres vencer en la cruel tentación?
   Tan sólo hay poder en Jesús.

3. ¿Quieres servir a tu Rey y Señor?
   Tan sólo hay poder en el Señor.
   Ven a ser salvo y vivir por su amor,
   Tan sólo hay poder en Jesús.

293 Tendrás Que Renacer (382 EH; 288 HVC; 210 HB)
YE MUST BE BORN AGAIN (Irregular)

1. Un hombre de noche llegó a Jesús,
   Buscando la senda de vida y luz,
   Y Cristo le dijo: "Si a Dios quieres ver,
   Tendrás que renacer."

Coro:
   ¡Tendrás que renacer!
   ¡Tendrás que renacer!
   De cierto, de cierto te digo a ti:
   ¡Tendrás que renacer!

2. Y tú si quisieras al cielo llegar,
   Y con los creyentes allí descansar;
   Si vida eterna quisieras tener,
   Tendrás que renacer.

3. Jamás, oh mortal, debes tú desechar,
   Palabras que Cristo dignóse hablar;
   Porque si no quieres el alma perder,
   Tendrás que renacer.

LLAMAMIENTO E INVITACION

294 Hay Lugar en la Cruz (201 HB)
ROOM AT THE CROSS FOR YOU (Irregular)

1. La cruz en que Cristo murió es refugio para el pecador,
   Es manantial de gracia eternal,
   Profundo y sublime que limpia de mal.

Coro: Lugar hallarás allí; lugar hallarás allí;
   Millones habrá, Mas hay un lugar;
   En la cruz hallarás lugar.

2. Aunque haya millones allí que lavó su raudal carmesí,
   El Salvador ofrece perdón, a todo el que quiera gozar salvación.

3. La mano de mi Redentor no se acorta ni pierde valor,
   En tu aflicción y contrición, su sangre bendita promete perdón.

Ira F. Stanphill; H.T. Reza, Tr. © 1946 Singspiration Music / ASCAP. Todos los derechos reservados. Usado con permiso de Brentwood-Benson Music, Inc.

295 Cercano Está Jehová *(Salmo 34:8-18)* (11 II Surpless)

1. Cercano está Jehová al quebrantado en corazón,
   Y salvará al contrito ante El;
   Al justo probará y El siempre librará,
   Todos sus siervos El redimirá.

2. Gustad y ved cuan bueno a los suyos es Jehová,
   Dichoso todo el que confía en El;
   Temed a Jehová, y nunca faltará,
   Jamás al justo faltará el bien.

3. Apártate del mal, haciendo bien busca la paz,
   Con su favor Jehová te mirará;
   El justo clamará, Jehová le oirá,
   Del justo muy cercano está Jehová.

© 1995 David M. Surpless. Usado con permiso.

296 Casi Me Persuades (322 HVC; 209 HB)
ALMOST PERSUADED (9.9.6.6.6.6.4.)

1. ¿Te sientes casi resuelto ya? ¿Te falta poco para creer?
   Pues ¿por qué dices a Jesucristo: "Hoy no, mañana yo acudiré?"

2. ¿Te sientes casi resuelto ya? Pues, vence el casi, a Cristo ven;
   Pues hoy es tiempo, pero mañana, bastante tarde pudiera ser.

3. El "casi" nunca te servirá, en la presencia del justo Juez.
   ¡Hay del que muere casi creyendo! ¡Completamente perdido está!

297 Todos Los Que Tengan Sed (370 TH; 162 HB)
ORIGINAL IN SPANISH (7.6.7.6.7.7.7.6.)

1. Todos los que tengan sed, beberán, beberán;
   Vengan cuantos pobres hay, comerán, comerán.
   No malgasten el haber; compren verdadero pan.
   Si a Jesús acuden hoy, gozarán, gozarán.
2. Si le prestan atención, les dará, les dará,
   De su gracia salvación, eternal, eternal.
   Con los santos a salvar, y a los perdidos perdonar,
   Con las huestes que al hogar, llevará, llevará.
3. Como baja bendición, sin volver, sin volver,
   Riego que las nubes dan, ha de ser, ha de ser.
   La Palabra del Señor, productiva, pleno bien,
   Vencedora al fin será, con poder, con poder.

298 Acogida Da Jesús (190 EH)
SINNERS JESUS WILL RECEIVE (7.7.7.7. c/coro irr.)

1. Acogida da Jesús, créelo pobre pecador,
   Al que en busca de la luz, vague ciego y con dolor.

Coro: Volveremos a cantar, Cristo acoge al pecador;
   Claro hacedlo resonar: Cristo acoge al pecador.

2. Ven, en Cristo encontrarás, Dios es grande en perdonar,
   De tus males sanarás; fuerte es El para salvar.
3. Ya la ley no inculpará al que huye a Jesús,
   Pues, el pago ya le da por Su muerte en la cruz.
4. Acogerte prometió, date prisa en acudir,
   Necesitas, como yo, vida que El te hará vivir.

Neumeister, T.M. Westrup, Tr. Estr. 1,4; R. Wayne Andersen, Tr. Estr. 2,3

299 Vida Abundante (178 HB)
ORIGINAL IN SPANISH (8.8.8.11. c/coro)

Coro: Vida abundante Jesús ofrece, vida triunfante de día en día;
   El es la fuente de vida eterna que brota siempre en mi corazón.

1. En la cruz murió mi Jesús; con su muerte vida me dio;
   Por su gracia me transformó y la vida abundante me concedió.
2. La mujer que fue y tocó el vestido del Señor;
   En fe, salud recibió y la vida abundante Jesús le dio.
3. En la cruz pidió el malhechor de su alma la salvación;
   Vida eterna pudo alcanzar, pues la vida abundante Jesús le dio.

Rafael Enrique Urdaneta M. © 1978 Casa Bautista de Publicaciones.
Todos los derechos reservados. Usado con permiso.

RESPUESTO AL EVANGELIO

300 ¡Oh Dios, Padre Mío! (83 TH; alt.17 EH)
ORIGINAL IN SPANISH (12.11.12.11.)

1. ¡Oh Dios, Padre mío! no busco la gloria,
   De aquellos deberes que un día cumplí;
   A Cristo me acojo, tan sólo en El confío,
   Y solo en su sangre vertida por mí.

2. A todas mis obras las llamo tinieblas,
   Al lado de Cristo, torrente de luz;
   Mi propia justicia es hoy mi vergüenza,
   Y entierro mi gloria al pie de la cruz.

3. Estimo mis obras de pérdida vana,
   Y acepto las obras del buen Salvador;
   Mi alma desea morar en su seno,
   Vivir de su vida, gozar de su amor. Amén.

301 Da Vida a Mi Alma, Oh Dios (438 TH; 161 EH)
BREATHE ON ME BREATH OF GOD (6.6.8.7.)

1. Da vida a mi alma, oh Dios; renueva Tú mi ser,
   Que pueda amar lo que amas Tú y tu obra yo pueda hacer.

2. Da vida a mi alma, oh Dios, hasta que pura esté,
   Hasta que yo tu voluntad fielmente la pueda hacer.

3. Da vida a mi alma, oh Dios; quiero pertenecer
   Del todo a Ti, que pueda en mí, tu llama divina arder.

4. Da vida a mi alma, oh Dios, y así no moriré,
   Sino la vida celestial contigo yo gozaré. Amén.

© 1964 George P. Simmonds. Usado con permiso.

302 Abismado en el Pecado (2 TH; 385 HB)
ORIGINAL IN SPANISH (8.7.8.7.)

1. Abismado en el pecado, clamaré yo a Ti, Señor:
   Mira el llanto y el quebranto de este pobre pecador.

2. Dios clemente, omnipotente, líbrame de mi maldad,
   Para amarte y alabarte en la senda celestial.

3. Cada día gozaría a tu lado Jehová,
   Adorando y ensalzando a mi Rey y mi ayuda.

4. Rey del cielo, mi consuelo, mi esperanza y mi sostén,
   Sé mi guía, mi alegría en la senda de tu bien. Amén.

RESPUESTO AL EVANGELIO

303 Cristo, en Ti Confío (199 TH; 367 HB)
ENGLISH TITLE NOT KNOWN (6.5.6.5.D. c/coro)

1. Cristo, en Ti confío, mi alma entrego a Ti,
   Pues perdido estaba y Tú viniste a mí.
   No hay otro amparo para el pecador,
   Pues, por mí moriste, tierno Salvador.

Coro:
   Cristo, en Ti confío, mi alma entrego a Ti,
   Pues perdido estaba, y Tú viniste a mí. Amén.

2. Cristo, en Ti confío, por tu gran bondad,
   Tu misericordia, tu fidelidad.
   A los más perdidos, rescataste Tú;
   Todos fueron limpios confiando en Ti.

3. Cristo, en Ti confío, Tú no fallarás,
   Todo el que a Ti viene, no rechazarás.
   Fiel es tu promesa, grande es tu amor.
   Ten mi vida entera, ¡Tú eres mi Señor!

304 Vengo, Jesús a Ti (715 TH; 211 EH; 316 HVC; 187 HB)
JESUS I COME (Irregular)

1. De mi miseria de esclavitud, vengo Jesús, vengo Jesús;
   A tu perdón y santa virtud, vengo Jesús a Ti.
   De mi pobreza y enfermedad, a tu salud y viva verdad;
   A tu presencia de frialdad, vengo Jesús a Ti.

2. De mi flaqueza y falta de luz, vengo Jesús, vengo Jesús;
   Al eminente bien de tu cruz, vengo Jesús a Ti.
   Del sufrimiento que es mortal, a Ti mi médico celestial;
   Para ser libre de todo mal, vengo Jesús a Ti.

3. De mi soberbia y mi maldad, vengo Jesús, vengo Jesús;
   Para morar en tu voluntad, vengo Jesús a Ti.
   De mi angustia a tu gran favor, a lo del cielo consolador;
   Para por siempre darte loor, vengo Jesús a Ti.

4. De ese terror que la tumba da, vengo Jesús, vengo Jesús;
   A la brillante luz de tu hogar, vengo Jesús a Ti.
   De mi desvío y perversidad, a tu redil de tranquilidad;
   A ver tu faz por la eternidad, vengo Jesús a Ti.

305 Yo Escucho, Mi Jesús (406 TH; 220 EH; 189 HB)
I HEAR THY WELCOME VOICE (Irregular)

1. Yo escucho, mi Jesús, tu dulce voz de amor,
   Que desde el árbol de la cruz, llama al pecador.
   Yo soy pecador, nada hay bueno en mí;
   Ser objeto de tu amor deseo y vengo a Ti.

2. Tu ofreces el perdón de toda iniquidad,
   Mi llanto inunda el corazón; acudo a tu piedad.
   Yo soy pecador, lávame Señor.
   Me arrepiento con dolor, y borra mi maldad.

3. Tu ofreces perdonar al malo que creyó,
   Y gracia sobre gracia dar a quien en Ti esperó.
   Creo en Ti, Señor; sólo espero en Ti;
   Dame tu virtud y amor, pues bastan para mí.

306 Refugio de Este Pecador (436 TH; 224 EH; 379 HB)
ORIGINAL IN SPANISH (8.6.8.6.)

1. Refugio de este pecador, iré, Jesús a Ti;
   En las riquezas de tu amor, abrigo hay para mí.

2. Confieso que culpable soy, confieso que soy vil;
   Por Ti, empero, salvo soy, seguro en tu redil.

3. Auxíliame, Señor Jesús, libértame del mal;
   En mí derrama de tu luz, bellísimo raudal.

4. En toda mi necesidad, escucha mi clamor.
   Revísteme de santidad, y cólmame de amor. Amén.

307 Tal Como Soy (431 TH; 232 EH; 325 HVC; 211 HB)
JUST AS I AM (L.M. o 8.8.8.8.)

1. Tal como soy, de pecador, sin más confianza que tu amor,
   Ya que me llamas, vengo a Ti; Cordero de Dios, heme aquí.

2. Tal como soy, buscando paz en mi desgracia y mal tenaz,
   Conflicto grande siento en mí; Cordero de Dios, heme aquí.

3. Tal como soy, con mi maldad, miseria, pena y ceguedad,
   Pues, hay remedio pleno en Ti, Cordero de Dios, heme aquí.

4. Tal como soy me acogerás; perdón, alivio me darás;
   Pues tu promesa ya creí; Cordero de Dios, heme aquí.

5. Tal como soy, tu compasión vencido ha toda oposición;
   Ya pertenezco sólo a Ti; Cordero de Dios, heme aquí.

RESPUESTO AL EVANGELIO

308 Salvador, a Ti Acudo (707 TH; 190 HB; 311 HVC)
PASS ME NOT (8.5.8.5. c/coro)

1. Salvador, a Ti acudo, triste y con dolor;
   Sólo en Ti hay paz y vida para el pecador.
Coro: ¡Cristo, Cristo! Alzo a Ti mi voz;
   ¡Salvador, tu gracia dame; oye mi clamor.!
2. Salvación, perdón buscando vengo a tu cruz;
   En tu obra confiando, ¡Sálvame Jesús!
3. Ante el trono de tu gracia hallo dulce paz,
   Nada aquí mi alma sacia; Tú eres mi solaz.
4. Son tus méritos la fuente de mi salvación:
   En tu muerte yo encuentro vida y perdón.

309 Con Esperanza Heme Aquí (411 TH)
NO, NOT DESPAIRINGLY (6.4.6.4.6.6.4)

1. Con esperanza yo, heme aquí,
   Confiando en tu amor, me inclino a Ti;
   El mal me inundó, mas mi alma así clamó: ¡Jesús murió!
2. Triste confieso yo mi transgresión,
   Lo que yo he hecho Dios, lo que yo soy,
   Limpia mi corazón de mi pecado hoy, ruego, Señor.
3. ¡Oh fiel y justo Tú, perdonador!
   Merced al triste das, tu gran amor;
   Derrama sobre mí tu sangre carmesí, mi Salvador.
4. Y ahora en paz y luz caminaré,
   Con mi Señor Jesús; y el gran poder
   Del brazo protector me guiará a su hogar a estar con El. Amén.

Horatius Bonar; Efraín Girau, Tr.

310 Oh, Señor, Recíbeme Cual Soy (97 HVC; 361 HB)
ORIGINAL IN SPANISH (9.9.9.6.6.6.)

1. Oh, Señor, recíbeme cual soy; ya no más, ya no quiero pecar;
   Del pecado me quiero apartar;
   Justifica mi ser, dame tu dulce paz, y tu gran bendición.
2. Oh, Señor, toma mi corazón, y hazlo tuyo por la eternidad;
   Lléname de tu santa bondad,
   Y en mi alma Tú pon una nueva canción, de paz y dulce amor.
3. Pecador, tú que vagas sin Dios, ven ahora y recibe al Señor,
   El te puede impartir su perdón;
   El te puede salvar, El te puede ayudar, hoy recibe el perdón.

© 1958 Juan M. Isáias. Todos los derechos reservados. Usado con permiso.

311 ¡Oh Señor! Procuro en Vano (217 EH; 98 HVC)
ORIGINAL IN SPANISH (8.7.8.7.D.)

1. Oh Señor, procuro en vano mi conducta reformar,
   Pues ningún poder humano santidad me puede dar;
   Es mi vida de pecado diaria ofensa para Ti;
   Pero mi alma ha confiado en tu sangre carmesí.

2. En tu reino está el contento, nada impuro allí entrará;
   Sin el nuevo nacimiento, ningún alma lo verá.
   Mira, pues, mi insuficiencia, muestra en mí tu gran poder;
   Manifiesta tu clemencia y de nuevo hazme nacer.

3. Ven, Espíritu divino, ven y escucha mi oración;
   Ante Ti mi frente inclino por mi regeneración.
   De ese modo mi esperanza no vacila y llego a creer,
   Que la bienaventuranza en el cielo he de tener.

312 Más Blanco Que la Nieve (258 EH; 99 HVC; 335 HB)
WHITER THAN SNOW (11.11.11.11. c/coro)

1. Yo quiero ser limpio, bendito Jesús;
   Y de mis tinieblas a andar en tu luz;
   Tan sólo en tu sangre limpieza tendré,
   Lavado y más blanco que nieve seré.

Coro:
   Más blanco que la nieve seré;
   En Ti hay merced; de mal limpio estaré.

2. Que en mi alma no pueda lo impuro quedar;
   Mis manchas tu sangre las puede quitar.
   Los ídolos todos los desecharé,
   Lavado y más blanco que nieve seré.

3. Oh Cristo, mi ofrenda de amor quiero dar,
   Con fe y humildad en tu santo altar.
   Te entrego mi vida y de todo se ve;
   Lavado y más blanco que nieve seré.

4. Por esta pureza doy gracias a Ti,
   Pues santificado por tu gracia fui;
   Limpieza tu sangre me trajo yo sé;
   Lavado y más blanco que nieve quedé.

Ultimo Coro:
   Más blanco que la nieve quedé;
   En Ti hay merced; el perdón encontré.

ARREPENTIMIENTO Y PERDON

313 Nos Hace Falta el Saber (418 TH)
WE HAVE NOT KNOWN THEE AS WE OUGHT (8.8.8.8.8.8.)

1. Nos hace falta el saber, de Ti la mente, amor, poder,
Las cosas vanas y el afán ocupan mentes y razón;
Danos, Señor, tu luz y así sabios seremos hoy en Ti.

2. Nos hace falta a Ti el temer, no recordando el deber,
Ni que la pudo escudriñar tu ojo al alma y así juzgar;
Danos filial temor y fe para entender y a Ti servir.

3. Nos hace falta a Ti amar, tu amor por nos sin importar,
Presencia tuya sin buscar, ¡oh ver tu faz sin anhelar!
Danos, Señor, un corazón que te ame en pura devoción.

4. Nos hace falta a Ti servir, ¡ay del ocioso y mal vivir!
Tan poco fruto o prendas pues, vencido en luchas y endeblez;
Danos celosa fe y fervor, por Ti triunfar y obrar, Señor.

5. ¡Oh día feliz cuando el querer deviene en el perfecto hacer!
De prueba a paz llevados ya, la languidez no impedirá;
Que día a día aquí al vivir podamos fiel a Ti servir. Amén.

<small>Thomas Pollock; R. Wayne Andersen, Tr. con agradecimiento a Allan Román
© 2000 Publicaciones Faro de Gracia</small>

314 Oh Padre de la Santidad (328 EH; 417 HB)
DEAR LORD AND FATHER OF MANKIND (8.6.8.8.6.)

1. Oh, Padre de la santidad escucha nuestra voz;
Perdona todo nuestro errar,
Renueva el ser y hazlo adorar con reverencia, oh Dios.

2. Con fe sencilla tu llamar queremos percibir,
Y como aquellos junto al mar,
Tu voz de gracia al escuchar, en pos de Ti seguir.

3. Danos de Galilea la paz, bendito Salvador;
Oh, llénanos de tu solaz,
Y calma eterna que Tú das en prueba de tu amor.

4. Tu gracia en nuestras almas pon; quita el febril pensar,
Del alma quita la presión,
Que nuestras vidas confesión así hagan de tu paz.

5. Haz en nosotros reposar tu santa paz, Señor,
Y así podremos escuchar,
En viento, cielo, tierra y mar tu dulce voz de amor. Amén.

ARREPENTIMIENTO Y PERDON

315 De lo Profundo Clamo a Ti *(Salmo 130)* (240 TH)
OUT OF THE DEPTHS I CRY TO YOU (8.6.8.6.8.8.7)

1. De lo profundo clamo a Ti, escúchame clemente;
   Tu corazón inclina a mí y muéstrate indulgente.
   Porque si empiezas a indagar mis culpas todas e impiedad,
   ¿Cómo he de responderte?

2. Delante de tu santidad es mala nuestra vida;
   Y nuestra culpabilidad aumenta cada día.
   Las obras nuestras vanas son; tu gracia sola da el perdón.
   ¡Oh, ten misericordia!

3. Por tanto en Dios esperaré, luchando en todo tiempo;
   Y nunca más me confiaré en mis merecimientos.
   Promesas firmes de su amor, de gracia santa y de perdón,
   Me infunden esperanza.

4. Un día y otro pasará en dura lucha y pena;
   El alma mía esperará en la victoria plena,
   Que un día me concederá el Dios de luz y de verdad:
   No falta a su palabra.

5. Si muchas nuestras faltas son, mayor es su potencia;
   Si graves nuestras culpas son, más grande es su clemencia.
   El, como buen pastor y rey, rescatará su humilde grey
   De todos sus pecados. Amén.

   Martin Lutero; J.B. Cabrera, Tr.

316 Padre Amante, He Pecado (699 TH sin coro)
ORIGINAL IN SPANISH (8.7.8.7.)

1. Padre amante, he pecado y caído en tentación;
   Vengo a Ti arrepentido, dame un nuevo corazón.

2. Las tinieblas me han cercado y sumido en confusión;
   Vengo ansioso a suplicarte: Dame un nuevo corazón.

3. He seguido muchas veces los caminos del error;
   Soy rebelde y egoísta, dame un nuevo corazón.

4. Padre bueno que me escuchas, necesito tu perdón;
   Por tu gracia y tu clemencia, dame un nuevo corazón.

5. En la senda peregrina que conduce a perfección,
   Con la fe que es luz divina, dame un nuevo corazón.

317 Piedad (218 EH; 96 HVC)
ORIGINAL IN SPANISH (7.6.7.6.D. c/coro)

1. Señor, por tu clemencia, oh ten de mí piedad,
   Delante tu presencia confieso mi maldad;
   De todos mis pecados me redimiste Tú,
   Con sangre tan preciosa vertida en la cruz.

Coro:
   Piedad, piedad, te implora un pecador;
   Piedad, piedad, piedad de mí, Señor.

2. Señor Omnipotente, escucha mi oración,
   Y sé a mí clemente, indigno pecador;
   Cordero inmaculado, divino Redentor,
   Tú eres quien me has dado la eterna salvación.

3. Señor que en el Calvario me diste redención,
   Muriendo voluntario por mí, vil pecador;
   Bendito sea tu nombre por la eternidad,
   Que agonizante fuiste, Señor, por mi maldad.

Arreglo musical © 1964 George P. Simmonds. Usado con permiso.

318 Evidencias del Perdón de Dios (491 HB)
ENGLISH TITLE NOT KNOWN (S.M. o 6.6.8.6.)

1. ¿Podrá el pecador acaso aquí saber,
   Si le perdona el santo Dios, si suyo ha vuelto a ser?

2. En Cristo el pecador encuentra santidad;
   Y el favor y paz con Dios se hallan en verdad.

3. El don de fe en Jesús nos une a la vid;
   Cual pámpanos que fruto dan, se lo hemos de rendir.

4. En Cristo el Salvador creímos; y en la cruz
   Murió y dio al corazón descanso, paz y luz.

5. La gracia del Señor queremos proclamar;
   Las evidencias del perdón y de su libertad.

6. Su Espíritu nos da los dones del Señor,
   Las arras de su celestial y eternal amor.

ARREPENTIMIENTO Y PERDON

319 ¡Piedad, Oh Santo Dios! *(Salmo 51)* (231 EH; 414 HB)
SHOW PITY, LORD (8.8.8.8.)

1. ¡Piedad oh Santo Dios, piedad! Piedad te implora el corazón.
   Oh, lávame de mi maldad y dame gozo, paz, perdón.
2. Mis rebeliones graves son; son todas sólo contra Ti;
   Mas crea un nuevo corazón y un nuevo espíritu en mí
3. No quieres sacrificio, mas que el humillado corazón;
   Mi ofrenda no despreciarás ya que eres todo compasión.
4. Sálvame, Dios, con tu poder; pues mi esperanza es sólo en tí;
   Contrito aguardo tu querer; sé compasivo hacia mí. Amén.

320 Mi Corazón, Oh Examina Hoy (493 HB; 302 HFA)
SEARCH ME, O GOD (10.10.10.10.)

1. Mi corazón, oh examina hoy;
   Mis pensamientos prueba, Salvador.
   Ve, si en mí, perversidades hay;
   Por sendas rectas llévame, Señor.
2. Dame, Señor, más de tu santidad;
   Cumple tu clara voluntad en mí;
   Quita de mí orgullo y vanidad;
   Hazme que anhele honrarte, Dios, a Ti.
3. Manda, oh Señor, avivamiento aquí,
   Por tu Espíritu trabaja en mí;
   Suple en tu amor mi gran necesidad,
   Tu bendición celeste ahora da.
4. Tenme, Señor, ya me consagro a Ti,
   Llena mi alma con gracia y amor.
   Haz para Ti morada santa en mí,
   Soy sólo tuyo, Dios, mi Salvador.
5. Ruégote, Dios, tu obra eficaz,
   En Ti descansa nuestra humilde fe;
   Prometes, si buscáramos tu faz,
   Que en plenitud gocemos de tu Ser.

J. Edwin Orr; R. Wayne Andersen, Tr. Estrofas 2-5.

EXPERIENCIA DE SALVACION

321 El Buen Pastor Al Verme (45 Himnos y Cánticos del Evangelio; alt. 342 TH)
IN TENDERNESS HE SOUGHT ME (7.6.7.6.8.8. con coro)

1. El buen Pastor al verme perdido e infeliz,
   Buscóme donde estaba y me trajo a su redil;
   Salvándome El se gozó, y el cielo entero se alegró.

Coro:
   Soy salvo por su gracia, su tierno amor me sacia,
   Su preciosa sangre me lavó, y hasta hoy su brazo me guardó.

2. Me señaló sus llagas, su sangre me mostró;
   Me dijo: "Por salvarte la vida puse yo."
   Jamás oí nueva así, su voz de amor me acercó;

3. Me puso en sus hombros, y con su brazo fiel,
   Asegurado he estado; jamás me pierde El.
   Y en cada ansia y turbación su amor me da consolación.

4. Al recordar mi vida vacía de Jesús,
   No sé por qué quisiera morir por mí en la cruz;
   Mas confiando en su poder, la vida eterna me da El.

5. Yo encuentro en su presencia descanso y dulce paz;
   Y espero el grato día en que veré su faz;
   Y mientras en el mundo esté, sus alabanzas cantaré.

322 Amigo Fiel en Cristo Hallé (144 EH; 264 HVC)
I'VE FOUND A FRIEND (8.7.8.7.D.)

1. Amigo fiel en Cristo hallé, El tiernamente me ama;
   En la grandeza de su amor salvó por gracia mi alma;
   Pues cuando yo vagaba infiel, El me buscó fielmente,
   Ya suyo soy, y mío es El, es mío eternamente.

2. Amigo fiel en Cristo hallé, tan fiel en acogerme,
   Seguro guía y protector, potente en defenderme.
   No hay quien separe de su amor, que da constantemente,
   Pues suyo soy, y mío es El, es mío eternamente.

3. Amigo fiel en Cristo hallé, murió para salvarme;
   Mostrando su infinito amor me guarda para siempre.
   Mi todo en fiel consagración le entrego humildemente,
   Ya suyo soy, y mío es El, es mío eternamente. Amén.

J. G. Small. © 1939 George P. Simmonds, Tr. Usado con permiso.

EXPERIENCIA DE SALVACION

323 Oveja Vaga Fui (396 TH; alt.109 TH)
I WAS A WANDERING SHEEP (S.M.D. o 6.6.8.6.D.)

1. Oveja vaga fui, no amaba al buen Pastor,
   Su voz no quise yo seguir, ni el mando aceptar;
   Descarriado fui muy lejos de mi Dios,
   Amaba más lo sucio y vil que el ruego de su voz.

2. Buscaba el buen Pastor su oveja vaga y vil,
   Me perseguía en su amor llevándome al redil;
   Me halló en gran dolor, perdido e infeliz,
   En su bondad me rescató, curó mis llagas mil.

3. Jesús es mi Pastor, fue El que me amó,
   Pues, con su sangre me compró, y el mal El me quitó;
   Fue El que me buscó, su oveja encontró,
   Se dio a si mismo en mi favor, y hasta ahora El me guardó.

4. Sumisa oveja ya, yo amo al buen Pastor,
   Su voz ahora quiero oír, su mando acatar;
   Descarriado fui muy lejos de mi Dios,
   Mas ahora anhelo a El placer, y de El seguir en pos. Amén.

Horatius Bonar; R. Wayne Andersen, Tr. con agradecimiento a Allan Román
© 2000 Publicaciones Faro de Gracia

324 Con Alma y Voz Te Alabaré *(Salmo 138)* (582 TH; 174 HB)
ORIGINAL IN SPANISH (8.8.8.8.8.8.)

1. Con alma y voz te alabaré y yo tus glorias cantaré;
   Adoro yo tu majestad; te alabaré por tu verdad.
   Verdad y gracia sólo son en tu palabra bendición,
   En tu palabra bendición.

2. Clamé a Ti por mi salud; me dio tu ley, poder, virtud.
   Los justos gloria a Ti darán, pues tu justicia ya tendrán.
   Y cantarán con dulce son las glorias de tu salvación,
   Las glorias de tu salvación.

3. Señor que en luz y gloria estás, tu reino es de santa paz;
   Los malos no verán el bien, mas al humilde das sostén.
   En toda mi tribulación me das, Señor, consolación,
   Me das, Señor, consolación.

4. Tu diestra fiel extenderás; a mi adversario vencerás;
   Tu obra en mi corazón tendrá de Ti la perfección.
   Merced y gracia hay en Ti; me santifican pues a mí,
   Me santifican pues a mí. Amén.

325 Yo Te Busqué, Señor (397 TH)
I SOUGHT THE LORD (10.10.10.6.)

1. Yo te busqué, Señor, mas descubrí
   Que Tú impulsabas mi alma en ese afán;
   Que no era yo quien te encontraba a Ti:
   Tú me encontraste a mí.

2. Tu mano fuerte se extendió y así,
   Tomado de ella, sobre el mar crucé;
   Mas no era tanto que me asiera a Ti:
   Tú me alcanzaste a mí.

3. Te hallé y seguí, Señor, mi amor te di,
   Mas sólo fue en respuesta a tanto amor;
   Pues, desde antiguo mi alma estaba en Ti:
   Siempre me amaste así. Amén.

326 Mi Culpa El Llevó (267 HVC; 172 HB)
HE WASHED MY SINS AWAY (10.6.6.10.6. c/coro)

1. Cansado y triste vine al Salvador,
   Mi culpa El llevó, Mi culpa El llevó;
   Mi eterna dicha hallé en su favor, Mi culpa El llevó.

Coro:
   Mi culpa El llevó, Mi culpa El llevó; alegre siempre cantaré.
   Y al Señor gozoso alabaré, porque El me salvó.

2. Borrados todos mis pecados son,
   Mi culpa El llevó, Mi culpa El llevó;
   A El feliz elevo mi canción, Mi culpa El llevó.

3. Ya vivo libre de condenación;
   Mi culpa El llevó, Mi culpa El llevó;
   Y tengo paz y reconciliación, Mi culpa El llevó.

4. Si vienes hoy a Cristo, pecador,
   Tu culpa quitará, Tu culpa quitará;
   Perdón tendrás si acudes al Señor, Tu culpa quitará.

Coro:
   Tu culpa quitará, Tu culpa quitará, Y limpiará tu corazón;
   Y hoy dirás feliz en tu canción: "Mi culpa El quitó".

EXPERIENCIA DE SALVACION

327 Años Mi Alma en Vanidad Vivió (372 EH; 176 HB; 280 HVC)
AT CALVARY (9.9.9.4. c/coro)

1. Años mi alma en vanidad vivió,
   Ignorando a quien por mi sufrió,
   O que en el Calvario sucumbió el Salvador.

Coro:
   Mi alma allí divina gracia halló;
   Dios allí perdón y paz me dio,
   Del pecado allí me libertó el Salvador.

2. Por la Biblia miro que pequé,
   Y su ley divina quebranté;
   Mi alma entonces contempló con fe al Salvador.

3. En la cruz su amor Dios demostró;
   Y de gracia al hombre revistió,
   Cuando por nosotros se entregó el Salvador.

4. Toda mi alma a Cristo ya entregué,
   Hoy le quiero y sirvo como a Rey,
   Por los siglos siempre cantaré al Salvador.

328 En Pecados y Temor (471 HB)
LOVE LIFTED ME (7.6.7.6.7.6.7.4 c/coro)

1. En pecados y temor el Salvador me vio,
   Aunque indigno pecador sin merecer favor;
   En Calvario al morir mi vida rescató,
   Mi salud fue consumada en la cruz.

Coro:
   Ven al Señor, ¡oh pecador!
   Sólo El es tu Salvador, ven pecador.
   Ven al Señor, al Dios de amor;
   Escucha su tierna voz, ven pecador.

2. De los cielos descendió por amor Emmanuel;
   A la muerte derrotó dándonos salvación;
   Vida eterna al pecador le da por fe en El;
   De su esclavitud le da liberación.

3. A los cielos ascendió Cristo triunfante Rey,
   A la diestra de Jehová está mi Mediador,
   Intercede en mi favor, pues en amor me ve;
   Toda mi alma entrego a El, es mi Señor.

EXPERIENCIA DE SALVACION

329 El Oro y la Plata No Me Han Redimido (279 HVC)
NOR SILVER NOR GOLD (12.11.12.11. c/coro irr.)

1. El oro y la plata no me han redimido,
   Mi ser del pecado no pueden librar;
   La sangre de Cristo es mi sola esperanza,
   Su muerte tan solo me pudo salvar.

Coro:
   Me redimió, mas no con plata, me compró el Salvador;
   Con oro no, mas con su sangre, grande precio de su amor.

2. El oro y la plata no me han redimido,
   La pena terrible no pueden quitar;
   La sangre de Cristo es mi sola esperanza,
   Mi culpa su muerte la alcanza borrar.

3. El oro y la plata no me han redimido,
   La paz no darán ellos al pecador;
   La sangre de Cristo es mi sola esperanza,
   Tan solo su muerte me quita el temor.

4. El oro y la plata no me han redimido,
   La entrada en los cielos no pueden comprar;
   La sangre de Cristo es mi sola esperanza,
   Su muerte rescate consiguió ganar.

330 En Una Cruz a Cristo Vi (180 HB; alt.360 TH)
I SAW ONE HANGING ON A TREE (C.M. o 8.6.8.6. c/coro)

1. En una cruz a Cristo vi cuando El por mí sufrió;
   Los ojos El fijó en mí cuando El allí murió.

Coro: (alt. sin coro)
   ¡Oh cuánto amor el Salvador allí por mí mostró!
   Libre me fui al ver que allí Jesús por mí murió.

2. Y su mirada triste allí jamás olvido yo;
   Supe que me acusaba a mí, mas El jamás habló.

3. Sus males luego mi alma vio, pesares mil sufrí;
   Fue mi maldad que le causó morir allí por mí.

4. Y luego Cristo así me habló: "Ya perdonado estás;
   Pues, por tu redención sangré, y en mí vivir podrás."

John Newton. George P. Simmonds, Tr. © 1978 Casa Bautista de Publicaciones.
Todos los derechos reservados. Usado con permiso.

EXPERIENCIA DE SALVACION

331 Satisfecho Estoy (321 HB)
SATISFIED (8.7.8.7. c/coro)

1. En mi sed yo he buscado pura fuente de beber;
   Y esperaba que agua viva me calmara mi honda sed.

Coro:
   ¡Aleluya! He encontrado a Jesús, paz conocí.
   Satisfecho me ha dejado; por su gracia salvo fui.

2. En mi hambre yo comía sin mis fuerzas aumentar;
   Lo mejor siempre quería sin poderlo alcanzar.

3. Pobre fui, y las riquezas yo buscaba con afán;
   Mas el mundo sus tristezas me ofreció en vez de pan.

4. Fuente viva de agua pura, Pan de vida y todo aquí;
   Y riqueza bien segura: Jesucristo es para mí.

Clara T. Williams, Adolfo Robleto, Tr. © 1978 Casa Bautista de Publicaciones.
Todos los derechos reservados. Usado con permiso.

332 Jesús Me Incluye a Mí (182 HB)
JESUS INCLUDED ME (9.9.9.7. c/coro)

1. Salvo y feliz por Jesús ya soy, y por mi senda cantando voy;
   Sí, soy feliz, pues seguro estoy, que El me incluye a mí.

Coro:
   Jesús me incluye a mí, oh sí, me incluye a mí;
   En su tierno llamamiento, El me incluye a mí. (se repite)

2. Gozo al leer: "El que tenga sed,
   Venga a Jesús y en fe tened
   ¡Gozo inefable!" Muy bien lo sé que El me incluye a mí.

3. Siempre el Espíritu dice; "Ven,
   Pronto a la fuente de vida y bien."
   En su llamar me hace ver también, que El me incluye a mí.

4. Alma infeliz, ven y encontrarás,
   Gracia indecible, consuelo y paz;
   Ven sin tardar y saber podrás que El te incluye a ti.

Ultimo coro:
   Jesús te incluye a ti, oh sí, te incluye a ti;
   En su tierno llamamiento, El te incluye a ti. (se repite)

EXPERIENCIA DE SALVACION

333 Por Veredas Extraviadas Mal Hallé (301 HB)
COME, THOU WEARY (8.5.8.5.)

1. Por veredas extraviadas, ¡dulce Salvador!
   Mi alma, en busca de reposo, encontró dolor.
2. Sólo en mi poder confiado, la verdad busqué;
   Y tan sólo error y fraude por mi mal hallé.
3. Tengo sed de vida eterna, quiero en Ti beber;
   Lejos yo de tu presencia voy a perecer.
4. A los pies de Jesucristo ya postrado estoy;
   Habla, oh Señor, a mi alma, que tu siervo soy. Amén

334 Por Fe Contemplo Redención (282 HVC; 150 HFA)
THE CLEANSING STREAM (8.6.8.6. c/coro irr.)

1. Por fe contemplo redención, la fuente carmesí;
   Jesús nos da la salvación, su vida dio por mí.

Coro: La fuente sin igual hallé, de vida y luz el manantial;
   ¡Oh, gloria a Dios, me limpia a mí,
   Me limpia a mí, me limpia a mí!

2. Mi vida entrego a mi Jesús, las dudas El quitó;
   Mi alma goza en su luz, mis deudas El pagó.
3. ¡Cuán inefable gozo es saber que salvo soy!
   Mi Rey aquí es mi Jesús, al cielo sé que voy.
4. ¡Oh, gracia excelsa de mi Dios, profundo es el amor!
   De mi Jesús, vía de luz, Cordero Redentor.

335 Paz con Dios Busqué Ganarla (104 HVC; 334 HB)
THE SAVIOR'S PEACE (8.7.8.7. c/coro)

1. Paz con Dios busqué ganarla con cuidado y fervor,
   Más mis obras meritorias no me quitan Su furor.

Coro: ¡Oh qué obra hizo por mí! Que antes yo desconocí;
   Todo nuevo se me dio cuando Cristo me salvó.

2. Lleno estaba yo de dudas, temeroso de morir;
   Hoy en paz, mañana triste, con temor del porvenir.
3. Al final, desesperado, "Ya no puedo", dije yo;
   Y del cielo oí respuesta: "Todo hecho ya quedó."
4. De mis obras despojado, vi la obra de Jesús;
   Supe que la paz fue hecha por la sangre de su cruz.

EXPERIENCIA DE SALVACION

336 Junto a la Cruz (229 EH; 284 HVC; 458 HB)
DOWN AT THE CROSS (9.9.9.5. c/coro)

1. Junto a la cruz do murió el Salvador,
   Por mis pecados clamaba al Señor.
   ¡Que maravilla! Jesús me salvó.
   ¡A su nombre gloria!

Coro:
   ¡A su nombre gloria! ¡A su nombre gloria!
   ¡Que maravilla! Jesús me salvó.
   ¡A su nombre gloria!

2. Junto a la cruz recibí el perdón;
   Limpio en su sangre es mi corazón.
   Llena es mi alma de gozo y paz:
   ¡A su nombre gloria!

3. Sólo en la cruz hay un manantial
   De agua de vida cual puro cristal;
   Fue apagada por Cristo mi sed:
   ¡A su nombre gloria!

4. Ven sin tardar a la cruz pecador;
   Allí te espera Jesús, Salvador.
   Allí de Dios hallarás el perdón.
   ¡A su nombre gloria!

337 ¡Cuán Grande Amor! (429 HB)
I STAND AMAZED IN THE PRESENCE (8.7.8.7. c/coro)

1. Que Cristo me haya salvado tan malo como yo fui;
   Me deja maravillado, pues El se entregó por mí.

Coro:
   ¡Cuán grande amor! ¡Qué inmenso fue!
   El de Cristo para mí.
   ¡Cuán grande amor! ¡Qué inmenso fue!
   Pues por El salvado fui.

2. Oró por mí en el huerto: "No se haga mi voluntad".
   Y todo aquel sufrimiento causado fue por mi mal.

3. Por mí se hizo pecado, mis culpas en sí llevó.
   Murió en la cruz olvidado, mas mi alma El rescató.

4. Cuando al final con los santos su gloria contemplaré,
   Con gratitud y con cantos por siempre le alabaré.

EXPERIENCIA DE SALVACION

338 Redimido por Cristo (378, 444 HB; 276 HVC)
REDEEMED (9.8.9.8. c/coro)

1. Comprado con sangre por Cristo; con gozo al cielo yo voy;
   Librado por gracia infinita, ya sé que su hijo yo soy.

Coro: (378 HB; 276 HVC)
   Lo sé, lo sé, comprado con sangre yo soy;
   Comprado por sangre de Cristo, con gozo al cielo yo voy.

Coro: (444)
   Lo sé, lo sé, comprado con sangre yo soy;
   Lo sé, lo sé, con Cristo al cielo yo voy.

2. Soy libre de pena y culpa; su gozo El me hace sentir;
   El llena de gracia mi alma; con El es tan dulce vivir.

3. En Cristo yo siempre medito, y nunca le puedo olvidar;
   Callar sus favores no quiero; voy siempre a Jesús alabar.

4. Seguro sé que la belleza del gran Rey yo voy a mirar;
   Ahora me guarda y me guía, y El me llevará allá.

5. Yo sé que me espera corona, la cual a los fieles dará,
   Jesús Salvador; en el cielo mi alma con El estará.

Fanny J. Crosby, J. Ríos y W.C. Brand, Tr. © 1967 Broadman Press. Todos los derechos reservados. Usado con permiso de LifeWay Christian Resources.

339 Ya Pertenezco a Cristo (163 HVC; 459 HB)
NOW I BELONG TO JESUS (10.10.9.6. c/coro)

1. Cristo el Señor me ama por siempre,
   Cual hijo guárdame tiernamente.
   Vence el pecado, cuida del mal;
   Ya pertenezco a El.

Coro: Ya pertenezco a Cristo, El pertenece a mí;
   No sólo por el tiempo aquí, mas por la eternidad.

2. Cristo bajó del cielo a buscarme;
   Cubierto de pecado encontróme:
   Me levantó de vergüenzas mil,
   Ya pertenezco a El.

3. Gozo indecible inunda mi alma;
   Ya libertado estoy y mi vida,
   Llena está de felicidad;
   Ya pertenezco a El.

Norman J. Clayton. J.Arturo Savage, Tr. © 1971 Word Music, Inc / ASCAP. Todos los derechos reservados. Usado con permiso.

EXPERIENCIA DE SALVACION

340 Libres Estamos (272 HVC)
FREE FROM THE LAW (10.10.9.8. c/coro)

1. Libres estamos, Dios nos absuelve;
   Quita la culpa, paz nos devuelve;
   Nos vio perdidos, nos socorrió;
   Aunque enemigos, nos amó.

Coro:
   El nos redime, nada tememos;
   ¡Verdad sublime! En El gloriemos;
   Nuestra cadena Cristo rompió;
   Libres de pena nos dejó.

2. Ciegos cautivos, míseros siervos,
   En carne vivos, en alma muertos;
   La ley hollando cada acción;
   Nunca mostrando compunción.

3. Hoy libertados, ya no pequemos;
   Santificados, suyos seremos;
   Cristo bondad y amor demostró,
   Y de su ejemplo nos dejó.

341 Grato Es Contar la Historia (387 TH; 315 EH; 295 HVC; 464 HB)
I LOVE TO TELL THE STORY (7.6.7.6.D.)

1. Grato es contar la historia del celestial favor;
   De Cristo y de su gloria, de Cristo y de su amor;
   Me agrada referirla, pues sé que es la verdad;
   Y nada satisface cual ella mi ansiedad.

Coro:
   ¡Cuán bella es esa historia! Mi tema de victoria,
   Es esta antigua historia de Cristo y de su amor.

2. Grato es contar la historia que Dios perdona al mortal;
   Que en glorias y portentos no reconoce igual;
   Me agrada referirla, pues me hace mucho bien:
   Por eso a ti deseo decírtela también.

3. Grato es contar la historia que antigua, sin vejez,
   Parece al repetirla más dulce cada vez;
   Me agrada referirla, pues hay quien nunca oyó,
   Que para hacerle salvo el buen Jesús murió.

342 Hallé un Buen Amigo (281 HVC; 468 HB)
I FOUND A FRIEND IN JESUS (Irregular)

1. Hallé un buen amigo, mi amado Salvador;
   Contaré lo que El ha hecho para mí:
   Hallándome perdido e indigno pecador,
   Me salvó y hoy me guarda para sí.
   Me salva del pecado, me guarda de Satán;
   Promete estar conmigo hasta el fin.
   El consuela mi tristeza, me quita todo afán:
   ¡Grandes cosas Cristo ha hecho para mi!

2. Jesús jamás me falta, jamás me dejará;
   Es mi fuerte y poderoso protector.
   Del mal yo me separo y de la vanidad,
   Para consagrar mi vida al Señor.
   Si el mundo me persigue, si sufro tentación,
   Confiando en Cristo puedo resistir.
   La victoria me es segura y elevo mi canción:
   ¡Grandes cosas Cristo ha hecho para mi!

3. Yo se que Jesucristo muy pronto volverá,
   Y entre tanto me prepara un hogar.
   En la casa de mi Padre, mansión de luz y paz,
   Donde yo feliz con El he de morar.
   Llegando a la gloria, ningún pesar tendré:
   Contemplaré su rostro siempre allí.
   Con los santos redimidos gozoso cantaré:
   ¡Grandes cosas Cristo ha hecho para mí!

343 Vestido en Tu Justicia, Jesús (439 TH)
JESUS, THY BLOOD AND RIGHTEOUSNESS (L.M. o 8.8.8.8.)

1. Vestido en tu justicia, Jesús, gozo al estar yo ante el Juez,
   Y por tu sangre tengo paz en este mundo contumaz.

2. ¿Quién es el que condenará? Cristo por mí abogará;
   Su muerte fija mi perdón, ya libre soy de perdición.

3. Resucitado en Cristo al fin, llego a mi herencia, eterno bien;
   Aunque allí seguridad encuentro sólo en Su virtud.

4. Por tu merced, Jesús, sin par vamos por siempre a Ti loar,
   Eterna salvación nos diste y en gracia a tu nación salvas.

5. Que pueda el muerto despertar, y de tu gracia así gozar,
   Vestido en tu justicia y luz, eterna gloria a Ti, Jesús.

Conde Ludwig von Zinzendorf; R. Wayne Andersen, Tr. para mi hijo Nathanael
© 2000 Publicaciones Faro de Gracia.

344 Mi Salvador en Su Bondad (672 TH; 475 HB)
IN LOVING KINDNESS JESUS CAME (8.8.8.6. c/coro)

1. Mi Salvador en su bondad al mundo malo descendió;
   Y del abismo de maldad, El mi alma levantó.

Coro: La salvación me dio Jesús, cuando en su gracia me alcanzó;
   Estando en sombra a plena luz, en su bondad me levantó.

2. Su voz constante resistí, aunque El, amante, me llamó;
   Mas me venció su gracia así, y El me levantó.

3. Tortura cruel sufrió por mí; en mi lugar se dio, murió;
   Tan sólo así salvado fui, y El me levantó.

4. Que soy feliz, yo bien lo sé, con esta vida que El me dio;
   Mas no comprendo aún porqué, Jesús me levantó.

345 Jesús Me Redimió (436 HB)
SINCE I HAVE BEEN REDEEMED (C.M. o 8.6.8.6. c/coro)

1. Yo tengo un himno que entonar: Jesús me redimió;
   El vino mi alma a rescatar; de muerte me salvó.

Coro: Jesús me redimió, yo le glorificaré;
   En Jesús me gozaré; Jesús me redimió.
   A su nombre yo le cantaré.

2. Yo tengo en Cristo mi placer; pues, El me redimió;
   Su voluntad sí quiero hacer y agradarle yo.

3. Un testimonio debo dar: Jesús me redimió;
   Sin pena debo yo hablar de lo que El me dio.

4. Yo tengo listo un hogar: Jesús me redimió;
   Allí feliz podré morar en luz y esplendor.

Edwin O. Excell. Agustín Ruiz V., Tr. © 1978 Casa Bautista de Publicaciones. Todos los derechos reservados. Usado con permiso.

346 A Jesús Pertenecemos (317 HB; alt.491 TH)
ORIGINAL IN SPANISH (8.7.8.7.)

1. A Jesús pertenecemos; nos debemos alegrar:
   Que el gran Dios de cielo y tierra, El nos creó; sabrá guardar.

2. A Jesús pertenecemos; por nosotros El murió:
   Con el precio de su sangre de la muerte nos libró.

3. A Jesús pertenecemos; confiamos siempre en El:
   Y su Espíritu nos lleva por sus sendas, guía fiel.

4. A Jesús pertenecemos; redimidos por su amor;
   Y al Dios Trino y Uno damos gloria, bendición y honor. Amén.

347 Dulce Comunión (718 TH; 325 EH; 161 HVC; 319 HB)
LEANING ON THE EVERLASTING ARMS (10.9.10.9. c/coro)

1. ¡Dulce comunión la que gozo ya
En la gracia de mi Salvador!
¡Que gran bendición en su paz me da!
Que mis culpas perdonadas son.

Coro: Libre, salvo, del pecado y del temor,
Libre, salvo, en la gracia de mi Salvador.

2. ¡Cuán dulce es vivir, cuán dulce es gozar,
En la gracia de mi Salvador!
Allí quiero ir y con El morar,
Siendo objeto de su tierno amor.

3. No hay que temer, ni que desconfiar,
En la gracia de mi Salvador.
Por su gran poder El me guardará,
De los lazos del engañador.

348 Cerca, Más Cerca (266 EH; 165 HVC; 264 HB)
NEARER, STILL NEARER (9.10.9.10.)

1. Cerca, más cerca, ¡oh Dios, de Ti!
Cerca yo quiero mi vida llevar;
Más de tu gloria, muéstrame a mí!
Cerca a tu gracia que puede salvar,
Cerca a tu gracia que puede salvar.

2. Cerca, más cerca, cuál pobre soy,
Nada, Señor, yo te puedo ofrecer;
Sólo mi ser contrito te doy,
Para contigo la paz obtener,
Para contigo la paz obtener.

3. Cerca más cerca, Señor de Ti,
Quiero ser tuyo dejando el pecar;
Goces y pompas vanas aquí,
Todo, Señor, pronto quiero dejar,
Todo, Señor, pronto quiero dejar.

4. Cerca, más cerca, mientras el ser
Aliente vida y busque tu paz;
Y cuando al cielo pueda ascender,
Ya para siempre conmigo estarás,
Ya para siempre contigo estaré. Amén.

349 A los Pies de Jesucristo (145 HVC)
ORIGINAL IN SPANISH (8.7.8.7.D.)

1. A los pies de Jesucristo es el sitio aquí mejor,
   Escuchando, cual María, las palabras de su amor.
   A los pies de Jesucristo gozaré su comunión,
   Pues su mano fiel y tierna me ha provisto protección.

2. A los pies de Jesucristo hallo tierna compasión,
   El quitó ya mis afanes, y me dio su bendición.
   Puedo yo decirle a Cristo mis cuidados y temor,
   Y con El tendrá mi alma gozo, paz, eterno amor.

3. A los pies de Jesucristo yo tendré su bendición
   En sus ojos hay dulzura, y en su seno protección.
   ¡Qué feliz es el momento que yo paso junto a Ti!
   Ya anhelo el encuentro cuando vengas Tú por mí. Amén.

350 Cerca de Ti, Señor (260 EH; 219 HVC)
NEARER, MY GOD, TO THEE (6.4.6.4.6.6.6.4.)

1. Cerca de Ti, Señor, quiero morar;
   Tu grande y tierno amor quiero gozar;
   Llena mi pobre ser, limpia mi corazón,
   Hazme tu rostro ver en comunión.

2. Cerca de Ti, Señor, anhelo estar,
   Aunque una acerba cruz, tenga yo que alzar;
   Será mi canto aquí, ¡más cerca, oh Dios de Ti!
   Y siempre fiel seré, Señor, a Ti.

3. En lo que pase aquí vea yo tu faz,
   Pues, de tu mano es todo amor y paz;
   Tu gracia sin negar me das para alentar,
   En penas me acerqué más cerca a Ti.

4. Si peregrino soy, y de ansiedad
   Me llena, puesto el sol, la oscuridad;
   Tú acompañándome, más ya no temeré,
   Luego te alabaré más cerca a Ti.

5. Día feliz veré confiado en Ti,
   En que yo habitaré cerca de Ti;
   Mi voz alabará tu dulce nombre allí,
   Y mi alma gozará cerca de Ti. Amén.

UNION / COMUNION CON CRISTO

351 En Ti, Jesús, Dulce Es Pensar (542 TH; 69 EH; 305 HB)
JESUS, THE VERY THOUGHT OF THEE (C.M. o 8.6.8.6.)

1. En Ti, Jesús, dulce es pensar; a mi alma trae solaz.
   En Ti cuán dulce es descansar, y contemplar tu faz.
2. Jesús no puede el ser mortal más dulce nombre hallar;
   No puede el ángel otro igual al tuyo pronunciar.
3. Dulce esperanza, compasión, y gozo pleno das,
   Al penitente corazón que a Ti buscando va.
4. Sólo el que te halla, entenderá lo grande de tu amor;
   Pues lengua no hay que explicará lo que eres, oh Señor.
5. Hoy, también por la eternidad, oh Salvador Jesús,
   Sé nuestro premio en verdad, nuestra esperanza y luz. Amén.

Bernard de Clairvaux. © 1955 George P. Simmonds, Tr.   Usado con permiso.

352 Oh, Amor Que No Me Dejarás (594 TH; 314 EH; 355 HB)
OH, LOVE THAT WILL NOT LET ME GO (8.8.8.8.8.6.)

1. ¡Oh! amor que no me dejarás,
   Descansa mi alma siempre en Ti;
   Es tuya y tu la guardarás.
   Y en lo profundo de tu amor, más rica al fin será.
2. ¡Oh! luz que en mi sendero vas,
   Mi antorcha débil rindo a Ti;
   Su luz devuelve el corazón,
   Seguro de encontrar en Ti más bello resplandor.
3. ¡Oh! gozo que a buscarme a mí,
   Viniste con mortal dolor,
   Tras la tormenta el arco vi,
   Y la mañana yo lo sé, sin más dolor será.
4. ¡Oh! cruz que miro sin cesar,
   Mi orgullo, gloria y vanidad;
   Al polvo dejo, por hallar,
   La vida que en su sangre dio Jesús, mi Salvador. Amén.

353 Salvador, Mi Bien Eterno (275 EH; 167 HVC)
CLOSE TO THEE (8.7.8.7. c/coro)

1. Salvador, mi bien eterno, más que vida para mí,
   En mi fatigosa senda tenme siempre junto a Ti.
   Junto a Ti, junto a Ti, junto a Ti, junto a Ti;
   En mi fatigosa senda tenme siempre junto a Ti.

2. No me afano por placeres, ni renombre busco aquí;
   Vengan pruebas o desdenes, tenme siempre junto a Ti.
   Junto a Ti, junto a Ti, junto a Ti, junto a Ti;
   Vengan pruebas o desdenes, tenme siempre junto a Ti.

3. No te alejes en el valle de la muerte, sino allí,
   Antes y después del trance, tenme siempre junto a Ti.
   Junto a Ti, junto a Ti, junto a Ti, junto a Ti;
   Antes y después del trance, tenme siempre junto a Ti. Amén.

354 Escogido Fui de Dios (326 HB; 242 HFA)
ORIGINAL IN SPANISH (Irregular)

1. Escogido fui de Dios en el Amado.
   En lugares celestiales su bendición me dio,
   Antes de la creación su plan fue hecho,
   Por su santa voluntad.

Coro:
   Escondido en Cristo estoy, nadie me apartará;
   Y las fuerzas de este mundo no me podrán dañar.
   Vivo y ando en esta vida con seguridad,
   Porque me escogió mi Dios.

2. Tengo un sello que el Espíritu me ha dado.
   Cuando mi confianza puse sólo en mi Salvador;
   Prenda que el Señor me dio de vida eterna,
   Escogido fui de Dios.

3. Me escogió para alabanza de su gloria,
   Y sentóme en las alturas con Cristo mi Señor.
   Grande fue mi admiración al ver su gracia,
   Cuando me llamó mi Dios.

Victor Garrido © 1978 Singspiration Music / ASCAP. Todos los derechos reservados. Usado con permiso de Brentwood-Benson Music, Inc.

UNION / COMUNION CON CRISTO

355 Cristo, Acércame a la Cruz (704 TH; 319 EH; 157 HVC)
JESUS, KEEP ME NEAR THE CROSS (7.6.7.6. c/coro)

1. Cristo, acércame a la cruz, brota allí la fuente,
   Cuyas aguas de salud fluyen libremente.

Coro:
   Es la cruz de Jesús, mi esperanza eterna,
   El me amó y me salvó en su gracia tierna.

2. Cristo lejos de la cruz me encontró perdido;
   De tinieblas a la luz mi alma ha redimido.

3. Tu bendita cruz, Señor, que jamás olvide,
   Sino que en tu santo amor siempre yo medite.

4. En Jesús mi Salvador, pongo mi confianza;
   Toda mi necesidad suple en abundancia.

5. Cerca de mi buen Pastor vivo cada día;
   Toda gracia en su Señor halla el alma mía.

6. Junto a la divina cruz sea mi desvelo,
   Hasta que el Señor Jesús me llamare al cielo.

© George P. Simmonds, Tr. estrofas 1-3, 6; Usado con permiso.
Tomás García, Tr. estrofas 4,5, y coro.

356 Como el Ciervo Ansioso Brama *(Salmo 42)* (246 TH; alt.148 TH)
AS THE HART PANTS AFTER WATER (8.7.8.7.7.7.8.8.)

1. Como el ciervo ansioso brama frescas aguas por beber,
   Así siente toda mi alma del Dios vivo grande sed;
   Mi alma tiene sed de Dios, del Dios vivo, de su amor;
   ¿Cuándo iré ante su presencia a gozar de su clemencia?

2. Pan de lágrimas amargas constituye mi porción;
   Búrlanse los enemigos, "Dinos, ¿dónde está tu Dios?"
   Mi recuerdo con dolor vuelve al templo del Señor,
   Donde con tu grey un día te alabé con alegría.

3. No te abatas, alma mía, ni te turbes en tu fe;
   Cantarás a Dios un día, El que vela por tu bien;
   Tu clamor escuchará el Señor, y enviará
   Su clemencia y consuelo, El que cambia en gozo el duelo.

4. Solamente en Dios espera, no te canses de esperar;
   Pon en El confianza entera, pues aún lo has de alabar;
   Que no hay otra salvación, ni otro Dios, oh corazón,
   Canta lleno de alegría a tu Padre noche y día. Amén.

UNION / COMUNION CON CRISTO

357 Día a Día (152 HVC; 364 HB)
DAY BY DAY (10.9.10.9.D.)

1. Día a día Cristo está conmigo, me consuela en medio del dolor;
   Pues, confiando en su poder eterno, no me afano, ni me da temor.
   Sobrepuja todo entendimiento, la perfecta paz del Salvador;
   En su amor tan grande e infinito siempre me dará lo que es mejor.

2. Día a día Cristo me acompaña, y me brinda dulce comunión.
   Todos mis cuidados El los lleva, a El le entrego mi alma y corazón.
   No hay medida del amor supremo de mi bondadoso y fiel Pastor;
   El me suple lo que necesito, pues, el Pan de Vida es mi Señor.

3. Oh, Señor, ayúdame este día a vivir de tal manera aquí,
   Que tu nombre sea glorificado; pues, anhelo honrarte sólo a Ti.
   Con la diestra de tu gran justicia, me sustentas en la turbación;
   Tus promesas son sostén y guía, siempre en ellas hay consolación.
   Amén.

358 Al Andar con Jesús (700 TH; 373 EH; 291 HVC; 422 HB)
TRUST AND OBEY (6.6.9.6.6.9. c/coro)

1. Al andar con Jesús no hay senda mejor,
   Que guardar sus mandatos de amor;
   Obedientes a El siempre habremos de ser,
   Y tendremos de Cristo el poder.

Coro:
   Obedecer y confiar en Jesús,
   Es la regla marcada para andar en la luz

2. Cuando vamos así, ¡cómo brilla la luz,
   En la senda al andar con Jesús!
   Su promesa de estar con los suyos es fiel,
   Obedecen y esperan en El.

3. Quien siguiere a Jesús sus caminos verá,
   Si confiado su vida le da;
   Ni terrores ni afán, ni ansiedad ni dolor,
   Pues, lo cuida su amante Señor.

4. Mas sus dones de amor nunca disfrutarás,
   Si rendido no vas a sus pies,
   Pues su paz y su amor sólo son para aquel,
   Que a sus leyes divinas es fiel.

359 Cristo Es Mi Dulce Salvador (664 TH; 112 HVC; 457 HB)
JESUS IS ALL THE WORLD TO ME (Irregular)

1. Cristo es mi dulce Salvador, mi bien, mi paz, mi luz;
   Mostróme su infinito amor muriendo en dura cruz.
   Cuando estoy triste encuentro en El, consolador y amigo fiel;
   Consolador y amigo fiel es Jesús.

2. Cristo es mi dulce Salvador, su sangre me compró;
   Con sus heridas y dolor la paz con Dios adquirió:
   Dicha inmortal allá tendré, con Cristo siempre reinaré,
   Dicha inmortal allá tendré con Jesús.

3. Cristo es mi dulce Salvador, mi eterno Redentor,
   ¡Oh! nunca yo podré pagar la deuda de su amor.
   Le seguiré fiel en la luz, no temeré llevar su cruz;
   No temeré llevar su cruz con Jesús.

4. Cristo es mi dulce Salvador, por El salvado soy:
   La Roca de la Eternidad, en quien seguro estoy;
   Gloria inmortal allá tendré, con Cristo siempre reinaré,
   Gloria inmortal allá tendré con Jesús.

360 ¡Cuán Bienaventurado Es! *(Salmo 112)* (289 TH)
ORIGINAL IN SPANISH (8.8.6.8.8.6.6)

1. ¡Cuán bienaventurado es El hombre cuyo gozo es
   La ley de su Señor!
   Su prole participará del bien que Cristo le dará;
   Tendrá poder, valor viviendo en su temor.

2. Prosperidad su hogar tendrá, riquezas él alcanzará,
   En manos de Jesús;
   Cimientos firmes al tener podráse siempre sostener;
   Verán con gran vigor su nombre con honor.

3. Del mal no teme, con razón, con Dios está su corazón;
   Con El reposará.
   Sus enemigos al venir podrá con ellos combatir,
   Con ellos lidiará y los derrotará.

4. Al pobre suele confortar con dones que acostumbra dar,
   Con liberalidad;
   Y su justicia puede ver que resplandece por doquier,
   En su posteridad tendrá la potestad. Amén.

361 Cada Momento (708 TH; 368 HB)
MOMENT BY MOMENT (10.10.10.10.)

1. Muerto con Cristo, la vida encontré;
   Viviendo en Cristo, mi gozo hallé;
   Hasta que llegue su gloria a ver,
   Cada momento le entrego mi ser.

Coro: (opcional)
   Cada momento me guardas, Señor;
   Cada momento en gracia y amor;
   Vida abundante yo tengo en Ti,
   Cada momento Tú vives en mí.

2. ¿Tengo flaquezas o débil estoy?,
   Cristo me dice: "Tu Amparo yo soy";
   Cada momento, en tinieblas o luz,
   Siempre conmigo está mi Jesús.

3. Yo acudo al trono de gracia con fe;
   Oye mi voz, y mis lágrimas ve,
   Cristo Jesús en el cielo, y allí,
   Cada momento se acuerda de mí.

4. Cristo es mi Roca, mi Libertador;
   El es mi Escudo, mi gran Defensor;
   En días de lucha a El miraré,
   Cada momento, y salvo seré.

362 El Placer de Mi Alma (27 HVC; 438 HB)
ALL THAT THRILLS MY SOUL IS JESUS (Irregular)

1. ¿Quien podrá con su presencia impartirme bendición?
   Sólo Cristo y su clemencia pueden dar consolación.

Coro:
   Sólo Cristo satisface mi transido corazón;
   Es el Lirio de los Valles y la Rosa de Sarón.

2. Su amor no se limita, es su gracia sin igual,
   Su merced es infinita, más profunda que mi mal.

3. Redención sublime y santa, imposible de explicar;
   Que su sangre sacrosanta, mi alma pudo rescatar.

4. Cristo suple en abundancia toda mi necesidad;
   Ser de El es mi ganancia, inefable es su bondad.

Thoro Harris. H.T. Reza, Tr. © 1949 renovado 1979, Nazarene Publishing House.
Todos los derechos reservados. Usado con permiso de The Copyright Co.

UNION / COMUNION CON CRISTO

363 Dime la Historia de Cristo (685 TH; 228 EH; 287 HVC; 456 HB)
TELL ME THE STORY OF JESUS (8.7.8.7.D. c/coro irr.)

1. Dime la historia de Cristo, grábala en mi corazón;
   Dime la historia preciosa; ¡Cuán melodioso es su son!
   Di como cuando nacía; ángeles con dulce voz,
   "Paz en la tierra," cantaron, "y en las alturas gloria a Dios."

Coro:
   Dime la historia de Cristo, grábala en mi corazón;
   Dime la historia preciosa; ¡Cuán melodioso es su son!

2. Dime del tiempo en que a solas en el desierto se halló;
   De Satanás fue tentado, mas con poder lo venció.
   Dime de todas sus obras, de su tristeza y dolor,
   Pues sin hogar, despreciado, anduvo nuestro Salvador.

3. Di cuando crucificado, El por nosotros murió;
   Di del sepulcro sellado, di como resucitó.
   En esa historia tan tierna miro las pruebas de amor,
   Mi redención ha comprado el bondadoso Salvador.

Fanny J. Crosby. © 1967 George P. Simmonds, Tr. Todos los derechos reservados. Usado con permiso.

364 Su Eterno y Grande Amor (324 HB)
LOVED WITH EVERLASTING LOVE (7.7.7.7.D.)

1. Su eterno y grande amor he podido conocer
   Por la gracia del Señor que me hace comprender.
   Por el pobre pecador, ¡Qué abrigo, calma y paz!
   Para siempre es su amor; mío es El no pido más. [bis:]

2. Más azul el cielo está; tiene el campo más verdor.
   Mas belleza encuentro ya porque vivo en su amor.
   Aves con más dulce voz, plantas bellas del vergel,
   Me hablan del amor de Dios: Suyo soy y mío es El. [bis:]

3. Las alarmas y el terror no me pueden ya alcanzar;
   En los brazos del Señor puedo ahora descansar.
   Cuando me encuentro aquí fiando en este Amigo fiel,
   Yo me acuerdo que es así: suyo soy y mío es El. [bis:]

4. Para siempre suyo soy; nada de El me apartará;
   Ya feliz con El yo voy; de su amor me llenará.
   Cielo y tierra pasarán, mas veré su dulce faz;
   Gozo y luz se acabarán; suyo soy no pido más. [bis:]

365 Sol De Mi Ser (346 TH; 24 EH; 23 HVC)
SUN OF MY SOUL (L.M. o 8.8.8.8.)

1. Sol de mi ser, mi Salvador, contigo vivo sin temor;
   No quieras esconder jamás de mí la gloria de tu faz.

2. Al sueño blando al entregar mi cuerpo para descansar,
   Pensando en Ti recordaré dijiste, "Te protegeré".

3. Y por el día conmigo esté, sin Ti no puedo existir,
   Anocheciendo en paz seré si me acompañas al morir.

4. A tu hijo caído en tentación, oramos, "dale corrección";
   Tu obra ahora en gracia haz para que ande en santidad.

5. Por tu amor consuela a él que necesita ayuda fiel;
   Al afligido en su dolor dale tu paz y luz, Señor.

6. Tu bendición al despertar concédeme y que al transitar,
   Cual peregrino a tu mansión alcance paz y salvación. Amén.

George W. Doane. Lorenzo Alvarez, Tr. estrofas 1, 2, 6;
R. Wayne Andersen, Tr. estrofas 3, 4, 5.

366 Cuando Sopla Airada la Tempestad (306 HVC)
WE HAVE AN ANCHOR (10.10.10.10. c/coro)

1. Cuando sopla airada la tempestad,
   Y tu barca en grave peligro está,
   ¿Tienes tal confianza y seguridad,
   Sin tener un ancla que apoyo da?

Coro:
   Ancla tenemos, que nos dará apoyo firme en la tempestad,
   En la Roca Eterna fija está, sólo allí tendremos seguridad.

2. Arrecifes hay que marcando van,
   El sendero triste de muerte cruel,
   Donde vidas mil naufragando están,
   Sin tener un ancla ni timonel.

3. Más segura está mientras rugen más,
   Los furiosos vientos de la maldad,
   Cuyas iras no romperán jamás,
   Nuestra grande y firme seguridad.

4. En la negras ondas de la ansiedad,
   Cuando soplan vientos de destrucción,
   Nuestra barca cruza la inmensidad,
   Del Señor llevando la protección.

367 Oh Jesús, Mi Salvador (427 ii TH; 209 EH; 167 HB)
JESUS, LOVER OF MY SOUL (7.7.7.7.D.)

1. ¡Oh Jesús, mi Salvador! mi alma va volando a Ti,
   Mientras viene con furor la tormenta sobre mí;
   Guárdame, Señor Jesús, hasta verla ya pasar;
   Y a seguro puerto Tú lleva mi alma a descansar.

2. Otro asilo ninguno hay; indefenso acudo a Ti;
   Mi necesidad me trae, y mi fuerza vana vi.
   Solamente en Ti, Señor, creo hallar consuelo y luz;
   Vengo lleno de temor a los pies de mi Jesús.

3. Cristo, encuentro todo en Ti, y no necesito más;
   Caído, me pusiste en pie; débil, ánimo me das;
   Es tu nombre santo y fiel, yo soy todo iniquidad;
   Lleno estoy de mal, e infiel; Tú, de gracia y de verdad.

4. Gracia plena hallo en Ti para mi maldad limpiar,
   Que esta fluya para mí, quiero puro en Ti morar;
   Tú, el vivo manantial, déjame de Ti beber,
   Que tu vida eternal brote siempre en mi ser. Amén.

Charles Wesley; T.M. Westrup, Tr. estrofas 2-3; R. Wayne Andersen, Tr. estrofa 4.

368 ¡Oh, Cristo Mío! (166 HVC)
ORIGINAL IN SPANISH (Irregular)

1. ¡Oh, Cristo mío! Eres Tú mi Amigo fiel;
   Seguro amparo sólo en Ti tendré;
   En mis aflicciones, buen Jesús, iré a Ti,
   Y consuelo y dicha me darás, oh sí.

Coro:
   Cristo, ven más cerca; paz perfecta en mi alma pon;
   Cerca, si, más cerca de mi corazón.

2. Cuando en la noche vea yo estrellas mil,
   Tu voz hermosa pueda mi alma oír;
   Haz que yo medite en tu tierno y dulce amor,
   Y que yo te alabe, lleno de fervor.

3. Cuando esta vida tenga yo que abandonar,
   Corona hermosa tu me ceñirás;
   Y con dulce canto tu bondad alabaré,
   Y en mansión de gloria siempre moraré.

SEGURIDAD / CONSOLACION EN CRISTO

369 Reposa Mi Alma (579 TH)
BE STILL, MY SOUL (10.10.10.10.10.10)

1. Reposa, mi alma, Dios contigo está,
   Y con paciencia lleva tu dolor;
   Confía en tu Dios, que te ha de sustentar,
   En lo que mande, fiel es el Señor;
   Reposa en El, tu Amigo celestial,
   Sus pasos por tu bien te ha de enseñar.

2. Reposa, mi alma, pues hoy como ayer,
   Y en el mañana Dios te habrá de guiar;
   Tu fe, esperanza en El has de guardar,
   Lo más oscuro al fin se aclarará.
   Reposa en El, las olas de la mar,
   A su gran voz se dejan sujetar.

3. Reposa, mi alma, en pérdida cruel,
   Y el todo oscuro te hace desmayar;
   Por ella Dios su amor te enseña fiel,
   Y en tu temor y angustia paz dará;
   Reposa en El, tu pena El pagará,
   Por lo quitado más recibirás.

4. Reposa, mi alma, el día llegará,
   En que estaremos con el Salvador,
   Su majestad, su amor nos llenará,
   Y ya no habrá tristeza ni dolor.
   Reposa en El, que en aquel hogar,
   Su paz eterna hemos de gozar. Amén.

Katharina von Schlegel; Jane Borthwick, Tr. al inglés; M.J. de Caudill y F.J. Pagura, Tr. al español; R. Wayne Andersen, Tr. estrofa 3.

370 No Tengo Altivo Corazón (Salmo 131) (101 TH; alt.346 TH)
NOT HAUGHTY IS MY HEART (L.M. o 8.8.8.8.)

1. No tengo altivo corazón ni hay en mis ojos vanidad;
   Nada deseo, mi Señor, más de lo que en tu amor me das.

2. Cual niño que a su madre va abandonando su temor,
   Así mi alma en Dios tendrá seguridad y protección.

3. Espera en el eterno Dios ahora y por la eternidad;
   Aguarda en paz su salvación, recíbele con humildad. Amén.

SEGURIDAD / CONSOLACION EN CRISTO

371 El Que Habita al Abrigo de Dios *(Salmo 91)* (154 HVC; 220 HB)
ORIGINAL IN SPANISH (Irregular)

1. El que habita al abrigo de Dios morará bajo sombras de amor,
   Su esperanza y castillo Jehová será, y en sus alas feliz vivirá.

Coro:
   Oh, yo quiero habitar al abrigo de Dios,
   Sólo allí encontraré paz y profundo amor.
   Mi delicia es con El comunión disfrutar,
   Y por siempre su nombre alabar.

2. El que habita al abrigo de Dios muy feliz ciertamente será;
   Dios dará, con sus ángeles protección,
   Y sus pies nunca resbalarán.

3. El que habita al abrigo de Dios, consagrado a su voluntad,
   Puesto en alto, saciado en su plenitud,
   De Jehová gozará la salud.

Luz y Rafael Cuna. © 1978 Singspiration Music / ASCAP. Todos los derechos reservados. Usado con permiso de Brentwood-Benson Music, Inc.

372 Seguridad (327 HB)
ENGLISH TITLE NOT KNOWN (11.10.11.10)

1. Aun cuando cruja la tierra en temblores,
   La fidelidad de Dios firme está.
   Su paz le brinda al que sufre dolores;
   Pues su promesa El cumplirá.

2. Y si la paz se la mira turbada,
   Y grandes cambios infunden temor,
   Dios siempre vese inmóvil,
   Pues nada podrá a su pueblo causarle pavor.

3. Poder nos da en los graves peligros,
   Su ayuda es fiel siempre que hay frustración;
   El fuerte es para darnos alivio,
   Y en la tormenta nos da protección.

4. Y tus mandatos, oh Dios, conocemos;
   Ven, pues, ayúdanos con tu poder;
   Y mientras vuelves, Señor, ya sabemos,
   Que en tu esperanza podremos crecer. Amén.

Lina Sandell. Adolfo Robleto, Tr. © 1978 Casa Bautista de Publicaciones. Todos los derechos reservados. Usado con permiso.

373 En el Ocaso, Junto a Ti (336 TH)
AT EVEN, WHEN THE SUN WAS SET (L.M. o 8.8.8.8.)

1. En el ocaso, junto a Ti, enfermos, presa del dolor,
   Al ser librados de sufrir Te daban gloria, oh Señor.

2. De nuevo vuelve a oscurecer, y circundados por el mal,
   A Ti acudimos, y por fe, sabemos que muy cerca estás.

3. Oh Cristo, aleja nuestro mal, nuestras tristezas y dolor;
   Muchos no Te han sabido amar dejaron otros ya tu amor.

4. Ninguno tiene plena paz, nadie está libre de pecar,
   Y aquel que anhela amarte más, es quien más siente su maldad.

5. Oh Cristo, eres Tú también hombre probado en tentación;
   Nuestras heridas puedes ver, nuestra vergüenza y confusión.

6. Tu mano tiene aún poder y tu palabra frutos da;
   En este ocaso, Cristo, ven, y sana a todos, por piedad. Amén

374 Estoy Bien con Mi Dios (580 TH; 110 HVC; 330 HB)
IT IS WELL WITH MY SOUL (11.8.11.9. c/coro)

1. De paz inundada mi senda ya esté,
   O cúbrala un mar de aflicción,
   Mi suerte cualquiera que sea, diré:
   "Estoy bien, estoy bien con mi Dios."

Coro:
   Estoy bien con mi Dios;
   Estoy bien, estoy bien con mi Dios.

2. Ya venga la prueba o me tiente satán,
   No menguan mi fe, ni mi amor,
   Pues Cristo comprende mis luchas, mi afán;
   Y su sangre obrará en mi favor.

3. ¡Qué hecho glorioso el saber que Jesús
   Libróme de yugo opresor!
   Quitó mi pecado, clavólo en la cruz:
   Gloria demos al buen Salvador.

4. La fe tornaráse en feliz realidad,
   Al irse la niebla veloz;
   Desciende Jesús con su gran majestad,
   ¡Aleluya, estoy bien con mi Dios!

375 Cuando Combatido por la Adversidad (159 HVC; 236 HB)
COUNT YOUR BLESSINGS (11.11.11.11. c/coro)

1. Cuando combatido por la adversidad,
   Creas ya perdida tu felicidad;
   Mira lo que el cielo para ti guardó,
   Cuenta las riquezas que el Señor te dio.

Coro:
   ¡Bendiciones, cuántas tienes ya!
   Bendiciones, Dios te manda más;
   Bendiciones, te sorprenderás,
   Cuando veas lo que Dios por ti hará.

2. ¿Andas agobiado por algún pesar?
   ¿Duro te parece esa cruz llevar?
   Cuenta las promesas del Señor Jesús,
   Y de las tinieblas nacerá la luz.

3. Cuando de otros veas la prosperidad,
   Y tus pies te lleven tras de su maldad,
   Cuenta las riquezas que tendrás por fe,
   Donde el polvo es oro que hollará tu pie.

376 Del Amor Divino (587 TH; 301 EH; 376 HB)
ORIGINAL IN SPANISH (6.5.6.5.D. c/coro)

1. Del amor divino, ¿quién me apartará?
   Escondido en Cristo, ¿quién me tocará?
   Si Dios justifica, ¿quién condenará?
   Cristo por mi aboga, ¿quién me acusará?

Coro:
   A los que a Dios aman, todo ayuda a bien;
   Esto es mi consuelo, esto es mi sostén. Amén

2. Todo lo que pasa en mi vida aquí,
   Dios me lo prepara por amor de mí;
   En mis pruebas duras, Dios me es siempre fiel,
   ¿Por qué pues las dudas? Yo descanso en El.

3. Plagas hay y muerte a mi alrededor;
   Ordenó mi suerte el que es Dios de amor;
   Ni una sola flecha me podrá dañar,
   Si El no lo permite, no me alcanzará.

377 No Tengo Temor (388 HB)
NO, NEVER ALONE (Irregular)

1. Cristo está conmigo, ¡Qué consolación!
Su presencia aleja todo mi temor;
Tengo la promesa de mi Salvador:
"No te dejaré nunca; siempre contigo estoy."

Coro:
No tengo temor, no tengo temor;
Jesús me ha prometido: "Siempre contigo estoy."
No tengo temor, no tengo temor;
Jesús me ha prometido: "Siempre contigo estoy."

2. Fuertes enemigos cerca siempre están;
Cristo está más cerca, guárdame del mal;
"Ten valor" me dice, "Soy tu defensor;
No te dejaré nunca, siempre contigo estoy."

3. El que guarda mi alma, nunca se dormirá;
Si mi pie resbala, El me sostendrá;
En mi vida diaria es mi protector;
Cuán fiel es su palabra: "Siempre contigo estoy."

378 Cuán Admirable Es Cristo (473 HB)
WONDERFUL, WONDERFUL JESUS (Irregular)

1. No hay día tan largo y triste, una noche tan larga no hay;
Pues el alma que en Cristo confía, doquiera podrá cantar.

Coro:
Cuán admirable es Cristo,
En mi pecho El pone un cantar;
Un himno de triunfo, de gozo y vigor,
En mi alma El pone un cantar.

2. No habrá una cruz tan cruenta; un pesar tan fatal no habrá;
Pues Jesús nos ayuda a llevarlos: su gracia no faltará.

3. No hay carga o pena dura; tan enorme conflicto no hay;
Mi Jesús con amor alivia la carga mas fatal.

4. Pecador no lo hay tan grande, que perdido en el mundo esté,
Que Jesús en su gracia infinita no pueda hoy dar perdón.

Anna B. Russell, Agustín Ruiz V., Tr. © 1978 Casa Bautista de Publicaciones.
Todos los derechos reservados. Usado con permiso.

379 Te Cuidará el Señor (696 TH; 60 EH; 229 HB)
GOD WILL TAKE CARE OF YOU (Irregular)

1. Nunca desmayes cuando hay afán, te cuidará el Señor.
   Sus fuertes alas te cubrirán; te cuidará el Señor.

Coro: Te cuidará el Señor; no te verás solo jamás;
   Velando está su amor; te cuidará el Señor.

2. Cuando flaqueare tu corazón, te cuidará el Señor.
   En tus conflictos y tentación te cuidará el Señor.

3. De sus riquezas El te dará; te cuidará el Señor.
   Jamás sus bienes te negará; te cuidará el Señor.

4. Que pruebas vengan, no importa, no; te cuidará el Señor.
   Tus cargas todas en Cristo pon; te cuidará el Señor.

380 Señor Jesús, la Luz del Día Se Fue (335 TH; 28 EH; 215 HVC; 221 HB)
ABIDE WITH ME (10.10.10.10.)

1. Señor Jesús, la luz del día se fue,
   La noche cierra ya, conmigo sé;
   Sin otro amparo, Tú, por compasión,
   Al desvalido da consolación.

2. Veloz se va la vida con su afán,
   Su gloria, sus ensueños pasarán;
   Mudanza y muerte miro en derredor,
   Conmigo sé, bendito Salvador.

3. Siempre tu gracia yo he menester,
   ¿Quién otro al tentador podrá vencer?
   ¿Cuál otro amante guía encontraré?
   En sombra o sol, Señor, conmigo sé.

4. Vea yo al fin en mi postrer visión
   De luz la senda que me lleve a Sion,
   Y alegre cantaré al triunfar la fe:
   "Jesús conmigo en vida y muerte fue." Amén.

381 ¡Dulces Momentos Consoladores! (518 TH)
COME YE DESCONSOLATE (11.10.11.10.)

1. ¡Dulces momentos consoladores los que yo paso junto a la cruz!
   Allí sufriendo crueles dolores veo al Cordero, Cristo Jesús.

2. Veo los brazos de su amor abiertos que me convidan llegar a El,
   Y haciendo suyos mis desaciertos, por mí sus labios gustan la hiel.

3. ¡Dulces momentos, ricos en dones de paz y gracia, de vida y luz!
   Solo hay consuelos y bendiciones cerca de Cristo, junto a la cruz.

382 ¡Paz, Paz, Dulce Paz! (105 HVC)
SWEET PEACE, THE GIFT OF GOD'S LOVE (Irregular)

1. La santa quietud Dios me dio; molestias carnales quitó;
   La paz inviolable infundió su paz, el don de su amor.

Coro:
   ¡Paz, paz, dulce paz! Célico don del Señor.
   La siento en mi ser más y más su paz, el don de su amor.

2. Mis cuitas, pesar y ansiedad, murmullo y afán de verdad,
   Tornáronse por su bondad en paz, el don de su amor.

3. Reposo y celeste placer, y dulce solaz han de haber;
   El hace abundar en mi ser su paz, el don de su amor.

4. Podrás a la carne morir, su brazo guardarte sentir,
   Sabrás cuán glorioso es vivir en paz, el don de su amor.

383 Cual la Mar Hermosa (587 TH; 108 HVC)
LIKE A RIVER GLORIOUS 6.5.6.5.D. c/coro)

1. Cual la mar hermosa es la paz de Dios,
   Fuerte y gloriosa es eterna paz;
   Grande y perfecta, premio de la cruz;
   Fruto del Calvario, obra de Jesús.

Coro:
   Descansando en Cristo siempre paz tendré;
   En Jehová confiando nada temeré.

2. En la mano fuerte de mi Padre Dios,
   Nunca hay molestias, hay perfecta paz;
   Nunca negra duda, pena ni pesar,
   Vejaciones crueles no me asediarán.

3. Toda nuestra vida cuidará Jesús,
   Cristo nunca cambia, El es nuestra paz;
   Fuertes y seguros en el Salvador,
   Siempre moraremos en su grande amor.

4. Oh, Señor amado, Tú nos das quietud;
   De Ti recibimos celestial salud;
   Haznos conocerte, te amaremos más,
   Sé Tú nuestro dueño, Príncipe de paz.

Ultimo coro:
   Descansando en Cristo tengo siempre paz;
   En Jehová confiando hallo gran solaz.

384 En Jesucristo, Fuente de Paz (170 HVC; 306 EH; 323 HB)
BLESSED ASSURANCE (9.9.9.9. c/coro)

1. En Jesucristo, fuente de paz, en horas negras de tempestad,
   Hallan las almas dulce solaz, grato consuelo, felicidad.

Coro:
   Gloria cantemos al Redentor que por nosotros vino a morir;
   Y que la gracia del Salvador siempre dirija nuestro vivir.

2. En nuestras luchas, en el dolor, en tristes horas de tentación,
   Calma le infunde, santo vigor, nuevos alientos al corazón.

3. Cuando en la lucha, falta la fe y el alma vese desfallecer,
   Cristo nos dice: "Siempre os daré gracia divina, santo poder."

385 Grande Gozo Hay en Mi Alma Hoy (273 HVC; 465 HB)
THERE IS SUNSHINE IN MY SOUL TODAY (Irregular)

1. Grande gozo hay en mi alma hoy, pues Jesús conmigo está;
   Y su paz que ya gozando estoy, por siempre durará.

Coro:
   Grande gozo, ¡cuán hermoso! Paso todo el tiempo bien feliz;
   Porque tengo en Cristo grata y dulce paz,
   Grande gozo siento en mí.

2. Hay un canto en mi alma hoy, melodías a mi Rey;
   En su amor feliz y libre soy, y salvo por la fe.

3. Paz divina hay en mi alma hoy, porque Cristo me salvó;
   Las cadenas rotas ya están; Jesús me libertó.

4. Gratitud hay en mi alma hoy, y alabanzas a Jesús;
   Por su gracia a la gloria voy, gozándome en la luz.

386 La Paz, el Don de Mi Dios (320 HB)
SWEET PEACE (L.M. o 8.8.8.8. c/coro)

1. Por Cristo la paz hecha fue; muriendo mi deuda pagó.
   No hay otra manera en que hay paz entre mi Dios y yo!

Coro:
   ¡Paz, paz!, sí, paz; don recibido de Dios.
   ¡Que maravillosa es la paz; la paz, el don de mi Dios!

2. En mi corazón tengo paz, sirviendo fielmente a mi Rey;
   Es fácil su yugo llevar y es justa su santa ley.

3. Jesús permanece fiel, no habrá tentación, ni dolor,
   Ni cosa que puede excluirnos de Dios y de su amor.

387 Paz, Dulce Paz (590 TH; 327 EH)
PEACE, PERFECT PEACE (10.10.)

1. Paz, dulce paz que brota de la cruz,
   Nos habla paz la sangre de Jesús.

2. Paz, dulce paz; hacer la voluntad,
   De Cristo en nuestra vida trae la paz.

3. Paz, dulce paz; ¿hay penas y dolor?
   Descanso y paz tendréis en el Señor.

4. Paz, dulce paz en la separación,
   La paz de Cristo da consolación.

5. Paz, dulce paz en cuanto al porvenir,
   Jesús nos guía y guarda hasta el morir.

6. Paz, dulce paz; ¿hay muerte en derredor?
   Jesús venció la muerte y su temor.

7. Paz, dulce paz; no tardará Jesús,
   Y nos dará celeste paz y luz. Amén.

388 Nada Puede Ya Faltarme *(Salmo 23)* (180 HVC)
ENGLISH TITLE NOT KNOWN (L.M.D. o 8.8.8.8.D.)

1. Nada puede ya faltarme, porque Dios mis pasos guía,
   A la tierra saludable, en diversos frutos rica.
   Dulce néctar de reposo son sus aguas cristalinas;
   Ellas dan salud al alma y la llenan de delicias.

2. Me conduce por la senda de su ley con mano pía,
   En amor a su gran nombre, fuente viva de justicia;
   Cuando el tenebroso valle cruce de la muerte fría,
   No tendré temor alguno, siendo Dios el que me guía.

3. Con su vara y su cayado me dará consuelo y vida;
   Y ante los que me persiguen mesa me pondrá surtida.
   Con el bálsamo divino mi cabeza aromatiza;
   Y rebosa ya la copa que me colma de alegría.

4. La misericordia santa seguirá la senda mía;
   Y de Dios en las mansiones moraré por largos días.
   Nada puede ya faltarme, porque Dios mis pasos guía,
   A la tierra saludable, en divinos frutos rica. Amén.

389 No Temas Tú, Pequeña Grey (470 TH)
FEAR NOT, O LITTLE FLOCK (8.8.7.D.)

1. No temas tú, pequeña grey, si del averno el mismo rey
   Tratara de perderte por senda oscura y de terror
   Llenando el alma de pavor, pues no podrá vencerte.

2. Valiente sé, pues tú estás en esa causa sin igual
   De quien hará justicia; Supremo juez es el Señor,
   De sus promesas cumplidor; Su ayuda es propicia.

3. Si Dios y su palabra son de permanente duración,
   Sabed que es el infierno un antro eterno de dolor;
   Mas uno sois en el Señor; ¡Es vuestro el triunfo eterno! Amén.

390 Es Jesús Mi Amante Guía (505 TH; 283 EH; 216 HB; 189 HVC)
ALL THE WAY MY SAVIOR LEADS ME (8.7.8.7.D.)

1. Si Jesús es quien me guía, ¿cómo más podré temer?
   ¿Dudaré de su porfía si mi herencia en El tendré?
   Tierna paz en El ya gozo, suyo soy ya por la fe;
   En la lucha o el reposo en su amparo confiaré. [bis:]

2. Es Jesús mi amante guía, mi esperanza, mi solaz;
   Mi consuelo es en el día, y en la noche grata paz.
   Mi poder en la flaqueza, mi maná, mi libertad;
   Es mi amparo en la tristeza; suple mi necesidad. [bis:]

3. Es Jesús mi amante guía, de mi ser, consolación;
   De lo que antes carecía El me imparte en profusión.
   En la gloria me promete divinal seguridad;
   El será mi brazo fuerte, Guía por la eternidad. [bis:]

Fanny Crosby. Honorato T. Reza, Tr. © 1962 renovado 1990, Lillenas Publishing Co.
Todos los derechos reservados. Usado con permiso de The Copyright Company.

391 Peregrinos en Desierto (59 EH; 175 HVC; alts.501, 275 TH)
GUIDE ME, O THOU GREAT JEHOVAH (8.7.8.7.8.7.)

1. Peregrinos en desierto, guíanos, Señor Jehová,
   Somos débiles; tu fuerte diestra nos apoyará;
   Pan del cielo, pan del cielo a tu humilde pueblo da.

2. Tú, la fuente misma, danos agua viva espiritual;
   Nuestra suerte está en tus manos y la herencia del mortal.
   Dios benigno, Dios benigno, líbranos de todo mal.

3. Desvanece los terrores de la orilla del Jordán;
   Por Ti más que vencedores haz que entremos a Canaán;
   Tus bondades, tus bondades, tema eterno nos darán.

392 Dios Hasta Aquí Me Acompañó (240 TH)
TRANSLATED FROM GERMAN (8.7.8.7.8.8.7)

1. Dios hasta aquí me acompañó con su gracia y cariño;
   De día y noche me guardó cual tierno padre al niño;
   El hasta aquí mi guía fue, fortaleció mi débil pie,
   Y me allanó el camino.

2. Loor y gracias siempre doy a Dios por sus bondades;
   Con su favor bendito soy por todas las edades;
   En mi memoria escrito está el mucho bien que Dios nos da,
   Mostrando sus piedades.

3. Ayúdanos, oh fiel Señor, cual nos has ayudado;
   Las culpas borra, oh Redentor, Dí: "Todo es perdonado."
   En vida y muerte miro a Ti, condúceme cual hasta aquí,
   Bajo tu buen cayado. Amén.

393 ¡Oh Maestro y Mi Señor! (329 TH; 91 HB)
ORIGINAL IN SPANISH (7.7.7.7.)

1. ¡Oh Maestro y mi Señor! yo contigo quiero andar;
   En tu gracia y salvación sólo puedo yo confiar.

2. Eres mi profeta y Rey, mi divino Salvador;
   Soy oveja de tu grey; eres Tú mi buen Pastor.

3. Dime Tú lo que he de ser, las palabras que he de hablar,
   Lo que siempre debo hacer, como debo yo pensar.

4. Sólo así feliz seré en mi vida espiritual,
   Sólo así morar podré en la patria celestial. Amén.

394 Me Guía El (500 TH; 183 HVC; 227 HB)
HE LEADETH ME (L.M.D. o 8.8.8.8.D.)

1. Me guía El, con cuánto amor, en sendas justas, mi Señor;
   En todo tiempo puedo ver, con mano tierna me guía El.

Coro:
   Me guía El, me guía El, con cuánto amor me guía El;
   No abrigo dudas ni temor; pues me conduce el buen Pastor.

2. En el abismo del dolor o donde intenso brilla el sol,
   En dulce paz o en lucha cruel, con gran certeza le sigo a El.

3. La mano quiero yo tomar de Cristo; nunca vacilar,
   Cumpliendo con fidelidad su sabia y santa voluntad.

4. Y la carrera al terminar, el alba eterna al vislumbrar,
   No habrá ni dudas ni temor, pues me guiará mi buen Pastor.

395 Sé Tú Mi Visión (226 HB; alt.335 TH)
BE THOU MY VISION (10.10.10.10)

1. Oh Dios, de mi alma, sé Tú mi visión,
   Nada te aparte de mi corazón.
   Noche y día pienso yo en Ti,
   Y tu presencia es luz para mí.

2. Sabiduría, sé Tú de mi ser,
   Quiero a tu lado mi senda correr;
   Yo soy tu hijo, tenme Señor
   Siempre morando en un mismo amor.

3. Sé mi escudo, mi espada en la lid,
   Mi única gloria, mi dicha sin fin;
   Del alma amparo, mi torreón;
   A las alturas condúceme, Dios.

4. Riquezas vanas no anhelo, Señor,
   Ni el vano halago de la adulación;
   Tú eres mi herencia, Tú mi porción,
   Rey de los cielos tesoro mejor.

5. Oh Rey de gloria, del triunfo al final,
   Guíame al cielo, tu hogar
   Luz de mi alma, dueño y señor,
   En vida o muerte sé Tú mi visión. Amén.

396 Desde el Cielo Cristo Llama (491 TH; 337 HB)
JESUS CALLS US (8.7.8.7.)

1. Desde el cielo Cristo llama con benigna voz de amor;
   A su redimido manda: "Ven y sigue a tu Señor."

2. En la vida cotidiana, con sus cuitas y dolor,
   Tanto más su voz nos dice: "Amarás a tu Señor."

3. De lo mundano y su culto Cristo llama a su amor,
   De la idolatría vana que separa del Señor.

4. En la tentación del malo Cristo llama al corazón;
   Brinda gracia, paz, consuelo, gozo eterno y redención.

5. Como buen Pastor nos cuida, nuestro amante Salvador;
   Su llamada fiel nos guía y su brazo protector.

6. Cristo llama; por tu gracia, haznos hoy oír tu voz,
   Que nosotros desde ahora, te sirvamos con fervor. Amén.

Cecil F. Alexander; R. Wayne Andersen, Tr.

397 Cristo, Cual Pastor (644 TH; 284 EH; 186 HVC)
SAVIOUR, LIKE A SHEPHERD LEAD US (8.7.8.7.8.7.)

1. Cristo, cual Pastor, oh guía nuestros pasos en tu amor;
   Nuestras almas siempre cuida, guárdalas, oh Salvador;
   Cristo amante, Cristo amante, nos compraste por tu amor;
   Cristo amante, Cristo amante, somos tuyos ya, Señor.

2. Tuyos somos, fiel amigo, sé Tú nuestro Defensor;
   Da al rebaño tuyo abrigo de este mundo pecador;
   Cristo amante, Cristo amante, oye nuestra petición;
   Cristo amante, Cristo amante, oye nuestra petición.

3. Aunque somos tan indignos, nos prometes recibir;
   Y Tú ofreces bendecirnos, del pecado redimir;
   Cristo amante, Cristo amante, te buscamos hoy, Señor;
   Cristo amante, Cristo amante, te buscamos hoy, Señor.

4. ¡Oh Pastor, hoy Te buscamos! Te pedimos tu favor;
   Danos de tu amor rogamos; óyenos, buen Salvador.
   Cristo amante, Cristo amante, ¡en tu amor cuán fiel estás;
   Cristo amante, Cristo amante, ¡hasta el fin nos amarás! Amén.

© 1939 George P. Simmonds. Usado con permiso.

398 Yo Soy Peregrino (352 HB)
WE'RE MARCHING TO ZION (6.6.8.8.6.6. c/coro)

1. Señor, escucha ya; a Ti mi ruego va;
   Mi Salvador, bendito sé; tu siervo quiero ser, Señor;
   Oír tu voz de amor, seguirte por la fe.

Coro:
   Yo soy peregrino; guíame por tu camino.
   Por Ti maestro divino, seguir tu verdad quiero yo.

2. Cumplir tu voluntad, andar en tu verdad:
   Señor Jesús me enseñarás; tan sólo quiero en Ti confiar;
   Tu nombre venerar y así vivir en paz.

3. Mi pobre corazón feliz consolación,
   Espera de su Redentor; perdón y gracia, dulce paz,
   Que de tu plenitud al penitente das.

4. ¡Cuán grande es tu amor! más grande que el terror,
   Que puede dar la muerte cruel; me salvarás en tu redil,
   Del enemigo vil por tu promesa fiel.

399 Yo Te Seguiré (336 HB)
FOLLOW, I WILL FOLLOW THEE (8.5.8.5. c/coro)

1. Puedo oír la voz de Cristo, yo le seguiré;
   Hoy me llama con ternura; no demoraré.

Coro:
   Siempre yo te seguiré, Señor, por tus sendas de amor.
   En tus manos mi futuro está; yo te seguiré, Señor.

2. El me llama a cada hora yo le seguiré;
   Y el poder de su presencia yo conoceré.

3. El me llama a cada día, yo le seguiré;
   El me guía y el camino nunca perderé.

400 Me Condujo el Salvador (228 HB; 229 HFA)
JESUS LED ME ALL THE WAY (8.8.8.7. c/coro)

1. Un día el mundo dejaré y a las mansiones llegaré;
   Sé que al entrar yo cantaré: "Me condujo el Salvador."

Coro:
   Me condujo el Salvador, paso a paso con amor,
   A los santos y a los ángeles diré al descansar:
   "Me condujo el Salvador."

2. Si puedo recordar allí el recorrido hecho aquí,
   Yo seguiré cantando así: "Me condujo el Salvador."

3. Ya que hasta aquí me encaminó y cada paso dirigió,
   Pues seguiré cantando yo: "Me condujo el Salvador."

John W. Peterson. Marjorie J. de Caudill, Tr. © 1954 renovado 1982, John W. Peterson Music Co. Todos los derechos reservados. Usado con permiso.

401 Contigo, Cristo, Quiero Andar (101 TH; 257 EH; 353 HB)
O MASTER, LET ME WALK WITH THEE (L.M. o 8.8.8.8.)

1. Contigo, Cristo, quiero andar, y en tu servicio trabajar;
   Dame tu gracia, amor y poder para servirte a tu placer.

2. Enséñame como alcanzar al que yo debo rescatar;
   Sus pies anhelo encaminar en sendas que van a tu hogar.

3. Enséñame paciente a ser, contigo que halle mi placer,
   Que crezca en fuerza espiritual y en fe que venza todo mal.

4. Dame esperanza para que pueda el futuro ver con fe.
   Para poder tu paz gozar contigo, Cristo, quiero andar. Amén

Washington Gladden. © 1978 George P. Simmonds. Usado con permiso.

402 Danos la Fe de Jesús (487 TH; 293 EH; 202 HVC; 149 HB)
FAITH OF OUR FATHERS (8.8.8.8.8.8.)

1. Omnipotente Padre Dios, danos la fe del Salvador,
   Que a nuestros padres fue sostén en tiempos de angustia y dolor.
   ¡Hasta la muerte, en Cristo estén nuestra esperanza y nuestra fe!

2. Danos la fe que trae el poder de tentación y prueba vencer,
   Que fieras no podrán batir, ni dominarla el opresor.
   ¡Hasta la muerte, en Cristo estén nuestra esperanza y nuestra fe!

3. Danos la fe que dio valor a los soldados de la cruz,
   Que en cumplimiento del amor dieron su vida por Jesús.
   ¡Hasta la muerte, en Cristo estén nuestra esperanza y nuestra fe!

4. Danos la fe que dé virtud para enfrentarnos con el mal,
   Y por palabra y por acción buen testimonio siempre dar.
   ¡Hasta la muerte, en Cristo estén nuestra esperanza y nuestra fe!

5. Danos la fe que da el poder que ayuda al débil a triunfar,
   La fe que sufre con amor y puede en el dolor cantar.
   ¡Hasta la muerte, en Cristo estén nuestra esperanza y nuestra fe!

403 Fe la Victoria Es (382 HB)
FAITH IS THE VICTORY (C.M.D. o 8.6.8.6.D.)

1. Soldados del Señor Jesús, pendones levantad;
   Luchad valientes que la luz muy pronto acabará.
   Al enemigo combatid con gran celeridad,
   Por fe en Jesús al mundo vil, podréis así ganar.

Coro:
   Fe la victoria es; la que en Cristo es:
   Fe la victoria es, del mundo vencedora.

2. Su amor pendón es de bondad, su ley herencia fiel;
   La senda de la santidad seguimos por doquier.
   Por fe en Jesús el Salvador y con la oración,
   El Redentor nos llevará a su eterna mansión.

3. Al que venciere Dios dará ropaje sin igual;
   Su nombre allá confesará Jesús, el Inmortal.
   Nuestra alma por la eternidad a Dios alabará;
   Por darnos fe y la santidad, que al mundo vencerán.

John H. Yates. H.T. Reza, Tr. © 1962 renovado 1990, Lillenas Publishing Co. Todos los derechos reservados. Usado con permiso de The Copyright Co.

404 Mi Esperanza y Fe Reposa en el Señor (523 NTH)
MY HOPE IS IN THE LORD (6.6.8.4. c/coro)

1. Mi esperanza y fe reposa en el Señor,
   Quien en la cruz sufrió el mal en mi favor.
Coro: Por mí murió, resucitó,
   Y vida eterna plenamente El me dio.
2. Sin mérito ante Dios, su ira a alejar,
   La sangre sola de Jesús me librará.
3. Ahora en Cristo estoy en sitio celestial,
   Por sus heridas suyo soy, unido en El.
4. Por gracia sola, pues, tenemos este don,
   Y por la fe en Jesús hallamos el perdón.

Norman J. Clayton, R. Wayne Andersen, Tr. © 1945 renovado 1973 Wordspring Music, Inc. / SESAC. Todos los derechos reservados. Usado con permiso.

405 Por Una Fe (265 TH; alt.259 TH)
ENGLISH TITLE NOT KNOWN (C.M. o 8.6.8.6.)

1. Por una fe capaz, Señor, de soportar el mal,
   Que no vacile ante el furor de fuerza terrenal.
2. Que no murmure en la ansiedad, que crezca en el rigor,
   Y que en las horas de pecar su apoyo busque en Dios.
3. Que resplandezca más y más del mar en el fragor,
   Y pueda siempre superar la duda y el temor.
4. Señor, concédenos tal fe que pueda anticipar,
   La dicha que por fin tendré en el eterno hogar. Amén.

406 Objeto de Mi Fe (454 TH; 267 EH; 101 HVC; 389 HB)
MY FAITH LOOKS UP TO THEE (6.6.4.6.6.6.4.)

1. Objeto de mi fe, divino Salvador, propicio sé;
   Cordero de mi Dios, libre por tu bondad;
   Libre de mi maldad yo quiero ser.
2. Consagra el corazón que ha de pertenecer a Ti, no más;
   Calmar, fortalecer, gracia comunicar;
   Mi celo acrecentar, te dignarás.
3. La senda al recorrer, obscura y de dolor, Tú me guiarás;
   Así tendré valor, así podré vivir;
   Así podré morir en dulce paz.
4. Pues el camino sé de celestial mansión, luz y solaz;
   Bendito Salvador, Tú eres la verdad,
   Vida, confianza, amor, mi eterna paz.

FE Y ESPERANZA

407 Confío Yo en Cristo (177 TH; 47 HVC; 332 HB)
BENEATH THE CROSS OF JESUS (7.6.7.6.D.)

1. Confío yo en Cristo, que en la cruz murió;
   Y por su muerte, listo, voy a la gloria yo.
   Con sangre tan valiosa, mis culpas lava El,
   La derramó copiosa el santo Emanuel.

2. Me cubre tu justicia de plena perfección;
   Tú eres mi delicia, mi eterna salvación.
   Descargo mi pecado en Ti, mi Salvador,
   Cordero inmolado de Dios que me amó.

3. ¡Loor al Inocente, al que me da salud!
   El sólo es la fuente de toda plenitud;
   Jesús, en Ti descanso; reposo Tú me das;
   Y en tu gracia llego al cielo donde estás.

4. Venir a Ti me invitas a disfrutar Señor,
   La comunión divina y celestial amor.
   Espero yo mirarte, oír tu dulce voz;
   Espero alabarte, ¡mi Salvador, mi Dios!

408 Segura Mi Esperanza Está (582 TH; 309 EH; 155 HVC)
MY HOPE IS BUILT ON NOTHING LESS (L.M. o 8.8.8.8. c/coro)

1. Segura mi esperanza está en la justicia de Jesús,
   Y mis pecados expiará el sacrificio de su cruz.

Coro:
   Jesús será mi protección, la Roca de mi salvación,
   La Roca de mi salvación.

2. La tempestad jamás podrá su dulce faz de mí ocultar;
   Su luz gloriosa en mi alma está, en El confío sin cesar.

3. En sus promesas confiaré en medio de la tentación;
   Ya salvo soy, en El hallé la Roca de mi salvación.

4. Cuando ante Dios y el juicio esté, confiado Cristo me hallará,
   Pues, su justicia dándome, sin mancha me presentará.

© 1964 George P. Simmonds. Todos los derechos reservados. Usado con permiso. R. Wayne Andersen, Tr. estrofa 4.

409 Todas las Promesas del Señor (310 EH; 156 HVC; 331 HB)
STANDING ON THE PROMISES (11.11.11.9. c/coro)

1. Todas las promesas del Señor Jesús,
Son apoyo poderoso de la fe;
Mientras luche aquí cercano de su luz,
Siempre en sus promesas confiaré.

Coro:
Grandes, fieles, las promesas que el Señor Jesús ha dado,
Grandes, fieles, en ellas para siempre confiaré.

2. Todas sus promesas permanecen fiel;
El Señor en sus bondades cumplirá.
Y confiado sé que para siempre en El,
Paz eterna mi alma gozará.

3. Todas las promesas del Señor serán,
Gozo y fuerza en nuestra vida terrenal;
Ellas en la dura lid nos sostendrán,
Y triunfar podremos sobre el mal.

410 ¡Oh Cuán Dulce Es Fiar en Cristo (169 HVC; 270 EH; 377 HB)
'TIS SO SWEET TO TRUST IN JESUS (8.7.8.7. c/coro)

1. ¡Oh cuán dulce es fiar en Cristo, y entregarse todo a El;
Esperar en sus promesas, y en sus sendas serle fiel!

Coro:
Jesucristo, Jesucristo, ya tu amor probaste en mí;
Jesucristo, Jesucristo, siempre quiero fiar en Ti.

2. Es muy dulce fiar en Cristo, y cumplir su voluntad,
No dudando su palabra, que es la luz y la verdad.

3. Siempre es grato fiar en Cristo, cuando busca el corazón,
Los tesoros celestiales de la paz y del perdón.

4. Siempre en Ti confiar yo quiero, mi precioso Salvador;
En la vida y en la muerte protección me dé tu amor.

411 Yo Se a Quien He Creído (712 TH; 325 HB)
I KNOW WHOM I HAVE BELIEVED (Irregular)

1. No sé por qué la gracia del Señor me hizo conocer;
   Ni sé por qué su salvación me dio, y salvo soy por El.

Coro:
   Mas yo sé a quién he creído,
   Y es poderoso para guardarme;
   Y en ese día glorioso iré a morar con El.

2. No sé por qué la gracia del Señor en mí por fe se demostró;
   Ni sé por qué si sólo creo en El, la paz encontraré.

3. No sé por qué el Espíritu de Dios convence del pecar;
   Ni sé por qué revela al pecador cuán negra es la maldad.

4. No sé la hora en que el Señor vendrá, de día o en oscuridad;
   ¿Será en el valle o en el mar que mi Jesús vendrá?

Daniel W. Whittle, Salomón Mussiett C., Tr. © 1978 Casa Bautista de Publicaciones. Todos los derechos reservados. Usado con permiso.

412 Cuál Es Esa Gran Verdad (517 HB; alt.435 TH)
WHAT IS THIS GREAT THING I KNOW? (Irregular)

1. ¿Cuál es esa gran verdad que me da felicidad?
   ¿Quién es El en quien confié; y en Quién me gloriaré?
   Jesucristo el Salvador.

2. ¿Quién derrotó a satanás? ¿Quién por pena me da paz?
   ¿Quién mitiga mi aflicción y restaura el corazón?
   Jesucristo el Salvador.

3. ¿Quién la vida eterna da? ¿Quién venció la muerte ya?
   ¿Quién en gloria me sentó a la diestra del gran Dios?
   Jesucristo el Salvador.

4. ¡Esa es la gran verdad que me da felicidad!
   Creo en Quien por mí murió, Quien también resucitó:
   Jesucristo el Salvador. Amén.

413 En el Lugar de Oración (528 TH; 320 EH)
FROM EVERY STORMY WIND (L.M. o 8.8.8.8.)

1. En todo apuro y cruel dolor, y cuando asalta el tentador,
   Da ayuda Dios en la aflicción en el lugar de oración.

2. Acceso grato el Salvador provee por sangre al Dios de amor;
   El dulce hogar de comunión es el lugar de oración.

3. El pueblo redimido y fiel encuentra santa unión en él,
   Por fe y amor es la reunión en el lugar de oración.

4. ¿Y dónde pudo el alma huir y en tiempos duros combatir
   Al malo en su vil tentación? En el lugar de oración.

5. La fe cual alas alzará el alma en rapto celestial,
   Pues, Dios se digna a acercar en el lugar de oración.

6. Que nunca cese la oración, y al Salvador la adoración;
   La prez del libre corazón en el lugar de oración. Amén.

   Hugh Stowell; © 1964 George P. Simmonds, Estrofa 1. Usado con permiso.
   Estrofas 2-6, R. Wayne Andersen, Tr.

414 Alma Mía, Pide a Dios (531 TH; alt. 433 EH, 583 TH)
COME MY SOUL THY SUIT PREPARE (7.7.7.7.)

1. Alma mía, pide a Dios, El espera oír tu voz;
   Quien invítanos a orar, no nos puede rehusar.

2. Haz a tu divino Rey grandes súplicas con fe;
   Pues no hay tal necesidad que no supla en su bondad.

3. Mi primera petición: Por mis deudas da perdón;
   Con tu sangre lávame, del pecado líbrame.

4. Vengo, a Ti a descansar; pleno a mí ven a reinar.
   De mí toma posesión; te consagro el corazón.

5. Mientras en el mundo estoy y un peregrino soy,
   Mi Amigo y Guarda sé; hasta el cielo guíame.

6. En tus pasos guíame; nuevamente esfuérzame.
   Hazme en fe, Señor, vivir y en tu santidad morir.

   John Newton. © 1964 George P. Simmonds, Tr. Estrofa 1; Usado con permiso.
   Estrofas 3-6 David Vater, Tr.

LA ORACION

415 Todas Tus Ansias y Tu Pesar (431 HB)
ALL YOUR ANXIETIES, ALL YOUR CARE (irr. 9.8.9.8. c/coro)

1. Si hay en tu vida algunas penas,
   Si hay en tu alma algún pesar,
   Trae a la cruz tus ansiedades;
   Todo allí podrás dejar.

Coro:
   Todas tus ansias y tu pesar,
   Puedes al pie de la cruz dejar.
   Cristo tus cargas podrá llevar;
   El es tu fiel abrigo.

2. No hay cual Jesús tan fiel amigo;
   Tus peticiones El oirá;
   Sólo en El tendrás descanso;
   Tus oraciones contestará.

3. Ven en seguida; no demores.
   Oye su tierna invitación;
   No hay que temer, El no te engaña,
   Y tendrás paz en tu corazón.

416 ¡Oh Dulce, Grata Oración! (534 TH; 317 EH; 120 HVC; 413 HB)
SWEET HOUR OF PRAYER (L.M.D. o 8.8.8.8.D.)

1. A Ti, Dios mío, en oración, con mi cuidado terrenal,
   Allégome, y de corazón te manifestaré mi mal;
   ¡Oh cuántas veces tuve en Ti, refugio de la tentación!
   Y ¡cuántas cosas recibí de Ti, Dios mío en oración!

2. A Ti, Dios mío en oración, confiando en tu fidelidad,
   Elevaré mi petición, la voz de mi necesidad;
   Yo sé que escucharás allá, que me darás tu bendición,
   Que fortaleza me vendrá de Ti, Dios mío en oración.

3. Ahora, oh Dios, en oración aliento y gozo a mi alma da,
   En este mundo de aflicción, de orar necesidad habrá;
   Mas desde el día en que yo esté contigo en suma perfección,
   Mis oraciones cambiaré en una eterna adoración.

417 Rasgóse el Velo (122 HVC; 195 TH; 118 EH)
ORIGINAL IN SPANISH (C.M. o 8.6.8.6)

1. ¡Rasgóse el velo! Ya no más distancia mediará;
   Al trono mismo de su Dios el alma llegará.
2. ¡Rasgóse el velo, sombras, id! La luz resplandeció;
   La cara misma de su Dios Jesús ya reveló.
3. Rasgóse el velo, hecha está eterna redención;
   El alma pura y limpia ya no teme perdición.
4. Rasgóse el velo, Dios abrió los brazos de su amor;
   Entrar podemos donde entró Jesús, el Salvador.
5. El Salvador sentado está en alta majestad,
   Purgados los pecados ya según la santidad.
6. Entremos pues, Oh, adorad al Dios de amor y luz;
   Las preces y las gracias dad en nombre de Jesús. Amén.

418 ¡Oh, Qué Amigo Nos Es Cristo! (533 TH; 318 EH; 121 HVC; 409 HB)
WHAT A FRIEND WE HAVE IN JESUS (8.7.8.7.D.)

1. ¡Oh qué amigo nos es Cristo! El llevó nuestro dolor,
   Y nos manda que llevemos todo a Dios en oración.
   ¿Vive el hombre desprovisto de paz, gozo y santo amor?
   Esto es porque no llevamos todo a Dios en oración.
2. ¿Vives débil y cargado de cuidados y temor?
   A Jesús, refugio eterno, dile todo en oración.
   ¿Te desprecian tus amigos? Cuéntaselo en oración;
   En sus brazos de amor tierno paz tendrá tu corazón.
3. Jesucristo es nuestro amigo, de esto prueba nos mostró,
   Pues, para llevar consigo al culpable, se humanó.
   El castigo de su pueblo en su muerte El sufrió;
   Cristo es un amigo eterno; ¡Sólo en El confío yo!

419 Al Trono de la Gracia (568 TH)
BEHOLD, THE THRONE OF GRACE (7.6.7.6.)

1. Al trono de la gracia, he aquí nos llama Dios,
   Promesa fiel es ésta: El oirá nuestra voz.
2. Le place a nuestro Padre suplir en plenitud,
   Fue de Jesús la sangre que brinda esta virtud.
3. Ruégale con denuedo, jamás mucho dirás,
   Si por ti se dio Cristo, ¿qué pues te negará?
4. ¡Levántate, alma mía! ¿Qué más requerirás?
   A los que a Dios suplican, merced no faltará.
5. De su poder y gracia nos manda a El pedir,
   Señor, por esto oramos, te dignes bendecir. Amén.

John Newton; R. Wayne Andersen, Tr. con agradecimiento a Carmen Girau
© 2000 Publicaciones Faro de Gracia.

420 ¿Te Acordaste de Orar? (127 HVC; 321 EH)
DID YOU THINK TO PRAY? (8.5.8.8.5. c/coro)

1. ¿Te acordaste al levantarte de pedirle a Dios,
   Que El te concediera guía y socorro para el día, en la prueba atroz?

Coro: Gran consuelo y paz recibes de tu Dios en comunión;
   En tus pruebas no te olvides de la oración.

2. Cuando te ofendieron otros, ¿fuiste para orar?
   ¿En tu corazón herido, gracia a Cristo has pedido, para perdonar?
3. Cuando pruebas te azotaron, ¿fuiste al Salvador?
   ¿Le pediste fortaleza en tus horas de tristeza, penas y dolor?

421 Al Trono de la Gracia, Ven (423 TH)
APPROACH, MY SOUL, THE MERCY SEAT (C.M. o 8.6.8.6.)

1. Al trono de la gracia, ven: Jesús contestará;
   Postrado humilde ante sus pies, pues no perecerás.
2. Por la obra de mi Mediador me acerco a Ti, Señor;
   A los cansados como yo Tú llamas con amor.
3. Cargado por mi iniquidad, temores hay en mí;
   Luchando con la enemistad, descanso encuentro en Ti.
4. Mi Escondedero, Escudo sé, me abrigo sólo en Ti;
   Al que me acusa yo diré: "Moriste Tú por mí."
5. Vergüenza, muerte y cruz sufrió, amor tan sin igual,
   Que los culpables como yo tu gracia encontrarán.

John Newton; Sharon Vater, Tr.

LA ORACION / SUPLICA DE GRACIA

422 Dilo a Cristo (162 HVC; 418 HB)
TELL IT TO JESUS ALONE (10.10.10.7. c/coro)

1. Cuando estés cansado y abatido, dilo a Cristo, dilo a Cristo;
   Si te encuentras débil, confundido, dilo a Cristo el Señor.
   Dilo a Cristo, dilo a Cristo; El es tu amigo más fiel;
   No hay otro amigo como Cristo, dilo tan sólo a El.

2. Cuando estés de tentación cercado, mira a Cristo, mira a Cristo;
   Cuando rujan huestes de pecado, mira a Cristo el Señor.
   Mira a Cristo, mira a Cristo, El es tu amigo más fiel;
   No hay otro amigo como Cristo, mira tan sólo a El.

3. Si se apartan otros de la senda, sigue a Cristo, sigue a Cristo;
   Si acrecienta en torno la contienda, sigue a Cristo el Señor.
   Sigue a Cristo, sigue a Cristo, El es tu amigo más fiel;
   No hay otro amigo como Cristo, sigue tan sólo a El.

4. Cuando llegue la final jornada, fía en Cristo, fía en Cristo;
   Te dará en el cielo franca entrada, fía en Cristo el Señor.
   Fía en Cristo, fía en Cristo El es tu amigo más fiel;
   No hay otro amigo como Cristo, fía tan sólo en El.

423 ¡Oh Pastor Divino Guía! (501 TH; 225 HB; alts.73 EH, 275 TH)
ORIGINAL IN SPANISH (8.7.8.7.8.7.7.)

1. ¡Oh Pastor divino escucha! de tu pueblo el orar;
   Como ovejas congregadas, te venimos a buscar.
   Cristo llega, Cristo llega, tu rebaño a apacentar;
   Tu rebaño a apacentar.

2. Al perdido en el pecado, su peligro harás sentir;
   Llama al triste seducido, déjale tu voz oír;
   Al enfermo, al enfermo, pronto dígnate acudir,
   Pronto dígnate acudir.

3. Guía al triste y fatigado al aprisco del Señor;
   Cría al tierno corderito a tu lado, buen Pastor,
   Con los pastos, con los pastos, de celeste y dulce amor;
   De celeste y dulce amor.

4. ¡Oh Jesús, escucha el ruego y esta humilde petición!
   Ven a henchir a tu rebaño de sincera devoción.
   Cantaremos, cantaremos tu benigna protección,
   Tu benigna protección. Amén.

424 Lluvias De Gracia (716 TH; 387 EH; 307 HVC; 265 HB)
SHOWERS OF BLESSING (8.7.8.7. c/coro)

1. Dios nos ha dado promesa: lluvias de gracia enviaré;
   Dones que os den fortaleza; gran bendición os daré.

Coro: Lluvias de gracia, lluvias pedimos, Señor.
   Mándanos lluvias copiosas, lluvias del Consolador.

2. Cristo nos dio la promesa del santo Consolador,
   Dándonos paz y pureza, para su gloria y honor.

3. Muestra, Señor, al creyente toda tu gloria y poder;
   Tú eres de gracia la fuente, llena de paz nuestro ser.

4. Obra en tus siervos piadosos celo, virtud, y valor,
   Dándonos dones preciosos, dones del Consolador.

425 Oh, Aviva Mi Alma con Poder (141 HVC; 316 EH)
ORIGINAL IN SPANISH (Irregular)

1. Rindo a Ti, Dios, mi pobre ser; quiero hoy tu vida poseer,
   Más de tu amor divino tener, Oh, aviva mi alma con poder.

Coro: Pon en mi alma tu querer, tu gracia quiero conocer,
   Oh ven y aviva con poder, Consolador.

2. En tu favor tendré placer; heme aquí, Dios, quiero vencer.
   Sólo en Ti podré crecer, Oh, aviva mi alma con poder.

3. Borra el pecado de mi ser; toda escoria haz fenecer.
   Tu gracia eficaz quiero ver, Oh, aviva mi alma con poder.

426 Tu Santidad, Oh Enséñame (456 TH)
TEACH ME, O LORD, THY HOLY WAY (L.M. o 8.8.8.8.)

1. Tu santidad, oh enséñame, toda mi mente a Ti te doy,
   Sé que en tus sendas hallaré el gozo y el deleite hoy.

2. Por mano tuya, oh guíame, y así regir el corazón,
   En lo que es bueno pensaré, para andar en tu afección.

3. Con tu ejemplo, ayúdame seguirte fiel, oh Salvador,
   Con mansedumbre y sencillez, crecer en gracia y amor.

4. Guarda, Señor, mi corazón que haga el bien y odie el mal,
   Y cuando enfrenta tentación, dame tus fuerzas, cual raudal.

5. En todo mi obra, ayúdame, propuesta y hecha para Ti,
   Y tus designios hoy y siempre perfectamente cumple en mí. Amén.

William T. Matson, R. Wayne Andersen, Tr. con agradecimiento a Noble Vater.
© 2000 Publicaciones Faro de Gracia

427 Cautívame, Señor (403 TH; 244 EH)
MAKE ME A CAPTIVE, LORD (6.6.8.6.D.)

1. Cautívame, Señor y libre en Ti seré;
   Anhelo ser un vencedor rindiéndome a tus pies;
   No puedo ya confiar tan sólo en mi poder;
   En Ti yo quiero descansar y fuerte habré de ser.

2. Mi débil corazón vacila sin cesar,
   Y es como nave sin timón en turbulento mar;
   Concédele que en Ti esté contento ya,
   Envuélvele en tu santo amor y libre así será.

3. Sin fuerzas para amar y así te complacer;
   Tú sólo puedes inspirar el gozo de servir;
   Quisiera desplegar las alas de la fe,
   Mas sólo al soplo de tu amor y gracia lo podré.

4. Cautívame, Señor que en Ti mi voluntad,
   Tendrá un bautismo de vigor, firmeza y santidad;
   Podrá la tentación mi vida sacudir,
   No habrá más cierta protección que la que encuentre en Ti. Amén.

428 Quiero de Cristo Más Saber (676 TH; 277 EH; 118 HVC; 315 HB)
MORE ABOUT JESUS (8.8.8.8.7.7.8.8.)

1. Quiero de Cristo más saber, más de su dulce amor tener;
   Mas de su gracia demostrar, más de su salvación gozar.
   Más dime de Cristo, pues, de El necesito;
   Más de su gracia demostrar, más de su salvación gozar.

2. Más quiero oír de su verdad para cumplir su voluntad;
   Santo Espíritu, óyeme, y mi Maestro siempre sé.
   Más dime de Cristo, pues, de El necesito;
   Más de sus dones recibir, más con los otros compartir.

3. Más de su Libro comprender, más comunión con El tener;
   Más su voz dulce recordar, más sus mandatos acatar.
   Más quiero amarle, más quiero honrarle;
   Más su voz dulce recordar, más sus mandatos acatar.

4. Más de Jesús y su esplendor, más de su reino y gran honor;
   De su venida, oh dime más de Cristo, Príncipe de Paz.
   Más dime de Cristo, pues, de El necesito;
   Más de la gloria de su faz, más de su luz, más de su paz. Amén.

Eliza E. Hewitt. © 1964 George P. Simmonds, Tr. Usado con permiso.

429 Derrama en Mi Alma Tu Poder (410 TH)
ORIGINAL IN SPANISH (8.7.8.7.D.)

1. ¡Oh Señor! derrama en mi alma tu poder espiritual,
   Y alcanzar podré la palma en mis luchas contra el mal;
   Pongo toda mi confianza en Jesús, mi Redentor;
   Eres toda mi esperanza, no me dejes, ¡oh Señor!

2. Buen Pastor, tu oveja libra de las garras de satán;
   Haz que ya el camino siga de la luz y la verdad;
   Ven, Señor, en tu clemencia a prestarme protección,
   Ven y muestra la potencia de tu inmensa compasión.

3. Y en la hora de la lucha frente al mundo y frente al mal,
   ¡Oh Señor Jesús! escucha mi plegaria, por piedad;
   Quita todas las maldades de este pobre corazón;
   Llegue al fin por tus bondades a la célica mansión. Amén.

430 Abre Mis Ojos a la Luz (316 EH; 141 HVC; 357 HB)
OPEN MY EYES (Irregular)

1. Abre mis ojos a la luz, tu rostro quiero ver, Jesús;
   Pon en mi corazón tu bondad para que ande en santidad.
   Humildemente acudo a Ti, porque tu tierna voz oí;
   Mi guía sé, Espíritu Consolador.

2. Abre mi oído a tu verdad, yo quiero oír con claridad,
   La dulce voz de tu voluntad; guárdeme puro de maldad.
   Consagro a Ti mi frágil ser; tu voluntad yo quiero hacer,
   Llena mi ser, Espíritu Consolador.

3. Abre mis labios para hablar, y a todo el mundo proclamar,
   Que Tú viniste a rescatar al más perdido pecador.
   La mies es mucha ¡oh Señor! Obreros faltan de valor;
   Heme aquí, Espíritu Consolador.

4. Abre mi mente para ver más de tu ley y gran poder;
   Dame tu gracia para triunfar, y hazme en la lucha, vencedor.
   Sé Tú mi escondedero fiel, y aumenta mi valor y fe;
   Mi mano ten, Espíritu Consolador.

5. Abre las puertas que al entrar en el palacio celestial,
   Pueda tu dulce faz contemplar por toda la eternidad.
   Y cuando en tu presencia esté, tu santo nombre alabaré;
   Mora en mí, Espíritu Consolador. Amén.

431 Sin Ti Vivir No Puedo (323 EH; alt.541 TH)
I COULD NOT DO WITHOUT THEE (7.6.7.6.D.)

1. Sin Ti vivir no puedo, bendito Salvador,
   Por mí tu sangre diste, gran prueba de tu amor;
   Tu gracia y tu justicia, tu sangre y tu perdón,
   Son mi única esperanza, mi gloria y salvación.

2. Sin Ti servir no puedo, ni firme puedo estar;
   No tengo fuerzas propias, sin Ti no puedo andar;
   Mas mi alma en Ti, oh Cristo, su todo encontrará,
   En Ti confiando sólo virtud alcanzará.

3. Sin Ti amar no puedo, pues mi necesidad,
   Entiendes sólo y llenas con sin igual bondad;
   Del alma no hay quien sepa su anhelo interpretar,
   Tú sólo puedes, Cristo, su ansiedad calmar.

4. Sin Ti morir no puedo, volando el tiempo va,
   Y un día el río obscuro habré yo de cruzar;
   Entonces sé conmigo, bendito Salvador,
   "Soy yo," entonces dime y no tendré temor. Amén.

© 1968 George P. Simmonds, Tr. Todos los derechos reservados. Usado con permiso.

432 Te Necesito Ya (710 TH; 263 EH; 100 HVC; 381 HB)
I NEED THEE EVERY HOUR (6.4.6.4. c/coro)

1. Te necesito ya, bendito Salvador,
   Me infunde dulce paz tu tierna voz de amor.

Coro:
   Te necesito, Cristo, Mediador bendito,
   Con corazón contrito acudo a Ti. Amén.

2. Te necesito ya, Tú no me dejarás;
   Yo siempre venceré si Tú conmigo estás.

3. Te necesito ya, tu santa voluntad,
   Y tu divina ley en mí cumple en verdad.

4. Te necesito ya, santísimo Señor;
   Tuyo hazme, nada más, bendito Salvador.

Annie S. Hawks. © 1967 George P. Simmonds, Tr. Usado con permiso.

SUPLICA DE GRACIA / AMOR A CRISTO

433 El Fuego Santo (268 HB)
ENGLISH TITLE UNKNOWN (9.9.9.9.)

1. Oh Salvador, que el Fuego Santo ardiera en cada corazón;
   Oye, pues anhelamos tanto rendirte honor y adoración.

2. Oh purifica al pueblo tuyo que te honre en perfecta unión;
   Que tu mandato sea suyo: a otros llevar tu salvación.

3. Tú eres la Fuente de agua viva; tu aliento puede vida dar.
   Tu llama santa purifica, nada la puede sofocar.

4. Que en armoniosa unión podamos en tu gran reino trabajar,
   Hasta que al fin tu faz veamos por todo el mundo iluminar. Amén.

George F. Fickert, George Simmonds, Tr. © 1978 Casa Bautista de Publicaciones. Todos los derechos reservados. Usado con permiso.

434 Oh Cristo, Yo Te Amo (547 TH; 249 EH; 113 HVC)
MY JESUS, I LOVE THEE (11.11.11.11.)

1. ¡Oh Cristo, yo te amo! Que mío eres sé;
   Ya todo pecado por Ti dejaré.
   ¡Oh Cristo precioso! Por Ti salvo soy;
   Jesús, si te amaba, yo te amo más hoy.

2. Me amaste primero y así te amo a Ti,
   Pues sobre el Calvario moriste por mí;
   Por lo que sufriste mi vida te doy;
   Jesús, si te amaba, yo te amo más hoy.

3. Y mientras que viva en este vaivén,
   En la hora final de la muerte también,
   Yo te amaré siempre, cantándote estoy,
   "Jesús, si te amaba, yo te amo más hoy."

4. Al fin en tu gloria por gracia entraré,
   Y allí con los santos loor te daré;
   Por siglos eternos a cantarte voy;
   "Jesús, si te amaba, yo te amo más hoy."

William Featherstone. © 1939 George P. Simmonds. Usado con permiso.

435 Mostrar Más Grande Amor (548 TH; 256 EH; 443 HB)
MORE LOVE TO THEE, O CHRIST (6.4.6.4.6.6.4.4.)

1. Mostrar más grande amor por Ti, Señor;
   Mi anhelo es mi oración que elevo hoy.
   Dame esta bendición: mostrar por Ti, Señor,
   Más grande amor, más grande amor.

2. Busqué mundana paz y vil placer;
   No quiero hoy nada más que tuyo ser.
   ¡Oh que felicidad! mostrar por Ti, Señor,
   Creciente amor, creciente amor.

3. Tu nombre, yo al morir, invocaré,
   Contigo iré a morar, tu faz veré.
   Y por la eternidad pensando en tu bondad,
   Más Te amaré, más Te amaré.

436 Tu Vida, ¡Oh Salvador! (538 TH; 400 HB)
SAVIOR, THY DYING LOVE (6.4.6.4.6.6.6.4.)

1. Tu vida ¡oh Salvador! diste por mí;
   Y nada quiero yo negarte a tí.
   Rendida mi alma está; servirte ansía ya,
   Y algún tributo dar de amor a Ti.

2. Al Padre sin cesar ruegas por mí,
   Y en mi debilidad yo confío en Ti;
   Quiero mi cruz llevar, tu nombre proclamar,
   Y cantos entonar de amor a Ti.

3. Contigo andando voy, vives Tú en mí;
   Y frutos llevaré dignos de Ti:
   Al pobre algún favor, curar algún dolor,
   Y así mostrar tu amor, algo por Ti.

4. Cuanto yo tengo y soy lo entrego a Ti,
   ¡En gozo o aflicción tuyo hasta el fin!
   Y cuando vea tu faz, en gloria donde estás,
   Pleno me llenarás de amor a Tí.

CONSAGRACION / SERVICIO

437 Mi Amor y Vida (207 HB; alt.180 TH)
MY LIFE, MY LOVE, I OWE TO THEE (8.8.8.6. c/coro)

1. Mi amor y vida doy a Ti, Jesús quien en la cruz por mí,
   Vertiste sangre carmesí, mi Dios y Salvador.

Coro:
   Mi amor y vida doy a Ti, Quien fuiste a la cruz por mí;
   Con gratitud te sirvo a Ti, Jesús mi Salvador.

2. Que Tú me salvas, esto sé; he puesto en Ti mi humilde fe;
   Feliz entonces viviré contigo, mi Jesús.

3. Tú quien moriste en la cruz, concédeme, Señor Jesús,
   Que siempre ande en tu luz, en fiel consagración.

4. Un día feliz me llamarás para estar contigo en gloria y paz,
   Mi carne no me impide más a Ti glorificar.

   Ralph Hudson; H. W. Cragin, Tr. estrofas 1-3; R. Wayne Andersen, Tr. estrofa 4.

438 Jesús Yo He Prometido (552 TH; 246 EH; 238 HVC; 342 HB)
MY JESUS, I HAVE PROMISED (7.6.7.6.D.)

1. Jesús yo he prometido, servirte con amor;
   Concédeme tu gracia, mi Amigo y Salvador.
   No temeré la lucha, si Tú a mi lado estás,
   Ni perderé el camino, si Tú guiando vas.

2. El mundo está muy cerca, y abunda en tentación;
   Muy suave es el engaño, y es necia la pasión,
   Ven Tú, Jesús, más cerca, en mi necesidad,
   Y escuda al alma mía de toda iniquidad.

3. Y si mi mente vaga, ya incierta, ya veloz,
   Concédeme que escuche, Jesús, tu clara voz.
   Anímame si dudo; inspírame también;
   Repréndeme si temo en todo hacer el bien.

4. Jesús Tú has prometido a todo aquel que va,
   Siguiendo tus pisadas, que al cielo llevarás.
   Sosténme en el camino, y al fin, con tu favor,
   Trasládame a tu gloria, mi Amigo y Salvador. Amén.

CONSAGRACION / SERVICIO

439 Salvador, a Ti Me Rindo (248 EH; 236 HVC; 340 HB)
I SURRENDER ALL (8.7.8.7. c/coro)

1. Salvador, a Ti me rindo y obedezco sólo a Ti;
   Mi Guiador, mi Fortaleza, todo encuentra mi alma en Ti.

Coro:
   Yo me rindo a Ti, yo me rindo a Ti;
   Mis flaquezas y pecados, todo traigo a Ti.

2. Te confiesa sus delitos mi contrito corazón;
   Oye, oh Cristo mi plegaria, quiero en Ti tener perdón.

3. A tus pies yo deposito por entero hoy mi ser;
   Que tu Espíritu me llene y de Ti tenga el poder.

4. Tu bondad será la historia que predique por doquier;
   Y tu amor inagotable será siempre mi querer.

5. ¡Oh qué gozo encuentro en Cristo! ¡Cuánta paz a mi alma da!
   Yo a su causa me consagro, y su amor, mi amor será.

440 Cristo, Mi Cruz He Tomado (210 EH; 691 TH, alt.593 TH; 95 HVC)
JESUS, I MY CROSS HAVE TAKEN (8.7.8.7.D.)

1. Cristo, mi cruz he tomado, dejo el mundo y sigo a Ti;
   Todo en Ti he encontrado, todo has dado Tú por mí;
   Ya mis vanas ambiciones por amor de Ti dejé,
   Sin igual mi condición es por Ti, Dios, y cielo hallé.

2. Quiere el mundo abandonarme, a Ti fue también infiel;
   Quieren muchos engañarme, Cristo, Tú eres siempre fiel.
   Si me tratan con desprecio, Dios de compasión y amor,
   Tú me miras con aprecio y no pido bien mayor.

3. Aunque el hombre me moleste, puedo en Ti descanso hallar;
   Si me asedia el mal cual hueste, Tú me ofreces refugiar.
   Ya no puede el mal dañarme si confío en tu amor,
   Y no puede fascinarme si contigo voy, Señor.

4. Por la vida pasajera con fe lucha en oración,
   En el cielo Dios te espera con eterno galardón.
   La jornada terminada, vivirás con tu Señor,
   Tu esperanza ya alcanzada, siempre a Dios darás loor.

© 1958 George Simmonds. Usado con permiso.

CONSAGRACION / SERVICIO

441 Tu Cruz Levanta y Ven Tras Mí (341 HB)
WHEREVER HE LEADS I'LL GO (8.6.8.6. c/coro)

1. "Tu cruz hoy toma y ven tras mí," me dijo el Salvador;
   "Pues, yo mi vida di por Ti; entrégate a tu Señor."

Coro:
   Por donde me guíe iré, por donde me guíe iré;
   Al Cristo que me ama seguiré, por donde me guíe iré.

2. Me atrajo a El con gran bondad, su voluntad busqué,
   Y ahora con seguridad por donde me guíe iré.

3. Aunque en las sombras hay que andar, mi cruz yo llevo aquí,
   O sobre el tempestuoso mar, por donde me guíe a mí.

4. Mi vida y todo lo que soy a Cristo ya entregué.
   A mi Señor rendido estoy, por donde me guíe iré.

B.B. McKinney, Marjorie J. de Caudill, Tr. © 1978 Broadman Press. Todos los derechos reservados. Usado con permiso de LifeWay Christian Resources.

442 Mi Mente Toma, Oh Dios (255 EH; alt.36 EH; 316 TH)
TAKE THOU OUR MINDS, DEAR LORD (10.10.10.10.)

1. Mi mente toma, oh Dios, pidiendo estoy;
   La mente del Señor concédeme hoy;
   Oh Cristo, tu verdad enséñame,
   Y en todo mi pensar yo te honraré.

2. Toma mi corazón, oh Salvador,
   Tu trono ocupa allí, Rey y Señor;
   Quiero tu santo amor manifestar,
   La tierra en cielo yo quiero cambiar.

3. Toma mi voluntad, oh Alto Dios,
   La tuya quiero hacer, y oír tu voz;
   Todo mi tiempo así santo será,
   Mi vida entera así Tú la guiarás.

4. Mi mente y corazón, mi voluntad,
   Tómalos todos hoy, Dios de bondad;
   Tiempo y talentos hoy yo te los doy;
   Tu soberana voz oyendo estoy. Amén.

William Foulkes, George P. Simmonds, Tr. © 1964 Word Music, Inc. / ASCAP. Todos los derechos reservados. Usado con permiso.

443 Cristo Señor (579 TH; 12 HFA)
ORIGINAL IN SPANISH (10.10.10.10.10.10.)

1. Cristo Señor, mi Dios y Salvador,
   Mi gran anhelo es más a Ti servir;
   Mi Redentor, tanto Te quiero amar,
   Y en tus caminos siempre a Ti seguir;
   Rindo mi ser a Ti, Señor Pastor,
   Que Tú me llenes de tu grande amor.

2. Señor, te pido que me limpies ya,
   Y quites todo mi pecado y mal;
   Tu siervo fiel yo quiero ser, Señor,
   Tu beneplácito dulce gustar;
   Rindo mi ser a Ti, Señor Pastor,
   Acepta hoy mi vida y mi amor.

3. Señor Jesús contigo quiero andar,
   La dulce comunión a disfrutar,
   Aunque por sendas de angustia sea,
   Tu gracia bástame a consolar,
   Rindo mi ser a Ti, Señor Pastor,
   Me gozo en tu presencia y amor.

4. Dios y Señor, mi Rey, mi Sumo Bien;
   En Ti obtuve paternal favor,
   Pues, de la muerte tengo libertad;
   Tu Espíritu me libra de maldad;
   Rindo mi ser a Ti, Señor Pastor,
   A estar contigo por la eternidad. Amén.

David Finstrom, estrofas 1-2; R. Wayne Andersen, estrofas 3-4

444 Mi Espíritu, Alma y Cuerpo (84 NHP)
THE CROSS OF JESUS (7.7.7.6.)

1. Mi espíritu, alma y cuerpo, mi ser, mi vida entera,
   Cual viva, santa ofrenda entrego a Ti, mi Dios.

Coro: Mi todo a Dios consagro en Cristo, el vivo altar;
   ¡Descienda el fuego santo, su sello celestial!

2. Soy tuyo, Jesucristo, comprado con tu sangre;
   Contigo haz que ande en plena comunión.

3. Espíritu divino, del Padre la promesa;
   Sedienta, mi alma anhela de Ti la santa unción.

CONSAGRACION / SERVICIO

445 Dejo el Mundo y Sigo a Cristo (146 HVC; 344 HB)
TAKE THIS WORLD, BUT GIVE ME JESUS (8.7.8.7.D.)

1. Dejo el mundo y sigo a Cristo, porque el mundo pasará,
   Mas su amor, su amor bendito por los siglos durará;

Coro: ¡Oh, que gran misericordia! ¡Oh de amor sublime don!
   ¡Plenitud de vida eterna, prenda viva de perdón!

2. Dejo el mundo y sigo a Cristo, paz y gozo en El tendré,
   Y al mirar que va conmigo, siempre alegre cantaré.

3. Dejo el mundo y sigo a Cristo, su sonrisa quiero ver,
   Como luz que en mi camino haga aquí resplandecer.

4. Dejo el mundo y sigo a Cristo, acogiéndome a su cruz,
   Y después iré a mirarle, cara a cara en plena luz.

446 Vivo Por Cristo (164 HVC; 245 EH)
LIVING FOR JESUS (10.10.10.10. c/coro)

1. Vivo por Cristo, confiando en su amor,
   Vida me imparte, poder y valor;
   Grande es el gozo que tengo por El;
   Es de mi senda, Jesús guía fiel.

Coro: ¡Oh Salvador bendito!, me doy tan sólo a Ti,
   Porque Tú en el Calvario te diste allí por mí;
   No tengo más, Maestro, yo fiel te serviré;
   A Ti me doy, pues tuyo soy de mi alma, eterno Rey.

2. Vivo por Cristo; murió pues por mí.
   Siempre servirle yo quisiera aquí;
   Porque me ha dado tal prueba de amor,
   Quiero rendirme por siempre al Señor.

3. Vivo por Cristo doquiera que esté,
   Ya por su ayuda sus obras haré;
   Pruebas hoy llevo con gozo y amor,
   Pues, veo en ellas la cruz del Señor.

4. Vivo sirviendo, siguiendo al Señor;
   Quiero imitar a mi buen Salvador.
   Busco a las almas hablándoles de El,
   Y es mi deseo ser constante y fiel.

Thomas O. Chisholm, George P. Simmonds, Tr. © 1917 renovado1945, Word Music, Inc. / ASCAP. Todos los derechos reservados. Usado con permiso.

447 Tuyo Soy, Jesús (713 TH; 272 EH; 347 HB)
I AM THINE, O LORD (10.7.10.7. c/coro)

1. Tuyo soy, Jesús, ya tu voz oí, cual mensaje de tu paz;
   Y deseo en alas de fe subir y la luz ver de tu faz.

Coro: Más cerca, cerca de tu cruz llévame, oh mi Señor;
   Más cerca, cerca, cerca de tu cruz, ver tu gloria, Salvador.

2. A seguirte en pos me consagro hoy, impulsado por tu amor;
   Y mi espíritu, alma y cuerpo doy, por servirte, mi Señor.

3. ¡Qué profunda paz y felicidad guardan hoy mi corazón!
   Cuando por la fe puedo ver tu faz en más grata comunión.

4. De tu gloria y amor jamás sabré la sublime majestad,
   Hasta que contigo tranquilo esté en presencia celestial.

448 Consagración (363 HB)
ORIGINAL IN SPANISH (10.9.10.9)

1. A Ti consagro completamente, mi ser, mi cuerpo, mi habilidad.
   Toma mi alma, hazme eficiente para ser útil con santidad.

2. A Ti me entrego humildemente; ven buen Jesús, y mora en mi ser.
   Haz que yo viva siempre consciente de tu mensaje y mi deber.

3. Usame siempre como designes; tu voluntad será mi pasión.
   Al ir por sendas que Tú me asignes, anunciaré tu gran salvación.

Abel P. Pierson Garza. © 1978 Casa Bautista de Publicaciones. Todos los derechos reservados. Usado con permiso.

449 Tu Voluntad, Señor (572 TH; 311 EH)
MY JESUS, AS THOU WILT (6.6.6.6.D.)

1. Tu voluntad, Señor, hágase siempre en mí,
   La mía, Salvador, humilde entrego a Ti;
   En gozo, paz, dolor, óyeme en tu bondad;
   Hágase siempre en mí tu santa voluntad.

2. Tu voluntad, Señor, Tú me la enseñarás,
   Si dura es la lección, aliento me darás;
   Lloraste aquí, si yo contigo he de llorar,
   Hágase siempre en mí tu santa voluntad.

3. Tu voluntad, Señor, bien siempre trae a mí,
   No temo nada ya, estoy confiando en Ti;
   Yendo al celeste hogar, canto en serenidad,
   "Hágase siempre en mí tu santa voluntad."

© 1964 George P. Simmonds. Usado con permiso.

CONSAGRACION / SERVICIO

450 Que Mi Vida Entera Esté (247 ii EH; alt.492 TH; 365 HB)
TAKE MY LIFE AND LET IT BE (7.7.7.7.)

1. Que mi vida entera esté consagrada a Ti, Señor;
   Que a mis manos pueda guiar el impulso de tu amor,
   El impuso de tu amor.

2. Que mis pies tan sólo en pos de lo santo puedan ir;
   Y que a Ti, Señor, mi voz se complazca en bendecir,
   Se complazca en bendecir.

3. Que mis labios al hablar, hablen sólo de tu amor;
   Y mi mente y su poder sean usados en tu honor,
   Sean usados en tu honor.

4. Que mi tiempo todo esté consagrado a tu loor;
   Que mis bienes ocultar no los pueda a Ti, Señor,
   No los pueda a Ti, Señor.

5. Toma, ¡oh Dios!, mi voluntad, y hazla tuya nada más;
   Toma, sí, mi corazón, por tu trono lo tendrás,
   Por tu trono lo tendrás.

6. Toma Tú mi amor que hoy a tus pies vengo a poner;
   Toma todo lo que soy, todo tuyo quiero ser,
   Todo tuyo quiero ser.

451 ¿Qué Te Daré, Maestro? (139 HVC; 516 HB)
WHAT SHALL I GIVE THEE, MASTER? (Irregular)

1. ¿Qué Te daré, Maestro? Te diste Tú por mí.
   ¿Menos daré de lo que obtendré? ¿O todo daré a Ti?

Coro:
   Cristo, mi Salvador, Te diste Tú por mí;
   Tu hogar dejaste allí para morir por mí.
   ¿Qué Te daré, Maestro? Te diste Tú por mí.
   No la mitad, mas todo mi ser, yo lo daré a Ti.

2. ¿Qué Te daré, Maestro? Me redimiste a mí;
   Es pequeñez, mas mi todo es, y todo lo entrego a Ti.

3. ¿Qué Te daré, Maestro? Divino Donador,
   Tiempo y vigor, talento y ardor serán tuyos, oh Señor.

CONSAGRACION / SERVICIO

452 Fiel Mayordomo Seré (574 TH; alt.428 HB)
ORIGINAL IN SPANISH (9.9.9.9. c/coro)

1. Vengo rendido a tus pies, Señor; quiero fielmente depositar,
   Diezmos, talentos, mi don de amor; ofrenda grata vengo a dar.
2. "Probadme en esto," dice el Señor, "Y bendiciones derramaré."
   En tus promesas yo confiaré, de lo que es tuyo yo te daré.
3. Bienes y dones son del Señor; ¿Cómo podré negar su favor?
   Fiel mayordomo de El seré, y en aquel día, "Bien hecho" oiré.

Coro opcional:
   Todo buen don viene del Señor; ¿Cómo negarlo podré?
   Fiel mayordomo de Cristo seré, y un día, "Fiel siervo," oiré.

Berta I. Montero. © 1978 Casa Bautista de Publicaciones. Todos los derechos reservados. Amparado por los derechos de copyright internacional. Usado con permiso.

453 Haz Lo Que Quieras (574 TH; 252 EH; 133 HVC; 359 HB)
HAVE THINE OWN WAY, LORD (5.4.5.4.D.)

1. Haz lo que quieras de mí, Señor;
   Tú el Alfarero, yo el barro soy;
   Dócil y humilde anhelo ser;
   Cúmplase siempre en mí tu querer.
2. Haz lo que quieras de mí, Señor;
   Mírame y prueba mi corazón;
   Lávame y quita toda maldad,
   Para que tuyo sea en verdad.
3. Haz lo que quieras de mí, Señor;
   Cura mis llagas y mi dolor.
   Tuyo es, ¡oh Cristo!, todo poder;
   Tu mano extiende y sana mi ser.
4. Haz lo que quieras de mí, Señor;
   Del Paracleto dame la unción.
   Dueño absoluto sé de mi ser,
   Que el mundo a Cristo pueda en mí ver. Amén.

CONSAGRACION Y SERVICIO / LA SANTIDAD

454 Da lo Mejor al Maestro (292 EH; 333 HVC; 524 HB)
GIVE OF YOUR BEST TO THE MASTER (8.7.8.7.D. c/coro)

1. Da lo mejor al Maestro: tu juventud, tu vigor;
   Dale el ardor de tu vida, del bien luchando en favor;
   Cristo nos dio el ejemplo de su pureza y valor,
   Séle devoto ferviente, dale de ti lo mejor.

Coro:
   Da lo mejor al Maestro, tu juventud, tu vigor;
   Dale el ardor de tu alma; digno es de todo, el Señor.

2. Da lo mejor al Maestro, ríndele fiel devoción;
   Sea su amor tan sublime, el móvil de cada acción;
   Puesto que al único Hijo dionos el Padre de amor,
   Sírvele con alegría, dale de ti lo mejor.

3. Da lo mejor al Maestro; que incomparable es su amor;
   Pues, al morir por nosotros, dejó su regio esplendor;
   Sin murmurar dio su vida por el más vil pecador;
   Ama y adora al Maestro, dale de ti lo mejor.

455 Tentado, No Cedas (706 TH; 379 EH; 196 HVC; 395 HB)
YIELD NOT TO TEMPTATION (6.5.6.5.D. c/coro)

1. Tentado, no cedas, ceder es pecar;
   Más fácil seráte luchando triunfar;
   ¡Valor! pues, gustoso domina tu mal,
   Jesús librar puede de asalto mortal.

Coro:
   A Jesús pronto acude, en sus brazos tu alma,
   Hallará dulce calma; El te hará vencedor.

2. Evita el pecado, procura agradar,
   A Dios, a quien debes por siempre ensalzar;
   No manche tus labios impúdica voz,
   Tu corazón guarda de codicia atroz.

3. Amante, benigno y enérgico sé;
   En Cristo ten siempre indómita fe;
   Veraz sea tu dicho, de Dios es tu ser,
   Corona te espera, y vas a vencer.

LA SANTIDAD

456 Cristo, Al Ser Tentado (475 TH; 304 EH; 195 HVC)
IN THE HOUR OF TRIAL (6.5.6.5.D.)

1. Cristo, al ser tentado ruega Tú por mí,
   Que por ser tan débil no te niegue a Ti;
   Cuando yo vacile, tenme, Salvador,
   Que no caiga amando al mundo y su favor.

2. Este mundo quiere mi alma fascinar,
   Quiere con sus bienes mi alma dominar;
   Haz que yo recuerde tu dolor por mí,
   Cuando en el Calvario Tú sufriste allí.

3. Si tristezas, pruebas, penas y dolor
   Vienen, y mi vida llenan de amargor;
   Cristo compasivo, a mi ayuda ven,
   Que en Ti siempre encuentre todo mi sostén.

4. Cuando de este mundo haya de partir,
   Y la hora llegue en que he de morir;
   Cristo, mi esperanza, hazme en Ti confiar,
   Llévame, Te ruego, a tu eterno hogar. Amén.

James Montgomery © 1964 George P. Simmonds, Tr. Usado con permiso.

457 Salvador Mío, Como Tú Eres (138 HVC)
OH TO BE LIKE THEE (10.9.10.9. c/coro)

1. Salvador mío, como Tú eres, puro y santo quiero vivir;
   Dejando atrás los vanos placeres, en tus pisadas quiero seguir.

Coro:
   Hazme, oh Cristo, como Tú eres; mi ser inunda con tu poder.
   Ven en tu gloria y tu pureza; tu semejanza quiero tener.

2. Hazme valiente, fiel y benigno, dispuesto siempre a perdonar;
   Quiero en mi vida ser compasivo, fiel proclamando tu voluntad.

3. Quiero ser dócil, manso y humilde; siempre sumiso, siempre leal;
   Mi ser entero gloria te rinde; busca anhelante tu santidad.

4. Hoy purifica toda mi alma con fuego santo de tu altar;
   Que desarraigue todo lo malo, para que Tú la puedas usar.

© 1958 renovado 1987, Lillenas Publishing Co. Todos los derechos reservados.
Usado con permiso de The Copyright Co.

458 Sed Puros y Santos (706 TH; 129 HVC; 254 EH)
TAKE TIME TO BE HOLY (6.5.6.5.D.)

1. Sed puros y santos, mirad al Señor;
   Permaneced fieles siempre en oración;
   Leed la Palabra del buen Salvador,
   Socorred al débil, mostradle amor.

2. Sed puros y santos, Dios nos juzgará;
   Orad en secreto, respuesta vendrá;
   Su Espíritu Santo revela al Señor,
   Y a El nos transforma el Consolador.

3. Sed puros y santos, Cristo nos guiará;
   Seguid su camino, en El confiad;
   En paz o en pena, la calma dará,
   Quien nos ha salvado de nuestra maldad. Amén.

459 Las Pisadas del Maestro (487 HB)
THE STEPS OF THE SAVIOUR (11.10.11.10 c/coro)

1. Quiero seguir el andar del Maestro,
   Quiero ir en pos de mi Rey y Señor;
   Y modelando por El mi carácter,
   Canto con gozo a mi Redentor.

Coro:
   ¡Qué hermoso es seguir el andar del Maestro!
   Siempre en la luz cerca de Jesús,
   ¡Qué hermoso es seguir el andar del Maestro,
   En su santa luz!

2. Ando más cerca de El, pues me guía,
   Cuando el maligno me quiere tentar;
   Siempre confiando en Cristo, mi fuerte,
   Debo con gozo su nombre ensalzar.

3. Sigo sus pasos de tierno cariño,
   Misericordia, amor y lealtad:
   Viéndolo a El por el don de la gracia,
   Voy al descanso, gloriosa ciudad.

4. Quiero seguir el andar del Maestro,
   Siempre hacia arriba con El quiero andar.
   Viendo a mi Rey en gloriosa hermosura:
   Con El en gloria podré descansar.

LA SANTIDAD

460 Más Como Cristo (262 EH; 142 HVC)
MORE LIKE THE MASTER (10.10.11.11. c/coro)

1. Más como Cristo siempre anhelo ser,
   Más manso, humilde y fiel a mi deber;
   Más celo en su obra, y amor a su verdad,
   Más consagrado a su santa voluntad.

Coro:
   Toma mi ser, lo entrego a Ti, Señor;
   Toma mi ser, es tuyo, Salvador;
   Dame, Jesús, un limpio corazón,
   Y hazme vivir contigo en comunión.

2. Más como Cristo, esta es mi oración,
   Más gracia y fuerza, más resignación;
   Más noble esfuerzo, su reino en proclamar,
   Más pecadores al Salvador llevar.

3. Más como Cristo quiero aquí andar,
   Más de su amor a los demás mostrar;
   Más abnegado cual mi Señor vivir,
   Más como Cristo, leal hasta el morir.

461 Más Santidad Dame (264 EH; 143 HVC; 420 HB)
MORE HOLINESS GIVE ME (6.5.6.5.D.)

1. Más santidad dame, más odio al mal,
   Más calma en las penas, más alto ideal;
   Más fe en mi Maestro, más consagración,
   Más celo en servirle, más grata oración.

2. Más prudente hazme, más sabio en El,
   Más firme en su causa, más fuerte y más fiel;
   Más recto en la vida, más triste al pecar,
   Más humilde hijo, más pronto en amar.

3. Más pureza dame, más fuerza en Jesús,
   Más de su dominio, más paz en la cruz;
   Más rica esperanza, más obras aquí,
   Más ansia del cielo, más gozo allí.

LEALTAD Y VALOR

462 ¡Venid, Hombres de Dios! (296 EH)
RISE UP, O MEN OF GOD (6.6.8.6.)

1. ¡Venid, hombres de Dios! Hoy lo pueril dejad,
   Y a vuestro eterno Rey servid; el alma y fuerzas dad.

2. ¡Venid, hombres de Dios! Se tarda el reino ya;
   Haced que venga el día veloz que el mal terminará.

3. ¡Venid, hombres de Dios! La iglesia espera ya,
   Que deis lo que la hará vencer y la engrandecerá.

4. La cruz de Cristo alzad, seguidle fiel en pos;
   Alzaos con firmeza y amor del gran pueblo de Dios. Amén.

463 Mi Salvador Jesús (625 TH)
JESUS, AND SHALL IT EVER BE (11.10.11.10.)

1. Mi Salvador Jesús, ¿será posible
   Que se avergüence algún mortal de Ti?
   ¿Y que olvidando tus sublimes hechos,
   Niegue lo que por El sufriste aquí?

2. Avergonzarme de Jesús sería
   Como si el cielo repudiara al sol,
   Como si se privara la mañana
   De un imponente y nítido arrebol.

3. ¿Avergonzarme del querido Amigo,
   Mi Apoyo, mi Esperanza, mi Sostén?
   ¡No! mi vergüenza es que, aunque le amo tanto,
   No le amo siempre como al Sumo Bien.

4. Avergonzarme de Jesús podría,
   Si no tuviese culpas que lavar,
   Ni bienes que pedir, ni oculto miedo,
   Ni gracias, ni perdones que implorar.

5. Hasta aquel día, en Cristo he de gloriarme,
   Al mundo muerto estoy pues por su cruz;
   De ésta, mi gloria no hay de avergonzarme,
   Y El no me negará en la eterna luz. Amén.

Joseph Grigg; E. Barocio, Tr. estrofas 1-4; R. Wayne Andersen, Tr. estrofa 5.

464 Sale a la Lucha el Salvador (489 TH; 201 HVC; 291 EH)
THE SON OF GOD GOES FORTH TO WAR (8.6.8.6.D.)

1. Sale a la lucha el Salvador, corona a conquistar;
   Su insignia luce por doquier, flameante al frente va;
   Su cáliz ¿quién lo beberá triunfando del dolor?
   Aquel que lleva aquí su cruz de Cristo es seguidor.

2. El mártir con gloriosa fe la muerte despreció;
   Por su Maestro salvo fue, su nombre él invocó;
   Cual Cristo compasión sintió por el que le hizo mal,
   A su enemigo perdonó, ¿quién, pues, le seguirá?

3. ¡Cuán fiel y noble el grupo aquel que el Salvador llamó!
   Su Espíritu consolador sobre ellos descendió;
   La espada del tirano vil, del león la furia atroz,
   Miraron sin sentir terror, Oh ¿quién les sigue en pos?

4. Mujeres, niños, y hombres hoy del trono en derredor,
   Levantan al Señor Jesús sus voces en loor;
   Peligros, luchas y dolor pudieron dominar;
   ¡Oh, danos gracia, eterno Dios, su ejemplo practicar! Amén.

Reginald Heber; George P. Simmonds, Tr. © 1926 renovado 1954, Word Music, Inc. / ASCAP. Todos los derechos reservados. Usado con permiso.

465 ¿Soy Yo Soldado de Jesús? (374 EH; 393 HB; alt. 481 TH)
AM I A SOLDIER OF THE CROSS? (8.6.8.6.)

1. ¿Soy yo soldado de Jesús? ¿Un siervo del Señor?
   ¿Y temeré llevar la cruz sufriendo por su amor?

2. Lucharon otros por la fe, ¿Cobarde yo he de ser?
   Por mi Señor batallaré confiando en su poder.

3. ¿No tengo luchas que enfrentar o males conquistar?
   ¿Es un auxilio el mundo vil, el cielo a alcanzar?

4. Es menester que sea fiel, que nunca vuelva atrás;
   Que siga siempre en pos de El: su gracia me dará.

5. El santo fiel por batallar es más que vencedor,
   Por fe y amor conquistará, aún en la muerte atroz.

6. Y cuando llegue el día feliz de glorificación,
   Señor, daremos gloria a Ti y toda adoración.

Isaac Watts; E. Turrall, Tr., estrofas 1, 2, 4; R. Wayne Andersen, Tr., estrofas 3, 5, 6.

466 Quien Quiera Fuerte Mostrarse (391 HB)
ENGLISH TITLE NOT KNOWN (6.5.6.5.6.6.6.5)

1. Quien quiera frente al mal fuerte mostrarse,
   En el Señor podrá siempre ampararse.
   Y nada ha de encontrar que lo haga abandonar,
   Su voluntad de ser un peregrino.

2. Quienes hoy disuadir al fiel intentan,
   Habrán de sucumbir: su fuerza aumentan.
   Al mal ha de vencer con todo su poder,
   Y siempre habrá de ser un peregrino.

3. Puesto que Tú, Señor, siempre nos guardas,
   En gloria una mansión, fiel nos preparas.
   No quiero ya volver al mundo y su placer,
   Me esforzaré por ser un peregrino. Amén.

John Bunyan; adap., Percy Dearmer; P.D. Sosa, Tr.

467 Firmes y Adelante (490 TH; 289 EH; 200 HVC; 397 HB)
ONWARD, CHRISTIAN SOLDIERS (6.5.6.5.D.)

1. Firmes y adelante, huestes de la fe,
   Sin temor alguno, que Jesús nos ve.
   Jefe soberano, Cristo al frente va,
   Y la regia enseña tremolando está:

Coro:
   Firmes y adelante, huestes de la fe,
   Sin temor alguno, que Jesús nos ve.

2. Muévese potente la iglesia de Dios,
   De los ya gloriosos vamos hoy en pos:
   Somos sólo un cuerpo, y uno es el Señor,
   Una la esperanza, y uno nuestro amor.

3. Tronos y coronas puedan perecer;
   De Jesús la iglesia siempre habrá de ser;
   Nada en contra suya prevalecerá,
   Porque la promesa nunca faltará.

4. Pueblos vuestras voces a la nuestra unid,
   Y el cantar de triunfo todos repetid:
   Prez, honor y gloria, dad a Cristo el Rey:
   Y por las edades cante así su grey.

468 Quiero Ser Leal (362 EH; alt.309 HB)
I WOULD BE TRUE (11.10.11.10.)

1. Quiero ser leal, por los que en mí confían;
   Por los que me aman puro quiero ser;
   Fuerza tener, pues mucho ha de sufrirse;
   Tener valor, pues mucho hay que emprender.
   Tener valor, pues mucho hay que emprender.

2. Quiero de todos ser el fiel amigo;
   Dar olvidando luego lo que di;
   Como soy débil, quiero ser humilde;
   La vista alzar, reír, amar, servir.
   La vista alzar, reír, amar, servir.

3. Dame, Señor, virtud, pureza y fuerza;
   Dame valor, templanza y humildad;
   Dame el amor que da y ayuda y sirve;
   Hazme vivir según tu voluntad.
   Hazme vivir según tu voluntad. Amén.

Howard A. Walter, G. Báez, Tr. © 1978 Broadman Press. Todos los derechos reservados. Usado con permiso de LifeWay Christian Resources.

469 Estad por Cristo Firmes (477 TH; 287 EH; 199 HVC; 401 HB)
STAND UP, STAND UP FOR JESUS (7.6.7.6.D.)

1. ¡Estad por Cristo firmes! Soldados de la cruz;
   Alzad hoy la bandera en nombre de Jesús.
   Es vuestra la victoria, con El por capitán,
   Por El serán vencidas las huestes de Satán.

2. ¡Estad por Cristo firmes! Os llama El a la lid;
   Con El, pues, a la lucha, ¡soldados todos id!
   Probad que sois valientes luchando contra el mal;
   Si es fuerte el enemigo, Jesús es sin igual.

3. ¡Estad por Cristo firmes! Las fuerzas vienen de El.
   El brazo de los hombres es débil y es infiel.
   Vestíos la armadura, velad en oración.
   Deberes y peligros demandan gran tesón.

4. ¡Estad por Cristo firmes! Bien poco durarán,
   La lucha y la batalla; victoria viene ya.
   A todo el que venciere corona se dará;
   Y con el Rey de gloria, por siempre vivirá.

LA VIDA VENIDERA

470 Cuando Mis Luchas Terminen Aquí (332 EH; 494 HB)
O THAT WILL BE GLORY (10.10.10.10 c/coro)

1. Cuando mis luchas terminen aquí,
   Y con mi Amado seguro esté,
   Glorificándole siglos sin fin,
   ¡Eternamente mi gozo será!

Coro:
   ¡Esa será gloria sin fin, sí para mí gloria sin fin!
   Cuando por gracia su faz pueda ver,
   ¡Esa mi gloria sin fin ha de ser!

2. Cuando por gracia yo pueda tener,
   En sus mansiones morada de paz;
   Y que allí siempre su faz pueda ver,
   ¡Eternamente mi gozo será!

3. Gozo infinito será contemplar,
   La gran reunión con los santos allá,
   Mas la presencia de Cristo gozar,
   ¡Eternamente mi gozo será!

471 ¿Quiénes Son los Ceñidos de Esplendor? (53 TH)
WHO ARE THESE LIKE STARS APPEARING? (8.7.8.7.D.)

1. ¿Quiénes son los que ceñidos con ropajes de esplendor,
   Himnos cantan día y noche del altar en derredor?
   Al Cordero allí proclaman solo digno de obtener,
   Reino, honor, sabiduría, gloria, bendición, poder.

2. Estos son los que salieron de la cruel tribulación,
   Y ante el trono de su gloria recibidos son por Dios;
   Visten albas de pureza, lauros ciñen a su sien,
   Y áureas palmas de victoria en sus manos ya se ven.

3. Hambre y sed, afán y angustias y dolor no sufren ya;
   De sus ojos para siempre Cristo el llanto enjugará;
   Que al gemir sucede el gozo, huyen sombras y temor,
   Y en el reino donde moran solo impera eterno amor. Amén.

LA VIDA VENIDERA

472 Hay Un Mundo Feliz (508 HB)
IN THE SWEET BY AND BY (9.9.9.9. c/coro)

1. Hay un mundo feliz que será, donde moran los santos en luz,
   Tributando eterno loor, al invicto y glorioso Jesús.

Coro: En el mundo feliz reinaremos con nuestro Señor;
   En el mundo feliz reinaremos con nuestro Señor.

2. Cantaremos con gozo a Jesús, al Cordero que nos rescató,
   Con su sangre vertida en la cruz, el pecado a su pueblo quitó.

3. Para siempre en el mundo feliz, con los santos daremos loor,
   Al triunfante y glorioso Jesús, a Jesús nuestro Rey y Señor.

473 Jerusalén, Mi Hogar Feliz (495 HB; alts.133, 601 TH)
JERUSALEM, MY HAPPY HOME (C.M. o 8.6.8.6.)

1. ¡Jerusalén, hogar feliz, sagrado para mí!
   Mis penas, ¿cuándo cambiaré por gozo y paz en ti?

2. Salvados miles hay allá por gracia de Jesús;
   Los santos revestidos ya le dan honor y prez.

3. Profetas santos hay allá que adoran a Jesús;
   Apóstoles y mártires disfrutan de su luz.

4. Muy pronto yo también iré a ti dichoso hogar;
   La gracia de mi amado Rey con ellos a alabar.

5. ¡Jerusalén hogar feliz, morada para mí!
   Mis penas todas cambiaré por gozo y paz en ti.

474 En Presencia Estar de Cristo (334 EH; 217 HVC; 500 HB)
FACE TO FACE (8.7.8.7.D.)

1. En presencia estar de Cristo, ver su rostro ¿qué será?
   Cuando al fin en pleno gozo mi alma le contemplará.

Coro: Cara a cara espero verle Quien se dio por mí en la cruz;
   Cara a cara en plena gloria, he de ver a mi Jesús.

2. Sólo tras oscuro velo, hoy lo puedo aquí mirar,
   Más ya pronto viene el día, que su gloria ha de mostrar.

3. Cuánto gozo habrá con Cristo, cuánta luz, amor y paz,
   Cuando cesen los peligros y veamos ya su faz.

4. Cara a cara, ¡cuán glorioso ha de ser así vivir!
   ¡Ver el rostro de quien pudo nuestras almas redimir!

475 Yo Podré Reconocerle (496 HB)
I SHALL KNOW HIM (Irregular)

1. Cuando al fin se termine nuestra vida terrenal,
   Y el río oscuro tenga que cruzar,
   En lejana ribera al Salvador conoceré,
   Con sonrisa y dicha me recibirá.

Coro: Yo podré reconocerle;
   En la cruz Cristo me redimió.
   Bien podré reconocerle por heridas que allí recibió.

2. ¡Oh qué gozo será vivir allí con el Señor,
   Y su rostro y hermosura contemplar!
   Sentiré grande gozo cuando me permita ver,
   La mansión que ha prometido preparar.

3. Nos esperan allí los que murieron en Jesús,
   Ellos viven en presencia del Señor;
   ¡Oh qué dulce y qué grato estar con ellos en reunión,
   Para alabar a nuestro Salvador!

4. Por los bellos portales me conducirá Jesús,
   No habrá pecado, ni ningún dolor;
   Gozaré con los suyos alabanzas entonar,
   Mas primero quiero ver a mi Señor.

Fanny J. Crosby. George P. Simmonds, Tr. © 1978 Casa Bautista de Publicaciones. Todos los derechos reservados. Usado con permiso.

476 Alguna Vez Ya No Estaré (726 TH; 333 EH; 207 HVC)
SOME DAY THE SILVER CORD WILL BREAK (L.M.D. o 8.8.8.8.D.)

1. Alguna vez ya no estaré en mi lugar en esta grey,
   Mas ¡cuán feliz despertaré en el palacio de mi Rey!

Coro:
   Yo lo veré y en dulce amor iré a vivir con El allí,
   Y le diré: "Mi buen Señor, por gracia yo salvado fui."

2. Alguna vez la muerte atroz vendrá, mas cuando, no lo sé;
   Pero esto sé: con mi buen Dios un sitio yo feliz tendré.

3. Alguna vez yo como el sol, mi ocaso y fin tendré también;
   Mas me dirá mi buen Señor: "Mi siervo fiel, conmigo ven."

4. En día feliz que espero yo, con mi candil ardiendo ya,
   Las puertas me abrirá el Señor, y mi alma a El con gozo irá.

LA VIDA VENIDERA

477 Mi Redentor, El Rey de Gloria (171 HVC)
ENGLISH TITLE NOT KNOWN (9.8.9.8 c/coro)

1. Mi Redentor, el Rey de gloria, que vive yo seguro estoy;
   Y da coronas de victoria, a recibir la mía voy.

Coro:
   Que permanezca no pidáis entre el bullicio y el vaivén;
   El mundo alegre hoy dejara, aún cuando fuese algún Edén;
   La cita nada más aguardo, que el Rey me diga: "Hijo, ven."

2. En mi Señor Jesús confío, su sangre clama a mi favor;
   Es dueño El de mi albedrío, estar con El es lo mejor.

3. De tanto amor me maravillo, y no me canso de admirar;
   Me libertó de mi peligro, sufriendo todo en mi lugar.

4. Consuélome en su larga ausencia pensando: "pronto volverá."
   Entonces su gloriosa herencia a cada fiel Jesús dará.

478 Tras El Ocaso (336 EH; 507 HB)
BEYOND THE SUNSET (10.9.10.9.)

1. Tras el ocaso despunta el alba,
   El Sol fulgente su luz dará;
   Ya viene el día de eterna dicha,
   Con Cristo en gloria, ¡oh qué será!

2. Tras el ocaso nada de sombras,
   No habrá más llanto ni ansiedad;
   En nueva tierra disfrutaremos,
   De sempiterna felicidad.

3. Tras el ocaso la tierna mano,
   De Dios el Padre me sostendrá;
   A las mansiones que ha preparado,
   Para sus hijos, me llevará.

4. Tras el ocaso vislumbro un día,
   Donde me espera mi Salvador;
   Con mis amados seré reunido,
   En las moradas de luz y amor. Amén.

Virgil P. Brock. S.D. Athans, Tr. © 1936 renovado1965, Word Music, Inc. / ASCAP. Todos los derechos reservados. Usado con permiso.

Himnos para Ocasiones Especiales o Informales

479 Perfecto Amor (625 TH; 355 EH; 345 HVC)
O PERFECT LOVE (11.10.11.10.)

1. Perfecto amor, que al hombre es transcendente,
   Concede a éstos, Dios, tu bendición,
   Que su amor perdure eternamente,
   No dos, sino uno en perfecta unión.

2. Vida perfecta, que de tu abundancia
   Demuestre en caridad y gran valor,
   Dulce esperanza, fe y perseverancia;
   Que en tiempo adverso vivan sin temor.

3. Concédeles tu gozo en la tristeza,
   Y en el afán, tu gracia eficaz;
   Cuando se abaten, dales tu promesa,
   De aquel celeste hogar de amor y paz.

4. Nuestra oración, Padre, en tu amor tan tierno
   Escucha, por Jesús, en tu bondad;
   Y a Ti, y al Hijo y Espíritu eterno,
   Sea honra y gloria por la eternidad. Amén.

Dorothy Bloomfield Gurney © 1964 George P. Simmonds, Tr. Usado con permiso.

480 Danos un Bello Hogar (405 HB)
GOD, GIVE US CHRISTIAN HOMES (6.9.9.9.6.6.)

1. Danos un bello hogar, donde la Biblia se pueda ver;
   Donde tu amor bienestar nos dé; donde en Ti todos tengan fe.
   ¡Danos un bello hogar! ¡Danos un bello hogar!

2. Danos un bello hogar, donde el padre es fuerte y fiel;
   Donde no haya el sabor a hiel,
   Donde en su ambiente haya sólo miel.
   ¡Danos un bello hogar! ¡Danos un bello hogar!

3. Danos un bello hogar, donde la madre con devoción,
   Sepa mostrarnos tu compasión,
   Donde Tú habites con santa unción.
   ¡Danos un bello hogar! ¡Danos un bello hogar!

4. Danos un bello hogar, donde los hijos podrán saber,
   Cómo Jesús los quiere ver, a su amparo y así vencer.
   ¡Danos un bello hogar! ¡Danos un bello hogar!

B.B. McKinney, Guillermo Blair, Tr. © 1949 renovado 1978, Broadman Press.
Todos los derechos reservados. Usado con permiso de Lifeway Christian Resources.

481 Hogar Feliz, Donde el Señor Reside (356 EH; 404 HB)
ENGLISH TITLE NOT KNOWN (11.10.11.10.)

1. Hogar feliz, donde el Señor reside,
   Cual muy amado amigo y Salvador;
   Donde no vienen huéspedes que priven,
   A Cristo de su sitio de honor.

2. Hogar feliz, donde uno al otro sirve,
   Y su obra cumple cual fiel servidor;
   Do la tarea más humilde es santa,
   Porque la cumple en nombre del Señor.

3. Hogar feliz, donde a Jesús no olvidan;
   Donde abundan gozo, paz, y amor;
   Donde el alma pronto está aliviada,
   Por el Espíritu Consolador.

4. Hogar feliz, aquel que nos espera,
   Al fin de nuestra vida terrenal;
   Cristo en la gloria ahora nos prepara,
   Un nuevo hogar, sublime, celestial.

Carl J.P. Spitta, George P. Simmonds, Tr. © 1978 Casa Bautista de Publicaciones. Todos los derechos reservados. Usado con permiso.

482 Se Acerca un Año Nuevo (526 HB)
ENGLISH TITLE NOT KNOWN (7.6.7.6.D.)

1. Se acerca un año nuevo: tu voluntad será.
   Velando o trabajando, tu mano nos guiará.
   Un año de progreso, de prueba y bendición,
   Mas cada día probando tu santa dirección.

2. Se acerca un año nuevo, de gracia y de bondad.
   Mirando hacia adelante dejamos la maldad.
   Un año más confiando en tu divino amor;
   ¡Que haya esperanza, sin pena ni temor!

3. Se acerca un año nuevo para testificar,
   De bendición y gracia que Tú nos puedes dar.
   Se acerca un año nuevo, enséñanos así:
   A donde Tú nos lleves, el año es para Ti! Amén.

Frances R. Havergal. Leslie Gómez C., Tr. © 1978 Casa Bautista de Publicaciones. Todos los derechos reservados. Usado con permiso.

OCASION ESPECIAL O INFORMAL

483 Dios Eterno, en Tu Presencia (398 EH; alt. 610 TH)
ORIGINAL IN SPANISH (8.7.8.7.D.)

1. Dios eterno, en tu presencia nuestros siglos horas son,
 Y un segundo la existencia de la actual generación;
 Mas el hombre que a tu lado quiere ya volar con fe,
 En su curso prolongado lento el tiempo siempre ve.

2. Otro año ha fenecido que la vida ya acortó,
 Y el descanso apetecido algo más se aproximó;
 Gracias mil por tus mercedes hoy tu iglesia, Dios, Te da,
 Y pues, todo Tú lo puedes, tu poder nos sostendrá.

3. Tú proteges las familias visitando cada hogar,
 Oh Señor, si nos auxilias, ¿Qué nos puede aquí faltar?
 Por doquier que Te ame el hombre y Te sirva haciendo el bien,
 Haz que sea tu santo nombre ensalzado siempre. Amén.

484 ¡Oh, Jóvenes, Venid! (360 EH; 332 HVC; 514 HB)
ENGLISH TITLE NOT KNOWN (13.11.13.11. c/coro)

1. ¡Oh jóvenes venid! Su brillante pabellón
 Cristo ha desplegado hoy en la nación;
 A todos en sus filas os quiere recibir,
 Y con El a la pelea os hará salir.

Coro:
 ¡Vamos a Jesús, alistados sin temor,
 Vamos a la Lid, inflamados de valor!
 ¡Jóvenes luchemos todos contra el mal;
 En Jesús tenemos nuestro General.

2. ¡Oh Jóvenes venid! El potente Salvador
 Quiere recibirlos en su derredor;
 Con El a la batalla salid sin vacilar:
 Vamos pronto compañeros, vamos a luchar.

3. Las armas invencibles del Jefe guiador
 Son el evangelio y su grande amor;
 Con ellas revestidos, y llenos de poder,
 Compañeros acudamos; vamos a vencer.

4. Quien venga a la pelea, su voz escuchará;
 Cristo la victoria le concederá;
 ¡Salgamos compañeros, luchemos bien por El,
 Con Jesús conquistaremos inmortal laurel.

485 Dios, Yo Quiero Ser Cristiano (314 HB; 278 EH)
LORD, I WANT TO BE A CHRISTIAN

1. Dios, yo quiero ser cristiano de corazón, de corazón.
   Dios, yo quiero ser cristiano de corazón.
   De corazón, de corazón,
   Dios, yo quiero ser cristiano de corazón.
2. Dios yo quiero ser más santo de corazón, de corazón.
   Dios yo quiero ser más santo de corazón.
   De corazón, de corazón,
   Dios yo quiero ser más santo de corazón.
3. Dios yo quiero ser más limpio de corazón, de corazón.
   Dios yo quiero ser más limpio de corazón.
   De corazón, de corazón,
   Dios yo quiero ser más limpio de corazón.
4. Dios, yo quiero amarte siempre de corazón, de corazón.
   Dios yo quiero amarte siempre de corazón.
   De corazón, de corazón,
   Dios yo quiero amarte siempre de corazón.

486 Gozo la Santa Palabra al Leer (329 HVC; 515 HB)
I AM SO GLAD THAT JESUS LOVES ME

1. Gozo la santa palabra al leer,
   Cosas preciosas allí puedo ver;
   Y sobre todo, que el gran Redentor,
   Es de sus hijos el tierno Pastor.

Coro:
   Con alegría yo cantaré, al Redentor, tierno Pastor,
   Que en el Calvario por mi murió, sí, El por mi murió.

2. Me ama Jesús, pues su vida entregó,
   Por mi salud, y de hijos habló;
   "Dejad los niños que vengan a mi,
   Para salvarlos mi sangre vertí."
3. Si alguien pregunta que cómo lo sé,
   "Busca a Jesús, pecador," le diré;
   "Por su palabra que tienes aquí,
   Puedes saber que te salva a ti."

OCASION ESPECIAL O INFORMAL

487 Los Que Esperan en Jehová (313 HB)
ORIGINAL IN SPANISH (Irregular)

1. Los que esperan en Jehová nuevas fuerzas poseerán;
   Caminando sin descansar, nunca se fatigarán.

Coro:
   Cual las águilas alzarán, con el poder de Cristo el Rey;
   Fuertes alas para volar, los que esperan en Jehová.

2. En los brazos de mi Jesús, hay lugar de consuelo y luz;
   El nos brinda su gozo y paz en el sitio de solaz.

Alfredo Colom M. © 1956 Singspiration Music / ASCAP. Todos los derechos reservados. Usado con permiso de Brentwood-Benson Music, Inc.

488 Cristo Me Ama (366 EH; 328 HVC; 511 HB)
JESUS LOVES ME

1. Cristo me ama, bien lo sé, su Palabra me hace ver,
   Que sus hijos son de aquél, Quien es nuestro amigo fiel.

Coro:
   Cristo me ama, Cristo me ama,
   Cristo me ama, la Biblia dice así.

2. Cristo me ama, pues murió, y el cielo me abrió;
   El mis culpas quitará, y la entrada me dará.

3. Cristo me ama, es verdad, y me cuida en su bondad;
   Cuando muera bien lo sé: viviré allá con El.

489 No Hay Cual Jesús (451 HB)
THERE'S NOT A FRIEND LIKE THE LOWLY JESUS

1. No hay cual Jesús otro fiel amigo, no lo hay, no lo hay;
   Otro que pueda salvar las almas, no lo hay, no lo hay.

Coro:
   El se dio todo por salvarnos,
   Y sólo El nos sostendrá;
   No hay cual Jesús otro fiel amigo, no lo hay, no lo hay.

2. No hay un instante en que nos olvide, no lo hay, no lo hay;
   No hay noche oscura que no nos cuide, no la hay, no la hay.

3. No hay otro amor como el de Cristo, no lo hay, no lo hay;
   Ha prometido estar conmigo, hasta el fin, hasta el fin.

OCASION ESPECIAL O INFORMAL

490 Es Cristo Quien por Mí Murió (49 HB)
OH HOW I LOVE JESUS (C.M. o 8.6.8.6. c/coro)

1. Es Cristo quien por mí murió, mis culpas El borró.
   ¡Cuan grandes penas El sufrió, cuán grande es su amor!

Coro: ¡Oh, cuánto le alabo! ¡Oh cuánto le adoro!
   Y siempre le sigo de todo corazón.

2. Jesús su sangre derramó, el Rey por mí murió;
   Por mi, porque El me amó, mi iniquidad limpió.

3. ¡Oh! nunca puedo yo pagar, la deuda de su amor;
   Estoy aquí, mi Salvador, me entrego a Tí, Señor.

4. Vivir con Cristo me trae paz, con El habitaré;
   Pues suyo soy, y de hoy en más, a nadie temeré.

491 Lindas Manitas (170 NHP)
ORIGINAL IN SPANISH (7.8.7.7. c/coro)

1. Lindas las manitas son que obedecen a Jesús,
   Lindos ojos son también, los que están llenos de luz.

Coro: Lindas son las manos que obedecen al Señor,
   Lindos también los ojos, llenos de amor de Dios.

2. Lo que puedas tú hacer, Cristo te lo exigirá;
   Hazlo, pues, con gran placer, hazlo y contento estarás.

3. Las manitas hechas son que le sirvan a Jesús;
   También nuestro corazón debe por Cristo latir.

4. Y los labios para orar y alabar al Salvador;
   Los piecitos han de andar listos en obras de amor.

492 Maravilloso Es el Nombre de Jesús (46 HB)
HIS NAME IS WONDERFUL

Maravilloso es el nombre de Jesús,
   Maravilloso es Cristo el Señor.

Rey poderoso y fiel, de todo es dueño El,
   Maravilloso es Cristo el Señor.

Pastor divino, la Roca eterna, Dios poderoso es;
Venid, amadle, hoy adoradle;
   Maravilloso es Cristo el Señor.

Audrey Mieir. Marjorie J. de Caudill, Tr. © 1959 Manna Music, Inc. Renovado 1987. Todos los derechos reservados. Usado con permiso.

OCASION ESPECIAL O INFORMAL

493 Buscad Primero (373 HB)
SEEK YE FIRST THE KINGDOM OF GOD

1. Buscad primero el reino de Dios y su perfecta justicia,
   Y lo demás añadido será; Aleluya, Aleluya.

Coro: Aleluya, Aleluya, Aleluya, Aleluya.

2. No sólo de pan el hombre vivirá, sino de toda palabra,
   Que sale de la boca de Dios; Aleluya, Aleluya.

3. Pedid, pedid y se os dará; buscad y hallaréis;
   Llamad, llamad y la puerta se abrirá; Aleluya, Aleluya.

494 Es la Vida de Mi Alma (472 HB)

Es la vida de mi alma, mi Cristo, mi Rey Divino;
Es la vida de mi alma, es Jesús mi Salvador.
Cristo vivo, Pastor mio,
Es la vida de mi alma, es Jesús mi Salvador.

495 De Jehová Cantaré *(Salmo 89:1-2)* (50 HFA)
I WILL SING OF THE MERCIES OF THE LORD FOREVER

De Jehová cantaré yo las misericordias,
   Cantaré, cantaré,
De Jehová cantaré yo las misericordias,
   Grandes misericordias cantaré.
Con mi boca anunciaré tu gran verdad y fidelidad,
   Con mi boca anunciaré tu gran verdad por todos los siglos.
De Jehová cantaré yo las misericordias,
   Cantaré, cantaré,
De Jehová cantaré yo las misericordias,
   Grandes misericordias cantaré.

496 Solamente en Cristo (159 HFA)
ORIGINAL IN SPANISH

Solamente en Cristo, solamente en El;
   La salvación se encuentra en El;
   No hay otro nombre dado a los hombres;
   Solamente en Cristo, solamente en El.

Autor anonimo. Robert C. Savage, Tr. © 1968 Singspiration Music / ASCAP.
Todos los derechos reservados. Usado con permiso de Brentwood-Benson Music, Inc.

OCASION ESPECIAL O INFORMAL

497 El Puede (91 HFA)
HE IS ABLE

El puede, El puede, yo sé que El puede;
 Yo sé que todo puede mi Jesús.

El puede, El puede, yo sé que El puede;
 Yo sé que todo puede mi Jesús.

Salvó a los quebrantados, cautivos del pecar,
 A los ciegos la vista dio, y a cojos hizo andar.

El puede, El puede, yo sé que El puede;
 Yo sé que todo puede mi Jesús.

Autor anonimo. Robert C. Savage, Tr. © 1966 Singspiration Music / ASCAP. Todos los derechos reservados. Usado con permiso de Brentwood-Benson Music, Inc.

498 Sólo Hay un Dios y un Mediador
FOR THERE IS ONE GOD AND ONE MEDIATOR

Sólo hay un Dios y un Mediador entre el hombre y Dios,
 Sólo hay un Dios y un Mediador,
 Jesucristo que es Dios y hombre.

El se entregó por nuestra redención,
 El se entregó por nuestra redención,
 El se entregó por nuestra redención,
 Maravilloso Salvador.

Sólo hay un Dios y un Mediador entre el hombre y Dios,
 Sólo hay un Dios y un Mediador,
 Jesucristo que es Dios y hombre.

499 1 Juan 1:7 (525 HB)
ORIGINAL IN SPANISH

Si andamos en la luz, como El está en la luz,
 Tenemos comunión entre nosotros.
 Si andamos en la luz, como El está en la luz,
 Tenemos comunión entre nosotros.

Y la sangre de Jesucristo, de Jesucristo su Hijo,
 Nos limpia de todo pecado, de todo pecado.
 Y la sangre de Jesucristo, de Jesucristo su Hijo,
 Nos limpia de todo pecado, de todo pecado.

Donna de Krieger. © 1978 Casa Bautista de Publicaciones. Todos los derechos reservados. Usado con permiso.

Página para nuevos himnos

Página para nuevos himnos

Página para nuevos himnos

Página para nuevos himnos

Página para nuevos himnos

Página para nuevos himnos

LA CONFESION DE FE BAUTISTA DE 1689

La Confesión de Fe Bautista de Londres de 1689 se llama así porque fue adoptada en 1689 por los ancianos y representantes de 100 iglesias bautistas calvinistas reunidas en Londres. Ha sido la confesión más influyente entre los Bautistas Particulares, Calvinistas o Reformados desde aquel tiempo, y también es la confesión sostenida por la mayoría de las iglesias Bautistas Reformadas hoy en día.

Esta confesión es la "bisnieta" Bautista de la destacada *Confesión de Fe Westminster* que fue producto de los teólogos Puritanos Presbiterianos de la Asamblea Westminster de los 1640. En 1658 usando esta Confesión de Westminster, los teólogos Puritanos Congregacionalistas (entre los cuales fueron John Owen y Thomas Goodwin) pusieron un capítulo sobre el evangelio junto con el capítulo sobre la ley, luego hicieron unos pocos cambios que reflejaron sus creencias sobre la relación entre la iglesia y el estado, y agregaron unos párrafos en un apéndice sobre el orden en la iglesia. La confesión que resultaba fue publicado bajo el título, *La Declaración Saboya de Fe y Orden*, la cual llegó a ser el patrón de *La Confesión de Fe Bautista de Londres de 1689*. Los Puritanos Bautistas aprovecharon los cambios y aun los párrafos del apéndice sobre el orden de la iglesia, incorporándolos en el capítulo sobre la iglesia.

Por eso, *La Confesión de Fe Bautista de 1689* sigue la estructura y lenguaje de la *Confesión de Fe Westminster*. La Confesión Bautista es un documento puritano y reformado. También es un documento Bautista, reflejando sus creencias sobre el bautismo, los pactos y la iglesia. Por estas razones, es un tesoro de verdad de la Palabra de Dios, en forma que ha llegado a ser cristalizado en la historia de la Iglesia. Esta Confesión histórica es publicada aquí como "una ayuda en la controversia, en confirmación en la fe y un medio de edificación en la justicia" (Spurgeon).

Debemos un agradecimiento especial al editorial, Cristianismo Histórico, por el uso de esta traducción. Todos los derechos reservados. Usado con permiso.

CONFESION BAUTISTA DE FE DE 1689

PREFACIO

En el año 1855, C. H. Spurgeon, el conocido pastor de lo que más tarde fue llamado el Tabernáculo Metropolitano en Londres, Inglaterra, publicó de nuevo la confesión de fe que ahora presentamos a las iglesias bautistas del mundo hispano en este nuevo estilo, para celebrar el aniversario número 300 de esta declaración de la fe.

Entre aquellas cosas que creemos firmemente es que no hay nada semejante a la Biblia. Por eso no atribuimos autoridad alguna a esta confesión. De hecho, Ud. puede ver en el primer capítulo de esta publicación que todas las doctrinas de hombres deben decidirse por el veredicto bíblico. (Cap.1, par.10)

A pesar de esto, hay quienes que menosprecian los documentos llamados confesiones de fe. Otros dicen: "Cristo es nuestro credo". Sin embargo, todo el mundo sabe que en el momento en que decimos, "la Biblia dice tal o cual cosa, y yo la creo", ya hemos hecho una confesión de fe. Si algunos no creen en la utilidad de escribir y publicar su confesión, respetamos su posición, si bien diferimos. Por nuestra parte, convencidos de que los que quieren saber en qué creemos deben ser atendidos, estamos dispuestos pasar el trabajo e incurrir en los gastos necesarios para cumplir con sus esperanzas. En las siguientes líneas ofrecemos una traducción de parte del prefacio de la primera edición de esta confesión de fe hecha en 1689, después de mucha persecución. Dice así:

> Hace muchos años que vimos la necesidad de publicar una confesión de nuestra fe para informar y satisfacer a aquellos que no entendían nuestros principios, o que tenían prejuicios contra estos debido a una presentación defectuosa de los mismos. Esta primera confesión fue publicada cerca del año 1643 en el nombre de 7 congregaciones que se reunían en Londres. Desde aquel entonces varias ediciones han salido, cumpliendo con nuestro propósito básico. Mas, por ahora es difícil conseguir un ejemplar de esa confesión, si bien muchos han llegado a creer nuestras doctrinas. Por lo tanto, consideramos como una necesidad el que todos demos un testimonio unido al mundo de que aún nos adherimos a estos principios usando como medio esta publicación que está en sus manos.
>
> Aunque la sustancia de nuestras creencias es la misma, ustedes observarán que hemos cambiado el método de expresar nuestra fe.

De ahí en adelante ellos explican que la razón por la cual publicaron su confesión no fue solamente para mostrar su ortodoxia a aquellos que no creían en el bautismo como los bautistas, sino también para tener un instrumento para la instrucción y la edificación del pueblo de Dios. Por eso decidieron hacer una declaración más completa y exacta, aprovechándose de un plan que las iglesias congregacionalistas habían usado cuando publicaron su confesión de fe (llamado la "Saboya"), o sea, el de copiar la famosa *Confesión de Fe Westminster*, cambiando mayormente aquellas cosas que tenían que ver con la iglesia, su organización y sus ordenanzas. La Westminster es reconocida como la más exacta confesión de fe reformada debido a los años dedicados a su preparación por los mejores ministros de Inglaterra y Escocia.

Los bautistas defendieron este proceder diciendo que así podrían mostrar al mundo su acuerdo básico con todos los fundamentos de la fe protestante reformada. También afirmaron que su propósito no era ser contenciosos o sectarios sino andar en paz con sus hermanos en todas las doctrinas de la fe.

Compartimos los sentimientos de aquellos ministros que representaban más de cien congregaciones y, animados por nuestros hermanos hispanos, que rechazan el arminianismo en los países de Centro y Sudamérica, España, Estados Unidos, República Dominicana y Puerto Rico, hemos publicado esta traducción. Nos pareció bien seguir el plan de nuestros antepasados, por lo tanto, copiamos la confesión de fe de Westminster intercalando aquellos cambios hechos por los bautistas a través de los tiempos.

Terminamos esta breve introducción con una cita del pastor C.H. Spurgeon hablando de esta confesión:

> Este documento antiguo es un excelente resumen de aquellas cosas creídas entre nosotros. Aceptamos el mismo no como una regla autoritativa, o como un código de fe, sino como una ayuda en la controversia, una confirmación en la fe y un medio de edificación en la justicia. En él los miembros de esta iglesia tendrán un pequeño resumen doctrinal y por medio de las pruebas bíblicas allí contenidas estarán preparados para dar una respuesta de la fe que hay en ellos.

Capítulo 1
DE LAS SANTAS ESCRITURAS

1. La Santa Escritura es la única regla suficiente, segura e infalible de todo conocimiento, fe y obediencia salvadores.[1] Aunque la luz de la naturaleza y las obras de la creación y de la providencia manifiestan de tal manera la bondad, sabiduría y poder de Dios que dejan a los hombres sin excusa,[2] no son, sin embargo, suficientes para dar aquel conocimiento de Dios y de su voluntad que es necesario para la salvación.[3] Por tanto, agradó al Señor, en distintas épocas y de diversas maneras, revelarse a sí mismo y declarar su voluntad a su Iglesia;[4] y posteriormente, para conservar y propagar mejor la verdad y para un establecimiento y consuelo más seguros de la Iglesia contra la corrupción de la carne y la malicia de Satanás y del mundo, le agradó poner por escrito esa revelación en su totalidad, lo cual hace a las Santas Escrituras muy necesarias,[5] habiendo cesado ya aquellas maneras anteriores por las cuales Dios reveló su voluntad a su pueblo.[6]

1. 2 Tim. 3:15-17; Isa. 8:20; Luc.16:29,31; Ef. 2:20
2. Rom.1:19-21, 32; Rom. 2:12a,14,15; Sal.19:1-3
3. Sal.19:1-3 con vv. 7-11; Rom.1:19-21; 2:12a, 14-15 con 1:16-17 y 3:21
4. Heb.1:1
5. Pr. 22;19-21; Luc.1:1-4; 2 Ped.1:12-15; 3:1; Dt.17:18ss.; 31:9ss.; 19ss.; 1Cor.15:1; 2 Tes.2:1-2,15; 3:17; Rom.1:8-15; Gál.4:20; 6:11; 1Tim.3:14ss; Apo.1:9,19; 2:1, etc.; Rom.15:4; 2 Ped.1:19-21
6. Heb.1:1-2a; Hch.1:21-22; 1 Cor. 9:1; 15:7-8; Ef. 2:20

2. Bajo el nombre de la Santa Escritura, o la Palabra de Dios escrita, están ya contenidos todos los libros del Antiguo y Nuevo Testamento, que son éstos:

ANTIGUO TESTAMENTO

Génesis	1o de Reyes	Eclesiastés	Abdias
Exodo	2o de Reyes	Cantares	Jonás
Levítico	1o de Crónicas	Isaías	Miqueas
Números	2o de Crónicas	Jeremías	Nahúm
Deuteronomio	Esdras	Lamentaciones	Habacuc
Josué	Nehemías	Ezequiel	Sofonías
Jueces	Ester	Daniel	Hageo
Rut	Job	Oseas	Zacarías
1o de Samuel	Salmos	Joel	Malaquías
2o de Samuel	Proverbios	Amos	

NUEVO TESTAMENTO

Mateo	Efesios	Hebreos
Marcos	Filipenses	Santiago
Lucas	Colosenses	1a de Pedro
Juan	1a Tesalonicenses	2a de Pedro
Hechos	2a Tesalonicenses	1a de Juan
Romanos	1a Timoteo	2a de Juan
1a Corintios	2a Timoteo	3a de Juan
2a Corintios	Tito	Judas
Gálatas	Filemón	Apocalipsis

Todos ellos fueron dados por inspiración de Dios para ser la regla de fe y de vida.[1]

1. 2 Tim. 3:16 con 1 Tim. 5:17-18; 2 Ped. 3:16

3. Los libros comúnmente llamados Apócrifos, no siendo de inspiración divina, no forman parte del canon o regla de la Escritura y, por tanto, no tienen autoridad para la Iglesia de Dios, ni deben aceptarse ni usarse excepto de la misma manera que otros escritos humanos.[1]

1. Luc. 24:27,44; Rom. 3:2

4. La autoridad de la Santa Escritura, por la que ésta debe ser creída, no depende del testimonio de ningún hombre o iglesia,[1] sino enteramente de Dios (quien es la verdad misma), el autor de ella; por tanto, debe ser recibida porque es la Palabra de Dios.[2]

1. Luc.16:27-31; Gál.1:8,9; Ef. 2:20
2. 2 Tim. 3:15; Rom.1:2; 3:2; Hch. 2:16; 4:25; Mat.13:35; Rom. 9:17; Gál. 3:8; Rom.15:4; 1 Cor.10:11; Mat. 22:32; Luc.16:17; Mat. 22:41ss; Jn.10:35; Gál. 3:16; Hch.1:16; 2:24ss; 13:34-35; Jn.19:34-36; 19:24; Luc. 22:37; Mat. 26:54; Jn.13:18; 2 Tim. 3:16; 2 Ped.1:19-21; Mat. 5:17,18; 4:1-11

5. El testimonio de la Iglesia de Dios puede movernos e inducirnos a tener una alta y reverente estima por las Santas Escrituras;[1] y el carácter celestial del contenido, la eficacia de la doctrina, la majestad del estilo, la armonía de todas las partes, el fin que se propone alcanzar en todo su conjunto (que es el de dar toda la gloria a Dios), la plena revelación que dan del único camino de salvación para el hombre, y muchas otras incomparables excelencias y plenas perfecciones de las mismas, son argumentos por los cuales dan abundante evidencia de ser la Palabra de Dios.[2] A pesar de ello, sin embargo, nuestra plena persua-

sión y certeza de su verdad infalible y su autoridad divina provienen de la obra interna del Espíritu Santo, quien da testimonio en nuestros corazones por medio de la Palabra y con ella.[3]

1. 2 Tim. 3:14-15
2. Jer. 23:28,29; Luc.16:27-31; Jn. 6:63; 1 Ped.1:23-25; Heb. 4:12-13; Dt. 31:11-13; Jn. 20:31; Gál.1:8-9; Mr.16:15-16
3. Mat.16:17; 1 Cor. 2:14ss.; Jn. 3:3; 1 Cor. 2:4-5; 1 Tes.1:5-6; 1 Jn. 2:20-21 con v. 27

6. Todo el consejo de Dios tocante a todas las cosas necesarias para su propia gloria, la salvación del hombre, la fe y la vida, está expresamente expuesto o necesariamente contenido en la Santa Escritura; a la cual nada, en ningún momento, ha de añadirse, ni por nueva revelación del Espíritu ni por las tradiciones de los hombres.[1]

Sin embargo, reconocemos que la iluminación interna del Espíritu de Dios es necesaria para un entendimiento salvador de aquellas cosas que están reveladas en la Palabra,[2] y que hay algunas circunstancias tocantes a la adoración de Dios y al gobierno de la Iglesia, comunes a las acciones y sociedades humanas, que han de determinarse conforme a la luz de la naturaleza y de la prudencia cristiana, según las normas generales de la Palabra, que han de guardarse siempre.[3]

1. 2 Tim. 3:15-17; Dt. 4:2; Hch. 20:20,27; Sal.19:7; 119:6,9,104,128
2. Jn. 6:45; 1 Cor. 2:9-14
3. 1 Cor.14:26,40

7. No todas las cosas contenidas en las Escrituras son igualmente claras en sí mismas[1] ni son igualmente claras para todos;[2] sin embargo, las cosas que necesariamente han de saberse, creerse y guardarse para salvación, se proponen y exponen tan claramente en uno u otro lugar de la Escritura que no sólo los eruditos, sino los que no lo son, pueden adquirir un entendimiento suficiente de tales cosas por el uso adecuado de los medios ordinarios.[3]

1. 2 Ped. 3:16
2. 2 Tim. 3:15-17
3. 2 Tim. 3:14-17; Sal.19:7-8; 119:105; 2 Ped.1:19; Pr. 6:22-23; Dt. 30:11-14

8. El Antiguo Testamento en hebreo (que era el idioma nativo del pueblo de Dios antiguamente),[1] y el Nuevo Testamento en griego (que en el tiempo en que fue escrito era el idioma más generalmente conocido entre las naciones), siendo inspirados inmediatamente por Dios y mantenidos puros a lo largo de todos los tiempos por su especial cuidado y providencia, son, por tanto, auténticos;[2] de tal forma que, en toda controversia religiosa, la Iglesia debe apelar a ellos en última instan-

cia.³ Pero debido a que estos idiomas originales no son conocidos por todo el pueblo de Dios, que tiene derecho a las Escrituras e interés en las mismas, y se le manda leerlas y escudriñarlas⁴ en el temor de Dios, se sigue que han de traducirse a la lengua vulgar [es decir, común] de toda nación a la que sean llevadas,⁵ para que morando abundantemente la Palabra de Dios en todos, puedan adorarle de manera aceptable y para que, por la paciencia y consolación de las Escrituras, tengan esperanza.⁶

1. Rom. 3:2
2. Mat. 5:18
3. Isa. 8:20; Hch.15:15; 2 Tim. 3: 16-17; Jn.10:34-36
4. Dt.17:18-20; Pr. 2:1-5; 8:34; Jn. 5:39,46
5. 1 Cor.14:6,9,11,12,24,28
6. Col. 3:16; Rom.15:4

9. La regla infalible de interpretación de la Escritura es la propia Escritura; y, por consiguiente, cuando surge una duda respecto al verdadero y pleno sentido de cualquier Escritura (que no es múltiple, sino único), éste se debe buscar por medio de otros pasajes que hablen con más claridad.¹

1. Isa. 8:20; Jn.10:34-36; Hch.15:15-16

10. El juez supremo, por el que deben decidirse todas las controversias religiosas, y por el que deben examinarse todos los decretos de concilios, las opiniones de autores antiguos, las doctrinas de hombres y espíritus particulares, y cuya sentencia debemos acatar, no puede ser otro sino la Santa Escritura entregada por el Espíritu. A dicha Escritura así entregada, se reduce nuestra fe en última instancia.¹

1. Mat. 22:29,31,32; Ef.2:20; Hch. 28:23-25

Capítulo 2
DE DIOS Y LA SANTA TRINIDAD

1. El Señor nuestro Dios es un Dios único vivo y verdadero;¹ cuya subsistencia está en El mismo y es de El mismo, infinito en ser y perfección;² cuya esencia no puede ser comprendida por nadie sino por El mismo;³ es espíritu purísimo, invisible, sin cuerpo, miembros o pasiones, el único que tiene inmortalidad y que habita en luz inaccesible;⁴ es inmutable, inmenso, eterno, incomprensible, todopoderoso, infinito en todos los sentidos, santísimo, sapientísimo, libérrimo, absoluto;⁵ que hace todas las cosas según el consejo de su inmutable y justísima voluntad, para su propia gloria;⁶ es amantísimo, benigno, misericordioso,

longánimo, abundante en bondad y verdad, perdonando la iniquidad, la transgresión y el pecado;[7] galardonador de los que le buscan con diligencia, y sobre todo justísimo y terrible en sus juicios, que odia todo pecado y que de ninguna manera dará por inocente al culpable.[8]

1. Dt. 6:4; Jer.10:10; 1 Cor. 8:4,6; 1 Tes.1:9
2. Isa. 48:12
3. Ex. 3:14; Job 11:7-8; 26:14; Sal.145:3; Rom.11:33-34
4. Jn. 4:24; 1 Tim.1:17; Dt. 4:15-16; Luc. 24:39; Hch.14:11,15; Stg. 5:17
5. Mal. 3:6; Stg.1:17; 1 Rey. 8:27; Jer. 23:23-24; Sal. 90:2; 1 Tim.1:17; Gén.17:1; Apo. 4:8; Isa. 6:3; Rom.16:27; Sal.115:3; Ex. 3:14
6. Ef.1:11; Isa. 46:10; Pr.16:4; Rom.11:36
7. Ex. 34:6,7; 1 Jn. 4:8
8. Heb.11:6; Neh. 9:32-33; Sal. 5:5-6; Nahum 1:2-3; Ex. 34:7

2. Teniendo Dios en sí mismo y por sí mismo toda vida, gloria, bondad y bienaventuranza, es todosuficiente en sí mismo y respecto a sí mismo, no teniendo necesidad de ninguna de las criaturas que Él ha hecho, ni derivando ninguna gloria de ellas, sino que solamente manifiesta su propia gloria en ellas, por ellas, hacia ellas y sobre ellas;[1] Él es la única fuente de todo ser, de quien, por quien y para quien son todas las cosas, teniendo sobre todas las criaturas el más soberano dominio para hacer mediante ellas, para ellas y sobre ellas todo lo que le agrade;[2] todas las cosas están desnudas y abiertas a sus ojos; su conocimiento es infinito, infalible e independiente de la criatura, de modo que para Él no hay ninguna cosa contingente o incierta.[3] Es santísimo en todos sus consejos, en todas sus obras y en todos sus mandatos;[4] a Él se le debe, por parte de los ángeles y los hombres, toda adoración, servicio u obediencia que como criaturas deben al Creador, y cualquier cosa adicional que a Él le placiera demandar de ellos.[5]

1. Jn. 5:26; Hch. 7:2; Sal.148:13; 119:68; 1 Tim. 6:15; Job 22:2-3; Hch.17:24-25
2. Apo. 4:11; 1 Tim. 6:15; Rom.11:34-36; Dan. 4:25,34-35
3. Heb. 4:13; Rom.11:33-34; Sal.147:5; Hch.15:18; Ez.11:5
4. Sal.145:17; Rom. 7:12
5. Apo. 5:12-14

3. En este Ser divino e infinito hay tres subsistencias, el Padre, el Verbo o Hijo y el Espíritu Santo,[1] de una sustancia, poder y eternidad, teniendo cada uno toda la esencia divina, pero la esencia indivisa:[2] el Padre no es de nadie, ni por generación ni por procesión; el Hijo es engendrado eternamente del Padre, y el Espíritu Santo procede del Padre y del Hijo;[3] todos ellos son infinitos, sin principio y, por tanto, son un solo Dios, que no ha de ser dividido en naturaleza y ser, sino distinguido por varias propiedades relativas peculiares y relaciones persona-

les; dicha doctrina de la Trinidad es el fundamento de toda nuestra comunión con Dios y nuestra consoladora dependencia de El.
> 1. Mat. 3:16-17; 28:19; 2 Cor.13:14
> 2. Ex. 3:14; Jn.14:11; 1 Cor. 8:6
> 3. Pr. 8:22-31; Jn.1:1-3,14,18; 3:16; 10:36; 15:26; 16:28; Heb.1:2; 1 Jn. 4:14; Gál. 4:4-6

Capítulo 3
DEL DECRETO ETERNO DE DIOS

1. Dios, desde toda la eternidad, por el sapientísimo y santísimo consejo de su propia voluntad, ha decretado en sí mismo, libre e inalterablemente,[1] todas las cosas, todo lo que sucede;[2] sin embargo, de tal manera que por ello Dios ni es autor del pecado ni tiene comunión con nadie en el mismo;[3] ni se hace violencia a la voluntad de la criatura, ni se quita la libertad o contingencia de las causas secundarias, sino que más bien se las establece;[4] en lo cual se manifiesta su sabiduría en disponer todas las cosas, y su poder y fidelidad en efectuar su decreto.[5]

> 1. Pr.19:21; Isa.14:24-27; 46:10,11; Sal.115:3; 135:6; Rom. 9:19
> 2. Dan. 4:34-35; Rom. 8:28; 11:36; Ef.1:11
> 3. Gén.18:25; Stg.1:13; 1 Jn.1:5
> 4. Gén. 50:20; 2 Sam. 24:1; Isa.10:5-7; Mat.17:12; Jn.19:11; Hch. 2:23; 4:27,28
> 5. Num. 23:19; Ef.1:3-5

2. Aunque Dios sabe todo lo que pudiera o puede pasar en todas las condiciones que se puedan suponer,[1] sin embargo nada ha decretado porque lo previera como futuro o como aquello que había de suceder en dichas condiciones.[2]

> 1. 1 Sam. 23:11-12; Mat.11:21,23; Hch.15:18
> 2. Isa. 40:13-14; Rom. 9:11-18; 11:34; 1 Cor. 2:16

3. Por el decreto de Dios, para la manifestación de su gloria, algunos hombres y ángeles son predestinados, o preordenados, a vida eterna por medio de Jesucristo, para alabanza de la gloria de su gracia;[1] a otros se les deja actuar en su pecado para su justa condenación, para alabanza de la gloria de su justicia.[2]

> 1. 1 Tim. 5:21; Mat. 25:34; Ef.1:5-6
> 2. Jn.12:37-40; Rom. 9:6-24; 1 Ped. 2:8-10; Jud. 4

4. Estos ángeles y hombres así predestinados y preordenados están designados particular e inalterablemente, y su número es tan cierto y definido que no se puede ni aumentar ni disminuir.[1]

> 1. Mat. 22:1-14; Jn.13:18; Rom.11:5-6; 1 Cor. 7:20-22; 2 Tim. 2:19

5. A aquellos de la humanidad que están predestinados para vida, Dios (antes de la fundación del mundo, según su propósito eterno e inmutable y el consejo secreto y beneplácito de su voluntad) los ha escogido en Cristo para gloria eterna, meramente por su libre gracia y amor,[1] sin que ninguna otra cosa en la criatura, como condición o causa, que le moviera a ello.[2]

1. Rom. 8:30; Ef.1:4-6,9; 2 Tim.1:9
2. Rom. 9:11-16; 11:5,6

6. Así como Dios ha designado a los elegidos para la gloria, de la misma manera, por el propósito eterno y libérrimo de su voluntad, ha preordenado todos los medios para ello;[1] por tanto, los que son elegidos, habiendo caído en Adán, son redimidos por Cristo,[2] eficazmente llamados a la fe en Cristo por su Espíritu obrando a su debido tiempo, son justificados, adoptados, santificados[3] y guardados por su poder, mediante la fe, para salvación;[4] tampoco es nadie más redimido por Cristo, o eficazmente llamado, justificado, adoptado, santificado y salvado, sino solamente los elegidos.[5]

1. 1 Ped.1:2; 2 Tes. 2:13; Ef.1:4; 2:10
2. 1 Tes. 5:9-10; Tit. 2:14
3. Rom. 8:30; Ef. I:5; 2 Tes. 2:13
4. 1 Ped.1:5
5. Jn. 6:64-65; 8:47; 10:26; 17:9; Rom. 8:28; 1 Jn. 2:19

7. La doctrina del profundo misterio de la predestinación debe tratarse con especial prudencia y cuidado,[1] para que los hombres, al atender a la voluntad de Dios revelada en su Palabra y, al prestar obediencia a la misma, puedan, por la certeza de su llamamiento eficaz, estar seguros de su elección eterna;[2] de este modo, esta doctrina proporcionará motivo de alabanza, reverencia y admiración a Dios,[3] y de humildad,[4] diligencia[5] y abundante consuelo[6] a todos los que sinceramente obedecen al evangelio.

1. Dt. 29:29; Rom. 9:20; 11:33
2. 1 Tes.1:4,5; 2 Ped.1:10
3. Ef.1:6; Rom.11:33
4. Rom.11:5,6,20; Col. 3:12
5. 2 Ped 1:10
6. Luc.10:20

Capítulo 4
DE LA CREACION

1. En el principio agradó a Dios Padre, Hijo y Espíritu Santo,[1] para la manifestación de la gloria de su poder, sabiduría y bondad eternos,[2]

crear o hacer el mundo y todas las cosas que en él hay, ya sean visibles o invisibles,[3] en el lapso de seis días,[4] y todas muy buenas.[5]

1. Jn.1:2,3; Heb.1:2; Job 26:13; Gén.1:2; Job 26:13, 33:4
2. Rom.1:20; Jer.10:12; Sal.104:24; 33:5-6; Prov.3:19; Hch.14:15-16
3. Gén.1:1; Jn.1:2; Col.1:16
4. Gén.2:1-3; Ex.20:8-11
5. Gén.1:31; Ec.7:29; Rom.5:12

2. Después que Dios hubo creado todas las demás criaturas, creó al hombre, varón y hembra, con almas racionales e inmortales, haciéndolos aptos para aquella vida para con Dios para la cual fueron creados;[1] siendo hechos a imagen de Dios, en conocimiento, justicia y santidad de la verdad;[2] teniendo la ley de Dios escrita en sus corazones, y el poder para cumplirla y, sin embargo, con la posibilidad de transgredirla, por haber sido dejados a la libertad de su propia voluntad, que era mutable.[3]

1. Gén.1:27; 2:7; Stg. 2:26; Mat.10:28; Ec.12:7
2. Gén.1:26-27; 5:1-3; 9:6; Ec. 7:29; 1 Cor.11:7; Stg. 3:9; Col. 3:10; Ef. 4:24
3. Rom.1:32; 2:12a,14-15; Gén.3:6; Ec.7:29; Rom.5:12

3. Además de la ley escrita en sus corazones, recibieron un mandato de no comer del árbol del conocimiento del bien y del mal; y, mientras lo guardaron, fueron felices en su comunión con Dios y tuvieron dominio sobre las criaturas.[1]

1. Gén.1:26,28; 2:17

Capítulo 5
DE LA PROVIDENCIA

1. Dios, el buen Creador de todo,[1] en su infinito poder y sabiduría,[2] sostiene, dirige, dispone y gobierna[3] a todas las criaturas y cosas, desde la mayor hasta la más pequeña,[4] por su sapientísima y santísima providencia,[5] con el fin para el cual fueron creadas,[6] según su presciencia infalible, y el libre e inmutable consejo de su propia voluntad;[7] para alabanza de la gloria de su sabiduría, poder, justicia, infinita bondad y misericordia.[8]

1. Gén.1:31; 2:18; Sal.119:68
2. Sal.145:11; Pr. 3:19; Sal. 66:7
3. Heb.1:3; Isa. 46:10-11; Dan. 4:34-35; Sal.135:6; Hch.17:25-28; Job 38-41
4. Mat.10:29-31
5. Pr.15:3; Sal.104:24; 145:17
6. Col.1:16-17; Hch.17:24-28
7. Sal. 33:10-11; Ef.1:11
8. Isa. 63:14; Ef. 3:10; Rom. 9:17; Gén. 45:7; Sal.145:7

2. Aunque en relación a la presciencia y el decreto de Dios, la causa primera, todas las cosas suceden inmutable e infaliblemente, de modo que nada ocurre a nadie por azar o sin su providencia;[1] sin embargo, por la misma providencia, las ordena de manera que ocurran según la naturaleza de las causas secundarias, ya sea necesaria, libre o contingentemente.[2]

   1. Hch. 2:23; Pr.16:33
   2. Gén. 8:22; Jer. 31:35; Ex. 21:13; Dt.19:5; Isa.10:6-7; Luc.13;3,5; Hch. 27:31; Mat. 5:20-21; Fil.1:19; Pr. 20:18; Luc.14:25ss.; Pr. 21:31; 1 Rey. 22:28,34; Rut 2:3

3. Dios, en su providencia ordinaria, hace uso de medios;[1] sin embargo, El es libre de obrar sin ellos,[2] por encima de ellos[3] y contra ellos,[4] según le plazca.

   1. Hch.27:22,31,44; Isa.55:10-11; Os.2:21-22
   2. Os.1:7; Luc.1:34,35
   3. Rom.4:19-21
   4. Ex.3:2,3; 2 Rey.6:6; Dan.3:27

4. El poder omnipotente, la sabiduría inescrutable y la bondad infinita de Dios se manifiestan en su providencia hasta tal punto que su consejo determinado se extiende aun hasta la primera Caída y a todas las demás acciones pecaminosas, tanto de los ángeles como de los hombres[1] (y eso no por un mero permiso), las cuales El sapientísima y poderosamente limita, y asimismo ordena y gobierna de múltiples maneras para sus santísimos fines;[2] sin embargo, de tal modo que la pecaminosidad de sus acciones procede sólo de las criaturas, y no de Dios, quien siendo justísimo y santísimo, no es, ni puede ser, autor del pecado ni lo aprueba.[3]

   1. Rom.11:32-34; 2 Sam. 24:1; 1 Cron. 21:1; 1 Rey. 22:22-23; 2 Sam.16:10; Hch. 2:23; 4:27-28
   2. Hch.14:16; 2 Rey.19:28; Gén. 50:20; Isa.10:6-7,12
   3. Stg.1:13-14,17; 1 Jn. 2:16; Sal. 50:21

5. El Dios sapientísimo, justísimo y clementísimo a menudo deja por algún tiempo a sus propios hijos en diversas tentaciones y en las corrupciones de sus propios corazones, a fin de disciplinarios por sus pecados anteriores o para revelarles la fuerza oculta de la corrupción y el engaño de sus corazones, para que sean humillados; y para llevarlos a una dependencia de El más íntima y constante para su apoyo; y para hacerlos más vigilantes contra todas las ocasiones futuras de pecado, y para otros fines santos y justos.[1] Por consiguiente, todo lo que ocurre a cualquiera de sus elegidos es por su designio, para su gloria y para el bien de ellos.[2]

1. 2 Cron. 32:25-26,31; 2 Sam. 24:1; Luc. 22:34-35; Mr.14:66-72; Jn. 21:15-17
2. Rom. 8:28

6. En cuanto a aquellos hombres malvados e impíos a quienes Dios, como juez justo, ciega y endurece a causa de su pecado anterior,[1] no sólo les niega su gracia, por la cual El podría haber iluminado su entendimiento y obrado en sus corazones,[2] sino que también algunas veces les retira los dones que tenían,[3] y los deja expuestos a aquellas cosas que su corrupción convierte en ocasión de pecado;[4] y a la vez, los entrega a sus propias concupiscencias, a las tentaciones del mundo y al poder de Satanás,[5] por lo cual sucede que se endurecen bajo los mismos medios que Dios emplea para ablandar a otros.[6]

1. Rom.1:24-26,28; 11:7-8
2. Dt. 29:4
3. Mat.13:12; 25:29
4. Dt. 2:30; 2 Rey. 8:12-13
5. Sal. 81:11-12; 2 Tes. 2:10-12
6. Ex. 7:3; 8: 15,32; 2 Cor. 2:15-16; Isa. 6:9-10; 8:14; 1 Ped. 2:7; Hch. 28:26-27; Jn.12:39-40

7. Del mismo modo que la providencia de Dios alcanza en general a todas las criaturas, así también de un modo más especial cuida de su Iglesia y dispone todas las cosas para el bien de la misma.[1]

1. Pr. 2:7-8; Am. 9:8,9; 1 Tim. 4:10; Rom. 8:28; Ef.1:11,22; 3:10,11,21; Isa. 43:3-5,14

Capítulo 6
DE LA CAIDA DEL HOMBRE, EL PECADO Y SU CASTIGO

1. Si bien Dios creó al hombre recto y perfecto, y le dio una ley justa, que hubiera sido para vida si la hubiera guardado, y amenazó con la muerte su transgresión, sin embargo no permaneció mucho tiempo en este honor,[1] usando Satanás la sutileza de la serpiente para subyugar a Eva y entonces a través de ella seduciendo a Adán, quien sin ninguna coacción, deliberadamente transgredió la ley bajo la cual habían sido y también el mandato que les había sido dado, al comer del fruto prohibido,[2] lo cual agradó a Dios, conforme a su sabio y santo consejo, permitir, habiéndose propuesto disponerlo para su propia gloria.[3]

1. Ec. 7:29; Rom. 5:12a,14-15; Gén. 2:17; 4:25-5:3
2. Gén. 3:1-7; 2 Cor.11:3; 1 Tim. 2:14
3. Rom.11:32-34; 2 Sam. 24:1; 1 Cron. 21:1; 1 Rey. 22:22-23;
2 Sam.16:10; Hch. 2:23; 4:27-28

2. Por este pecado, nuestros primeros padres cayeron de su justicia original y de su comunión con Dios, y nosotros en ellos, por lo que la muerte sobrevino a todos;[1] viniendo a estar todos los hombres muertos en pecado, y totalmente corrompidos en todas las facultades y partes del alma y del cuerpo.[2]

    1. Gén. 3:22-24; Rom. 5:12ss; 1Cor.15:20-22; Sal. 51:4-5; 58:3; Ef.2:1-3; Gén. 8:21; Pr. 22:15
    2. Gén. 2:17; Ef. 2:1; Tit.1:15; Gén. 6:5; Jer.17:9; Rom. 3:10-18; 1:21;
       Ef. 4:17-19; Jn. 5:40; Rom. 8:7

3. Siendo ellas la raíz de la raza humana, y estando por designio de Dios en lugar de toda la humanidad, la culpa del pecado fue imputada y la naturaleza corrompida transmitida a su posteridad descendiente de ellos mediante generación ordinaria, siendo ahora concebidos en pecado, y por naturaleza hijos de ira, siervos del pecado, sujetos a la muerte y a todas las demás desgracias -espirituales, temporales y eternas-, a no ser que el Señor Jesús los libere.[1]

    1. Rom. 5:12ss.; 1 Cor.15:20-22; Sal.51:4-5; 58:3; Ef. 2:1-3;
       Gén. 8:21; Pr. 22:15; Job 14:4; 15:14

4. De esta corrupción original, por la cual estamos completamente impedidos, incapaces y opuestos a todo bien y enteramente inclinados a todo mal,[1] proceden todas las transgresiones en sí.[2]

    1. Mat. 7:17-18; 12:33-35; Luc. 6:43-45; Jn. 3:3,5; 6:37,39,40,44,45,65;
       Rom. 3:10-12; 5:6; 7:18; 8:7-8; 1 Cor. 2:14
    2. Mat. 7:17-20; 12:33-35; 15:18-20

5. La corrupción de la naturaleza permanece durante esta vida en aquellos que son regenerados;[1] y, aunque sea perdonada y mortificada por medio do Cristo, sin embargo ella misma y sus primeros impulsos son verdadera y propiamente pecado.[2]

    1. 1 Jn.1:8-10; 1 Rey. 8:46; Sal.130:3; 143:2; Pr. 20:9; Ec. 7:20; Rom. 7:14-25; Stg. 3:2
    2. Sal. 51:4-5; Pr. 22:15; Ef. 2:3; Rom.7:5,7,8,17,18,25; 8:3-13; Gál.5:17-24;
       Pr.15:26; 21:4; Gén. 8:21; Mat. 5:27-28

Capítulo 7
DEL PACTO DE DIOS

1. La distancia entre Dios y la criatura es tan grande que aun cuando las criaturas racionales le deben obediencia como a su Creador, sin embargo éstas nunca podrían haber logrado la recompensa de vida a no ser por alguna condescendencia voluntaria por parte de Dios, que a El le ha placido expresar en forma de pacto.[1]

    1. Job 35:7-8; Sal.113:5-6; Isa. 40:13-16; Lev.17:5-10; Hch.17:24-25

2. Además, habiéndose el hombre acarreado la maldición de la ley por su Caída, agradó al Señor hacer un pacto de gracia,[1] en el que gratuitamente ofrece a los pecadores vida y salvación por Jesucristo, requiriéndoles la fe en Él para que puedan ser salvos,[2] y prometiendo dar su Espíritu Santo a todos aquellos que están ordenados para vida eterna, a fin de darles disposición y capacidad para creer.[3]

1. Gén. 3:15; Sal.110:4 (con Heb. 7:18-22; 10:12-18);
Ef. 2:12 (con Rom. 4:13-17 y Gál. 3:18-22); Heb. 9:15
2. Jn. 3:16; Rom.10:6,9; Gál. 3:11
3. Ez. 36:26-27; Jn. 6:44-45

3. Este pacto se revela en el evangelio; en primer lugar, a Adán en la promesa de salvación a través de la simiente de la mujer, y luego mediante pasos adicionales hasta completarse su plena revelación en el Nuevo Testamento;[1] y está fundado en aquella transacción federal y eterna que hubo entre el Padre y el Hijo acerca de la redención de los elegidos;[2] y es únicamente a través de la gracia de este pacto como todos los descendientes del Adán caído que son salvados obtienen vida y bendita inmortalidad, siendo el hombre ahora totalmente incapaz de ser aceptado por Dios bajo aquellas condiciones en las que estuvo Adán en su estado de inocencia.[3]

1. Gén. 3:15; Rom.16:25-27; Ef. 3:5; Tit.1:2; Heb.1:1-2
2. Sal.110:4; Ef. I:3-11; 2 Tim.1:9
3. Jn. 8:56; Rom. 4:1-25; Gál. 3:18-22; Heb.11:6,13,39-40

Capítulo 8
CRISTO EL MEDIADOR

1. Agradó a Dios,[1] en su propósito eterno,[2] escoger y ordenar al Señor Jesús, su unigénito Hijo, conforme al pacto hecho entre ambos,[3] para que fuera el mediador entre Dios y el hombre; profeta, sacerdote, y rey; cabeza y salvador de la Iglesia, el heredero de todas las cosas, y juez del mundo;[4] a quien dio, desde toda la eternidad, un pueblo para que fuera su simiente y para que a su tiempo lo redimiera, llamara, justificara, santificara y glorificara.[5]

1. Isa. 42:1; Jn. 3:16
2. 1 Ped.1:19
3. Sal.110:4; Heb. 7:21,22
4. 1 Tim. 2:5; Hch. 3:22; Heb. 5:5-6; Sal. 2:6; Luc.1:33; Ef.1:22-23; 5:23; Heb.1:2; Hch.17:31
5. Rom. 8:30; Jn.17:6; Isa. 53:l0; Sal.22:30; 1 Tim. 2:6; Isa. 55:4,5; 1 Cor.1:30

2. El Hijo de Dios, la segunda persona en la Santa Trinidad, siendo verdadero y eterno Dios, el resplandor de la gloria del Padre, consustancial con aquel que hizo el mundo e igual a El, y quien sostiene y gobierna todas las cosas que ha hecho,[1] cuando llegó la plenitud del tiempo,[2] tomó sobre sí la naturaleza del hombre, con todas sus propiedades esenciales[3] y con sus debilidades concomitantes,[4] aunque sin pecado;[5] siendo concebido por el Espíritu Santo en el vientre de la Virgen María, al venir sobre ella el Espíritu Santo y cubrirla el Altísimo con su sombra; y así fue hecho de una mujer de la tribu de Judá, de la simiente de Abraham y David según las Escrituras;[6] de manera que, dos naturalezas completas, perfectas y distintas se unieron inseparablemente en una persona, pero sin conversión, composición o confusión alguna. Esta persona es verdadero Dios[7] y verdadero hombre,[8] aunque un solo Cristo, el único mediador entre Dios y el hombre.[9]

1. Jn.8:58; Joel 2:32 con Rom.10:13; Sal.102:25 con Heb.1:10; 1 Ped. 2:3 con Sal. 34:8; Isa. 8:12-13 con 3:15; Jn.1:1; 5:18; 20:28; Rom. 9:5; Tit. 2:13; Heb.1:8-9; Fil. 2:5-6; 2 Ped.1:1; 1 Jn. 5:20
2. Gál. 4:4
3. Heb.10:5; Mr.14:8; Mat. 26:12,26; Luc. 7:44-46; Jn.13:23; Mat. 9:10-13; 11:19; Luc. 22:44; Heb. 2:10; 5:8; 1 Ped. 3:18; 4:1; Jn.19:32-35; Mat. 26:36-44; Stg. 2:26; Jn.19:30; Luc. 23:46; Mat. 26:39; 9:36; Mr. 3:5; 10:14; Jn.11:35; Luc.19:41-44; 10:21; Mat. 4:1-11; Heb. 4:15 con Stg.1:13; Luc. 5:16; 6:12; 9:18,28; 2:40,52; Heb. 5:8-9
4. Mat. 4:2; Mr.11:12; Mat. 21:18; Jn. 4:7; 19:28; 4:6; Mat. 8:24; Rom. 8:3; Heb. 5:8; 2:10,18; Gál. 4:4
5. Isa. 53:9; Luc.1:35; Jn. 8:46; 14:30; Rom. 8:3; 2 Cor. 5:21; Heb. 4:15; 7:26; 9:14; 1 Ped.1:19; 2:22; 1 Jn. 3:5
6. Rom.1:3-4; 9:5
7. Ver ref.1 arriba
8. Hch. 2:22; 13:38; 17:31; 1 Cor.15:21; 1 Tim. 2:5
9. Rom.1:3-4; Gál. 4:4-5; Fil. 2:5-11

3. El Señor Jesús, en su naturaleza humana así unida a la divina, en la persona del Hijo, fue santificado y ungido con el Espíritu Santo sin medida, teniendo en sí todos los tesoros de la sabiduría y del conocimiento, en quien agradó al Padre que habitase toda plenitud, a fin de que siendo santo, inocente y sin mancha, y lleno de gracia y de verdad, fuese del todo apto para desempeñar el oficio de mediador y fiador;[1] el cual no tomó para sí, sino que fue llamado para el mismo por su Padre, quien también puso en sus manos todo poder y juicio, y le ordenó que lo cumpliera.[2]

1. Sal. 45:7; Col.1:19; 2:3; Heb. 7:26; Jn.1:14; Hch.10:38; Heb. 7:22
2. Heb. 5:5; Jn. 5:22,27; Mat. 28:18; Hch. 2:36

4. El Señor Jesús asumió de muy buena voluntad este oficio,[1] y

para desempeñarlo, nació bajo la ley,² la cumplió perfectamente y sufrió el castigo que nos correspondía a nosotros, el cual deberíamos haber llevado y sufrido,³ siendo hecho pecado y maldición por nosotros;⁴ soportando las más terribles aflicciones en su alma y los más dolorosos sufrimientos en su cuerpo;⁵ fue crucificado y murió, y permaneció en el estado de los muertos, aunque sin ver corrupción.⁶ Al tercer día resucitó de entre los muertos con el mismo cuerpo en que sufrió,⁷ con el cual también ascendió al cielo,⁸ y allí está sentado a la diestra de su Padre intercediendo,⁹ y regresará para juzgar a los hombres y a los ángeles al final del mundo.¹⁰

1. Sal. 40:7-8 con Heb.10:5-10; Jn.10:18; Fil. 2:8
2. Gál. 4:4
3. Mat. 3:15; 5:17
4. Mat. 26:37-38; Luc. 22:44; Mat. 27:46
5. Mat. 26-27
6. Fil. 2:8; Hch.13:37
7. Jn. 20:25,27
8. Hch.1:9-11
9. Rom. 8:34; Heb. 9:24
10. Hch.10:42; Rom.14:9-10; Hch.1:11; Mat.13:40-42; 2 Ped. 2:4; Jud. 6

5. El Señor Jesús, por su perfecta obediencia y el sacrificio de sí mismo¹ que ofreció a Dios una sola vez por el Espíritu eterno,² ha satisfecho plenamente la justicia de Dios,³ ha conseguido la reconciliación⁴ y ha comprado una herencia eterna en el remo de los cielos⁵ para todos aquellos que el Padre le ha dado.⁶

1. Rom. 5:19; Ef. 5:2
2. Heb. 9: 14,16; 10:10,14
3. Rom. 3:25-26; Heb. 2:17; 1 Jn. 2:2; 4:10
4. 2 Cor. 5:18-19; Col.1:20-23
5. Heb. 9:15; Apo. 5:9-10
6. Jn.17:2

6. Aun cuando el precio de la redención no fue realmente pagado por Cristo hasta después de su encarnación, sin embargo la virtud, la eficacia y los beneficios de la misma fueron comunicados a los elegidos en todas las épocas transcurridas desde el principio del mundo,¹ en las promesas, tipos y sacrificios y por medio de los mismos, en los cuales fue revelado y señalado como la simiente que heriría la cabeza de la serpiente,² y como el Cordero inmolado desde la fundación del mundo,³ siendo el mismo ayer, hoy y por los siglos.⁴

1. Gál. 4:4-5; Rom. 4:1-9
2. Gén. 3:15; 1 Ped.1:10-11
3. Apo.13:8
4. Heb.13:8

7. Cristo, en la obra de mediación, actúa conforme a ambas naturalezas, haciendo por medio de cada naturaleza lo que es propio de ella; aunque, por razón de la unidad de la persona, lo que es propio de una naturaleza algunas veces se le atribuye en la Escritura a la persona denominada por la otra naturaleza.[1]

1. Jn. 3:13; Hch. 20:28

8. A todos aquellos para quienes Cristo ha obtenido eterna redención, cierta y eficazmente les aplica y comunica la misma,[1] haciendo intercesión por ellos,[2] uniéndoles a sí mismo por su Espíritu,[3] revelándoles en la Palabra y por medio de ella el misterio de la salvación,[4] persuadiéndoles a creer y obedecer,[5] gobernando sus corazones por su Palabra y Espíritu,[6] y venciendo a todos sus enemigos por su omnipotente poder y sabiduría,[7] de tal manera y forma que sea más de acuerdo con su maravillosa e inescrutable dispensación;[8] y todo por su gracia libre y absoluta, sin prever ninguna condición en ellos para granjearla.[9]

1. Jn. 6:37,39; 10:15-16; 17:9
2. 1 Jn. 2:1-2; Rom. 8:34
3. Rom. 8:1-2
4. Jn.15:13,15; 17:6; Ef.1:7-9
5. 1 Jn. 5:20
6. Jn.14:16; Heb.12:2; Rom. 8:9,14; 2 Cor. 4:13; Rom.15:18-19; Jn.17:17
7. Sal.110:1; 1 Cor.15:25-26; Col. 2:15
8. Ef.1:9-11
9. 1 Jn.3:8; Ef.1:8

9. Este oficio de mediador entre Dios y el hombre es propio sólo de Cristo, quien es el Profeta, Sacerdote y Rey de la Iglesia de Dios; y no puede, ya sea parcial o totalmente, ser transferido de El a ningún otro.[1]

1. 1 Tim. 2:5

10. Este número y orden de oficios es necesario; pues, por nuestra ignorancia, tenemos necesidad de su oficio profético;[1] y por nuestra separación de Dios y la imperfección del mejor de nuestros servicios, necesitamos su oficio sacerdotal para reconciliarnos con Dios y presentarnos aceptos para con El;[2] y por nuestra indisposición y total incapacidad para volver a Dios y para nuestro rescate y protección de nuestros adversarios espirituales, necesitamos su oficio real para convencernos, subyugarnos, atraernos, sostenernos, librarnos y preservarnos para su reino celestial.[3]

1. Jn.1:18
2. Col.1:21; Gál. 5:17; Heb.10:19-21
3. Jn.16:8; Sal.110:3; Luc.1:74-75

Capítulo 9
DEL LIBRE ALBEDRIO

1. Dios ha dotado la voluntad del hombre de una libertad natural y de poder para actuar por elección propia, que no es forzada ni determinada a hacer bien o mal por ninguna necesidad de la naturaleza.[1]

   1. Mat 17:12; Stg.1:14; Dt. 30:19

2. El hombre, en su estado de inocencia, tenía libertad y poder para querer y hacer lo que era bueno y agradable a Dios,[1] pero era mudable y podía caer de dicho estado.[2]

   1. Ec. 7:29
   2. Gén. 3:6

3. El hombre, por su Caída en un estado de pecado, ha perdido completamente toda capacidad para querer cualquier bien espiritual que acompañe a la salvación; por consiguiente, como hombre natural que está enteramente opuesto a ese bien y muerto en el pecado, no puede por sus propias fuerzas convertirse a sí mismo o prepararse para ello.[1]

   1. Rom. 6:16,20; Jn. 8:31-34; Ef. 2:1; 2 Cor. 3:14; 4:3-4; Jn. 3:3; Rom. 7:18; 8:7; 1 Cor. 2:14; Mat. 7:17-18; 12:33-37; Luc. 6:43-45; Jn. 6:44; Jer.13:23; Jn. 3:3,5; 5:40; 6:37,39-40,44-45,65; Hch. 7:51; Rom. 3:10-12; Stg.1:18; Rom. 9:16-18; Jn.1:12-13; Hch.11:18; Fil.1:29; Ef. 2:8-9

4. Cuando Dios convierte a un pecador y lo traslada al estado de gracia, lo libra de su servidumbre natural bajo el pecado y, por su sola gracia, lo capacita para querer y obrar libremente lo que es espiritualmente bueno;[1] sin embargo, por razón de la corrupción que todavía le queda, no quiere, ni perfecta ni únicamente, lo que es bueno, sino que también quiere lo que es malo.[2]

   1. Col.1:13; Jn. 8:36; Fil. 2:13
   2. Rom. 7:14-25; Gál. 5:17

5. Esta voluntad del hombre es hecha perfecta e inmutablemente libre sólo para el bien, únicamente en el estado de gloria.[1]

   1. Ef. 4:13; Heb.12:23

Capítulo 10
DEL LLAMAMIENTO EFICAZ

1. A aquellos a quienes Dios[1] ha predestinado para vida,[2] tiene a bien en su tiempo señalado y aceptado,[3] llamar eficazmente[4] por su Palabra[5] y Espíritu,[6] así sacándolos del estado de pecado y muerte en

que están por naturaleza y llevándolos a la gracia y la salvación por Jesucristo;[7] iluminando de modo espiritual y salvador sus mentes, a fin de que comprendan las cosas de Dios;[8] quitándoles el corazón de piedra y dándoles un corazón de carne,[9] renovando sus voluntades y, por su poder omnipotente, induciéndoles a lo que es bueno, y llevándoles eficazmente a Jesucristo;[10] pero de modo que van con total libertad, habiendo recibido por la gracia de Dios la disposición para hacerlo.[11]

1. Rom. 8:28-29
2. Rom. 8:29-30; 9:22-24; 1 Cor.1:26-28; 2 Tes. 2:13-14; 2 Tim.1:9
3. Jn. 3:8; Ef.1:11
4. Mat. 22:14; 1 Cor.1:23-24; Rom.1:6; 8:28; Jud.1; Sal. 29; Jn. 5:25; Rom. 4:17
5. 2 Tes. 2:14; 1 Ped.1:23-25; Stg.1:17-25; Jn. 5:1-5; Rom.1:16-17; 10:14; Heb. 4:12
6. Jn. 3:3,5,6,8; 2 Cor. 3:3,6
7. Rom. 8:2; 1 Cor.1:9; Ef. 2:1-6; 2 Tim.1:9-10
8. Hch. 26:18; 1 Cor. 2:10,12; Ef.1:17-18
9. Ez. 36:26
10. Dt. 30:6; Ez. 36:27; Jn. 6:44-45; Ef.1:19; Fil. 2:13
11. Sal.110:3; Jn. 6:37; Rom. 6:16-18

2. Este llamamiento eficaz proviene solamente de la gracia libre y especial de Dios, no de ninguna cosa prevista en el hombre, ni por ningún poder o instrumentalidad en la criatura,[1] siendo el hombre en esto enteramente pasivo, al estar muerto en delitos y pecados, hasta que es vivificado y renovado por el Espíritu Santo;[2] es capacitado de este modo para responder a este llamamiento y para recibir la gracia ofrecida y transmitida en El, y esto por un poder no menor que el que resucitó a Cristo de los muertos.[3]

1. 2 Tim.1:9; Tit. 3:4,5; Ef. 2:4-5,8-9; Rom. 9:11
2. 1 Cor. 2:14; Rom. 8:7; Ef. 2:5
3. Ef.1:19-20; Jn. 6:37; Ez. 36:27; Jn. 5:25

3. Los niños elegidos* que mueren en la infancia son regenerados y salvados por Cristo por medio del Espíritu, quien obra cuando, donde y como quiere;[1] así lo son también todas las personas elegidas que sean incapaces de ser llamadas externamente por el ministerio de la Palabra.

* Elegidos no aparece en algunas ediciones de la Confesión, pero sí en la original.
1. Jn. 3:8

4. Otras personas no elegidas, aunque sean llamadas por el ministerio de la Palabra y tengan algunas de las operaciones comunes del Espíritu,[1] como no son eficazmente traídas por el Padre, no quieren ni pueden venir verdaderamente a Cristo y, por lo tanto, no pueden ser salvas;[2] mucho menos pueden ser salvos los que no reciben la religión cristiana, por muy diligentes que sean en ajustar sus vidas a la luz de la naturaleza y a la ley

de la religión que profesen.³

1. Mat. 22:14; Mat.13:20-21; Heb. 6:4-5; Mat. 7:22
2. Jn. 6:44-45,64-66; 8:24
3. Hch. 4:12; Jn. 4:22; 17:34.

Capítulo 11
DE LA JUSTIFICACION

1. A quienes Dios llama eficazmente, también justifica gratuitamente,¹ no infundiendo justicia en ellos sino perdonándoles sus pecados, y contando y aceptando sus personas como justas;² no por nada obrado en ellos o hecho por ellos, sino solamente por causa de Cristo;³ no imputándoles la fe misma, ni la acción de creer, ni ninguna otra obediencia evangélica como justicia; sino imputándoles la obediencia activa de Cristo a toda la ley y su obediencia pasiva en su muerte para la completa y única justicia de ellos por la fe, la cual tienen no de sí mismos; es don de Dios.⁴

1. Rom. 3:24; 8:30
2. Rom. 4:5-8; Ef.1:7
3. 1 Cor.1:30-31; Rom. 5:17-19
4. Fil. 3:9; Ef. 2:7-8; 2 Cor. 5:19-21; Tit. 3:5,7; Rom. 3:22-28; Jer. 23:6; Hch.13:38-39

2. La fe que así recibe a Cristo y descansa en El y en su justicia es el único instrumento de la justificación;¹ sin embargo, no está sola en la persona justificada, sino que siempre va acompañada por todas las demás virtudes salvadoras, y no es una fe muerta sino que obra por el amor.²

1. Rom.1:17; 3:27-31; Fil. 3:9; Gál. 3:5
2. Gál. 5:6; Stg. 2:17,22,26

3. Cristo, por su obediencia y muerte, saldó totalmente la deuda de todos aquellos que son justificados; y por el sacrificio de sí mismo en la sangre de su cruz, sufriendo en el lugar de ellos el castigo que merecían, hizo una satisfacción adecuada, real y completa a la justicia de Dios en favor de ellos;¹ sin embargo, por cuanto Cristo fue dado por el Padre para ellos,² y su obediencia y satisfacción fueron aceptadas en lugar de las de ellos,³ y ambas gratuitamente y no por nada en ellos, su justificación es solamente de pura gracia,⁴ a fin de que tanto la precisa justicia como la rica gracia de Dios fueran glorificadas en la justificación de los pecadores.⁵

1. Rom. 5:8-10,19; 1 Tim. 2:5-6; Heb.10:10,14; Isa. 53:4-6,10-12
2. Rom. 8:32
3. 2 Cor. 5:21; Mat. 3:17; Ef. 5:2
4. Rom. 3:24; Ef 1:7
5. Rom. 3:26; Ef 2:7

4. Desde la eternidad, Dios decretó justificar a todos los elegidos;[1] y en el cumplimiento del tiempo, Cristo murió por los pecados de ellos, y resucitó para su justificación;[2] sin embargo, no son justificados personalmente hasta que, a su debido tiempo, Cristo les es realmente aplicado por el Espíritu Santo.[3]

1. 1 Ped.1:2,19-20; Gál. 3:8; Rom. 8:30
2. Rom. 4:25; Gál. 4:4; 1 Tim. 2:6
3. Col.1:21-22; Tit. 3:4-7; Gál. 2:16; Ef 2:1-3

5. Dios continúa perdonando los pecados de aquellos que son justificados,[1] y aunque ellos nunca pueden caer del estado de justificación,[2] sin embargo pueden, por sus pecados, caer en el desagrado paternal de Dios; y, en esa condición, no suelen tener la luz de su rostro restaurada sobre ellos, hasta que se humillen, confiesen sus pecados, pidan perdón y renueven su fe y arrepentimiento.[3]

1. Mat 6:12; 1 Jn.1:7-2:2; Jn.13:3-11
2. Luc. 22:32; Jn.10:28; Heb.10:14
3. Sal. 32:5; 51:7-12; Mat. 26:75; Luc.1:20

6. La justificación de los creyentes bajo el Antiguo Testamento fue, en todos estos sentidos, una y la misma que la justificación de los creyentes bajo el Nuevo Testamento.[1]

1. Gál. 3:9; Rom. 4:22-24

Capítulo 12
DE LA ADOPCION

1. A todos aquellos que son justificados,[1] Dios se dignó,[2] en su único Hijo Jesucristo y por amor de éste,[3] hacerles partícipes de la gracia de la adopción, por la cual son incluidos en el numero de los hijos de Dios y gozan de sus libertades y privilegios; tienen su nombre escrito sobre ellos,[4] reciben el espíritu de adopción, tienen acceso al trono de la gracia con confianza, se les capacita para clamar: "Abba, Padre,"[5] se les compadece, protege, provee y corrige como por un Padre, pero nunca se les desecha, sino que son sellados para el día de la redención,[6] y heredan las promesas como herederos de la salvación eterna.[7]

1. Gál. 3:24-26
2. 1 Jn. 3:1-3
3. Ef.1:5; Gál. 4:4-5; Rom. 8:17,29
4. Rom. 8:17; Jn.1:12; 2 Cor. 6:18; Apo. 3:12
5. Rom. 8:15; Ef. 3:12; Rom. 5:2; Gál. 4:6; Ef. 2:18
6. Sal.103:13; Pr.14:26; Mat. 6:30,32; 1 Ped. 5:7; Heb.12:6; Isa. 54:8-9; Lam. 3:31; Ef. 4:30
7. Rom. 8:17; Heb.1:14; 9:15

Capítulo 13
DE LA SANTIFICACION

1. Aquellos que son unidos a Cristo, llamados eficazmente y regenerados, teniendo un nuevo corazón y un nuevo espíritu creados en ellos en virtud de la muerte y la resurrección de Cristo,[1] son aún más santificados de un modo real y personal,[2] mediante la misma virtud,[3] por su Palabra y Espíritu que moran en ellos;[4] el dominio del cuerpo entero del pecado es destruido, y las diversas concupiscencias del mismo son debilitadas y mortificadas más y más, y ellos son más y más vivificados y fortalecidos en todas las virtudes salvadoras, para la práctica de toda verdadera santidad,[5] sin la cual nadie verá al Señor.[6]

1. Jn. 3:3-8; 1 Jn. 2:29; 3:9-10; Rom.1:7; 2 Cor.1:1; Ef.1:1; Fil.1:1; Col. 3:12; Hch. 20:32; 26:18; Rom.15:16; 1 Cor.1:2; 6:11; Rom. 6:1-11
2. 1 Tes. 5:23; Rom. 6:19,22
3. 1 Cor. 6:11; Hch. 20:32; Fil. 3:10; Rom. 6:5-6
4. Jn.17:17; Ef. 5:26; 3:16-19; Rom. 8:13
5. Rom. 6:14; Gál. 5:24; Rom. 8:13; Col.1:11; Ef. 3:16-19; 2 Cor. 7:1; Rom. 6:13; Ef. 4:22-25; Gál. 5:17
6. Heb.12:14

2. Esta santificación se efectúa en todo el hombre, aunque es incompleta en esta vida; todavía quedan algunos remanentes de corrupción en todas partes,[1] de donde surge una continua e irreconciliable guerra:[2] la carne lucha contra el Espíritu, y el Espíritu contra la carne.[3]

1. 1 Tes. 5:23; 1 Jn.1:8,10; Rom. 7:18,23; Fil. 3:12
2. 1 Cor. 9:24-27; 1 Tim.1:18; 6:12; 2 Tim. 4:7
3. Gál. 5:17; 1 Ped. 2:11

3. En dicha guerra, aunque la corrupción que aún queda prevalezca mucho por algún tiempo,[1] la parte regenerada triunfa a través de la continua provisión de fuerzas por parte del Espíritu santificador de Cristo;[2] y así los santos crecen en la gracia, perfeccionando la santidad en el temor de Dios, prosiguiendo una vida celestial, en obediencia evangélica a todos los mandatos que Cristo, como Cabeza y Rey, les ha prescrito en su Palabra.[3]

1. Rom. 7:23
2. Rom. 6:14; 1 Jn. 5:4; Ef. 4:15-16
3. 2 Ped. 3:18; 2 Cor. 7:1; 3:18; Mat. 28:20

Capítulo 14
DE LA FE SALVADORA

1. La gracia de la fe, por la cual se capacita a los elegidos para creer para la salvación de sus almas, es la obra del Espíritu de Cristo en sus corazones, y ordinariamente se realiza por el ministerio de la Palabra;[1] por la cual, y por la administración del bautismo y la Cena del Señor, la oración y otros medios designados por Dios, esa fe aumenta y se fortalece.[2]

    1. Jn. 6:37, 44; Hch.11:21,24; 13:48; 14:27; 15:9; 2 Cor. 4:13; Ef. 2:8; Fil.1:29; 2 Tes. 2:13; 1 Ped.1:2
    2. Rom.10:14,17; Luc.17:5; Hch. 20:32; Rom. 4:11; 1 Ped. 2:2

2. Por esta fe, el cristiano cree que es verdadero todo lo revelado en la Palabra por la autoridad de Dios mismo, y también percibe en ella una excelencia superior a todos los demás escritos y todas las cosas en el mundo, pues muestra la gloria de Dios en sus atributos, la excelencia de Cristo en su naturaleza y oficios, y el poder y la plenitud del Espíritu Santo en sus obras y operaciones; y de esta forma, el cristiano es capacitado para confiar su alma a la verdad así creída;[1] y también actúa de manera diferente según sea el contenido de cada pasaje en particular: produciendo obediencia a los mandatos,[2] temblando ante las amenazas,[3] y abrazando las promesas de Dios para esta vida y para la venidera;[4] pero las principales acciones de la fe salvadora tienen que ver directamente con Cristo: aceptarle, recibirle y descansar sólo en El para la justificación, santificación y vida eterna, en virtud del pacto de gracia.[5]

    1. Hch. 24:14; 1 Tes. 2:13; Sal.19:7-10; 119:72
    2. Jn.15:14; Rom.16:26
    3. Isa. 66:2
    4. 1 Tim. 4:8; Heb.11:13
    5. Jn.1:12; Hch.15:11; 16:31; Gál. 2:20

3. Esta fe, aunque sea diferente en grados y pueda ser débil o fuerte,[1] es, sin embargo, aun en su grado mínimo, diferente en su clase y naturaleza (como lo es toda otra gracia salvadora) de la fe y la gracia común de aquellos creyentes que sólo lo son por un tiempo;[2] y consecuentemente, aunque muchas veces sea atacada y debilitada, resulta, sin embargo, victoriosa,[3] creciendo en muchos hasta obtener la completa seguridad[4] a través de Cristo, quien es tanto el autor como el consumador de nuestra fe.[5]

    1. Mat. 6:30; 8:10,26; 14:31; 16:8; Mat.17:20; Heb. 5:13-14; Rom. 4:19-20
    2. Stg. 2:14; 2 Ped.1:1; 1 Jn. 5:4
    3. Luc. 22:31-32; Ef. 6:16; 1 Jn. 5:4-5

4. Sal.119:114; Heb. 6:11-12; 10:22-23
5. Heb.12:2

Capítulo 15
DEL ARREPENTIMIENTO PARA VIDA Y SALVACION

1. A aquellos de los elegidos que se convierten en la madurez, habiendo vivido por algún tiempo en el estado natural,[1] y habiendo servido en el mismo a diversas concupiscencias y placeres, Dios, al llamarlos eficazmente, les da arrepentimiento para vida.[2]

1. Tit. 3:2-5
2. 2 Cron. 33:10-20; Hch. 9:1-19; 16:29-30

2. Si bien no hay nadie que haga el bien y no peque,[1] y los mejores hombres, mediante el poder y el engaño de la corrupción que habita en ellos, junto con el predominio de la tentación, pueden caer en grandes pecados y provocaciones,[2] Dios, en el pacto de gracia, ha provisto misericordiosamente que los creyentes que pequen y caigan de esta manera sean renovados mediante el arrepentimiento para salvación.[3]

1. Sal.130:3; 143:2; Pr. 20:9; Ec. 7:20
2. 2 Sam.11:1-27; Luc. 22:54-62
3. Jer. 32:40; Luc. 22:31-32; 1 Jn.1:9

3. Este arrepentimiento para salvación es una gracia evangélica[1] por la cual una persona a quien el Espíritu hace consciente de las múltiples maldades de su pecado,[2] mediante la fe en Cristo[3] se humilla por él con una tristeza que es según Dios, abominación de él y aborrecimiento de sí mismo, orando por el perdón y las fuerzas que proceden de la gracia,[4] con el propósito y empeño, mediante la provisión del Espíritu, de andar delante de Dios para agradarle en todo.[5]

1. Hch.5:31; 11:18; 2 Tim. 2:25
2. Sal. 51:1-6; 130:1-3; Luc.15:17-20; Hch. 2:37-38
3. Sal.130:4; Mat. 27:3-5; Mr.1:15
4. Ez.16:60-63; 36:31-32; Zc.12:10; Mat. 21:19; Hch.15:19; 20:21; 26:20; 2 Cor. 7:10-11; 1 Tes.1:9
5. Pr. 28:13; Ez. 36:25; 18:30-31; Sal.119:59,104,128; Mat. 3:8; Luc. 3:8; Hch. 26:20; 1 Tes.1:9

4. Puesto que el arrepentimiento ha de continuar a lo largo de toda nuestra vida, debido al cuerpo de muerte y sus inclinaciones,[1] es por tanto el deber de cada hombre arrepentirse específicamente de los pecados concretos que conozca.[2]

1. Ez.16:60; Mat. 5:4; 1 Jn.1:9
2. Luc.19:8; 1 Tim.1:13,15

5. Tal es la provisión que Dios ha hecho a través de Cristo en el pacto de gracia para la preservación de los creyentes para salvación que, si bien no hay pecado tan pequeño que no merezca la condenación,[1] no hay, sin embargo, pecado tan grande que acarree condenación a aquellos que se arrepienten, lo cual hace necesaria la predicación constante del arrepentimiento.[2]

    1. Sal.130:3; 143:2; Rom. 6:23
    2. Isa.1:16-18; 55:7; Hch. 2:36-38

Capítulo 16
DE LAS BUENAS OBRAS

1. Las buenas obras son solamente aquellas que Dios ha ordenado en su santa Palabra[1] y no las que, sin la autoridad de ésta, han inventado los hombres por un fervor ciego o con cualquier pretexto de buenas intenciones.[2]

    1. Mi. 6:8; Rom.12:2; Heb.13:21; Col. 2:3; 2 Tim. 3:16,17
    2. Mat.15:9 con Isa. 29:13; 1 Ped.1:18; Rom.10:2; Jn.16:2; 1 Sam.15:21-23; 1 Cor. 7:23; Gál. 5:1; Col. 2:8,16-23

2. Estas buenas obras, hechas en obediencia a los mandamientos de Dios, son los frutos y evidencias de una fe verdadera y viva;[1] y por ellas los creyentes manifiestan su gratitud,[2] fortalecen su seguridad,[3] edifican a sus hermanos,[4] adornan la profesión del evangelio,[5] tapan la boca de los adversarios,[6] y glorifican a Dios, cuya hechura son, creados en Cristo Jesús para ello,[7] para que teniendo por fruto la santificación, tengan como fin la vida eterna.[8]

    1. Stg. 2:18,22; Gál. 5:6; 1 Tim.1:5
    2. Sal.116:12-14; 1 Ped. 2:9,12; Luc. 7:36-50 con Mat. 26:1-11
    3. 1 Jn. 2:3,5; 3:18-19; 2 Ped.1:5-11
    4. 2 Cor. 9:2; Mat. 5:16
    5. Mat. 5:16; Tit. 2:5,9-12; 1 Tim. 6:1; 1 Ped. 2:12
    6. 1 Ped. 2:12,15; Tit. 2:5; 1 Tim. 6:1
    7. Ef. 2:10; Fil.1:11; 1 Tim. 6:1; 1 Ped. 2:12; Mat. 5:16
    8. Rom. 6:22; Mat. 7:13-14,21-23

3. La capacidad que tienen los creyentes para hacer buenas obras no es de ellos mismos en ninguna manera, sino completamente del Espíritu de Cristo. Y para que ellos puedan tener esta capacidad, además de las virtudes que ya han recibido, se necesita una influencia efectiva del mismo Espíritu Santo para obrar en ellos tanto el querer como el hacer por su buena voluntad;[1] sin embargo, no deben volverse negligentes por ello, como si no estuviesen obligados a cumplir deber algu-

no aparte de un impulso especial del Espíritu, sino que deben ser diligentes en avivar la gracia de Dios que está en ellos.[2]

1. Ez. 36:26-27; Jn.15:4-6; 2 Cor. 3:5; Fil. 2:12-13; Ef. 2:10
2. Rom. 8:14; Jn. 3:8; Fil. 2:12-13; 2 Ped.1:10; Heb. 6:12; 2 Tim.1:6; Jud. 20-21

4. Quienes alcancen el mayor grado de obediencia posible en esta vida quedan tan lejos de llegar a un grado supererogatorio, y de hacer más de lo que Dios requiere, que les falta mucho de lo que por deber están obligados a hacer.[1]

1. 1 Rey. 8:46; 2 Cron. 6:36; Sal.130:3; 143:2; Pr. 20:9; Ec. 7:20; Rom. 3:9,23; 7:14ss; Gál. 5:17; 1 Jn.1:6-10; Luc.17:10

5. Nosotros no podemos, por nuestras mejores obras, merecer el perdón del pecado o la vida eterna de la mano de Dios, a causa de la gran desproporción que existe entre nuestras obras y la gloria que ha de venir,[1] y por la distancia infinita que hay entre nosotros y Dios, a quien no podemos beneficiar por dichas obras, ni satisfacer la deuda de nuestros pecados anteriores; pero cuando hemos hecho todo lo que podemos, no hemos sino cumplido con nuestro deber y somos siervos inútiles;[2] y tanto en cuanto son buenas proceden de su Espíritu;[3] y en cuanto son hechas por nosotros, son impuras y están mezcladas con tanta debilidad e imperfección que no pueden soportar la severidad del castigo de Dios.[4]

1. Rom. 8:18
2. Job 22:3; 35:7, Luc.17:10; Rom. 4:3; 11:3
3. Gál. 5:22-23
4. 1 Rey. 8:46; 2 Cron. 6:36; Sal.130:3; 143:2; Pr. 20:9; Ec. 7:20; Rom. 3:9,23; 7:14ss.; Gál. 5:17; 1 Jn.1:6-10

6. No obstante, por ser aceptadas las personas de los creyentes por medio de Cristo, sus buenas obras también son aceptadas en El;[1] no como si fueran en esta vida enteramente irreprochables e irreprensibles a los ojos de Dios;[2] sino que a El, mirándolas en su Hijo, le place aceptar y recompensar aquello que es sincero aun cuando esté acompañado de muchas debilidades e imperfecciones.[3]

1. Ex. 28:38; Ef.1:6-7; 1 Ped. 2:5
2. 1 Rey. 8:46; 2 Cron. 6:36; Sal.130:3; 143:2; Pr. 20:9; Ec. 7:20; Rom. 3:9,23; 7;14ss.; Gál. 5:17; 1 Jn.1:6-10
3. Heb. 6:10; Mat. 25:21,23

7. Las obras hechas por hombres no regenerados, aunque en sí mismas sean cosas que Dios ordena, y de utilidad tanto para ellos como para otros,[1] sin embargo, por no proceder de un corazón purificado por la fe[2] y no ser hechas de una manera correcta de acuerdo con la Pala-

bra,[3] ni para un fin correcto (la gloria de Dios[4]), son, por tanto, pecaminosas, y no pueden agradar a Dios ni hacer a un hombre digno de recibir gracia por parte de Dios.[5] Y a pesar de esto, el hecho de que descuiden las buenas obras es más pecaminoso y desagradable a Dios.[6]

    1. 1 Rey. 21:27-29; 2 Rey.10:30-31; Rom. 2:14; Fil.1:15-18
    2. Gál. 4:5 con Heb.11:4-6; 1 Tim.1:5; Rom.14:23; Gál. 5:6
    3. 1 Cor.13:3; Isa.1:12
    4. Mat. 6:2,5-6; 1 Cor.10:31
    5. Rom. 9:16; Tit.1:15; 3:5
    6. 1 Rey. 21:27-29; 2 Rey.10:30-31; Sal.14:4; 36:3

Capítulo 17
DE LA PERSEVERANCIA DE LOS SANTOS

1. Aquellos a quienes Dios ha aceptado en el Amado, y ha llamado eficazmente y santificado por su Espíritu, y a quienes ha dado la preciosa fe de sus elegidos, no pueden caer ni total ni definitivamente del estado de gracia, sino que ciertamente perseverarán en él hasta el fin, y serán salvos por toda la eternidad, puesto que los dones y el llamamiento de Dios son irrevocables, por lo que El continúa engendrando y nutriendo en ellos la fe, el arrepentimiento, el amor, el gozo, la esperanza y todas las virtudes del Espíritu para inmortalidad;[1] y aunque surjan y les azoten muchas tormentas e inundaciones, nunca podrán, sin embargo, arrancarles del fundamento y la roca a que por la fe están aferrados; a pesar de que, por medio de la incredulidad y las tentaciones de Satanás, la visión perceptible de la luz y el amor de Dios puede nublárseles y oscurecérseles por un tiempo,[2] El, sin embargo, es aún el mismo, y ellos serán guardados, sin duda alguna, por el poder de Dios para salvación, en la que gozarán de su posesión adquirida, al estar ellos esculpidos en las palmas de sus manos y sus nombres escritos en el libro de la vida desde toda la eternidad.[3]

    1. Jn.10:28-29; Fil.1:6; 2 Tim. 2:19; 2 Ped.1:5-10; 1 Jn. 2:19
    2. Sal. 89:31-32; 1 Cor.11:32; 2 Tim. 4:7
    3. Sal.102:27; Mal. 3:6; Ef.1:14; 1 Ped.1:5; Apo.13:8

2. Esta perseverancia de los santos depende no de su propio libre albedrío,[1] sino de la inmutabilidad del decreto de elección,[2] que fluye del amor libre e inmutable de Dios el Padre, sobre la base de la eficacia de los méritos y la intercesión de Jesucristo y la unión con El,[3] del juramento de Dios,[4] de la morada de su Espíritu, de la simiente de Dios que está en los santos,[5] y de la naturaleza del pacto de gracia,[6] de todo

lo cual surgen también la certeza y la infalibilidad de la perseverancia.

   1. Fil. 2:12-13; Rom. 9:16; Jn. 6:37,44
   2. Mat. 24:22,24,31; Rom. 8:30; 9:11,16; 11:2,29; Ef.1:5-11
   3. Ef.1:4; Rom. 5:9-10; 8:31-34; 2 Cor. 5:14; Rom. 8:35-38; 1 Cor.1:8-9; Jn.14:19; 10:28-29
   4. Heb. 6:1-20
   5. 1 Jn. 2:19-20,27; 3:9; 5:4,18; Ef.1:13; 4:30; 2 Cor.1:22; 5:5; Ef.1:14
   6. Jer. 31:33-34; 32:40; Heb.10:11-18; 13:20-21

3. Y aunque los santos (mediante la tentación de Satanás y del mundo, el predominio de la corrupción que queda en ellos y el descuido de los medios para su preservación) caigan en pecados graves y por algún tiempo permanezcan en ellos[1] (por lo que incurren en el desagrado de Dios y entristecen a su Espíritu Santo,[2] se les dañan sus virtudes y consuelos,[3] se les endurece el corazón y se les hiere la conciencia,[4] lastiman y escandalizan a otros[5] y se acarrean juicios temporales[6]), sin embargo, renovarán su arrepentimiento y serán preservados hasta el fin mediante la fe en Cristo Jesús.[7]

   1. Mat. 26:70,72,74
   2. Sal. 38:1-8; Isa. 64:5-9; Ef. 4:30; 1 Tes. 5:14
   3. Sal. 51:10-12
   4. Sal. 32:3-4; 73:21-22
   5. 2 Sam.12:14; 1 Cor. 8:9-13; Rom.14:13-18; 1 Tim. 6:1,2; Tit. 2:5
   6. 2 Sam.12:14ss.; Gén.19:30-38; 1 Cor.11:27-32
   7. Luc. 22:32,61-62; 1 Cor.11:32; 1 Jn. 3:9; 5:18

Capítulo 18
DE LA SEGURIDAD DE LA GRACIA Y DE LA SALVACION

1. Aunque los creyentes que lo son por un tiempo y otras personas no regeneradas vanamente se engañen a sí mismos con esperanzas falsas y presunciones carnales de hallarse en el favor de Dios y en estado de salvación (pero la esperanza de ellos perecerá[1]), sin embargo, los que creen verdaderamente en el Señor Jesús y le aman con sinceridad, esforzándose por andar con toda buena conciencia delante de El, pueden en esta vida estar absolutamente seguros de hallarse en el estado de gracia, y pueden regocijarse en la esperanza de la gloria de Dios; y tal esperanza nunca les avergonzará.[2]

   1. Jer.17:9; Mat. 7:21-23; Luc.18:10-14; Jn. 8:41; Ef. 5:6-7; Gál. 6:3,7-9
   2. Rom. 5:2,5; 8:16; 1 Jn. 2:3; 3:14,18,19,24; 5:13; 2 Ped.1:10

2. Esta certeza no es una mera persuasión conjetural y probable, fundada en una esperanza falible, sino que es una seguridad infalible de fe[1] basada en la sangre y la justicia de Cristo reveladas en el evange-

lio;[2] y también en la evidencia interna de aquellas virtudes del Espíritu a las cuales se les hacen promesas,[3] y en el testimonio del Espíritu de adopción testificando con nuestro espíritu que somos hijos de Dios;[4] y, como fruto suyo, mantiene el corazón humilde y santo.[5]

   1. Rom. 5:2,5; Heb. 6:11,19-20; 1 Jn. 3:2,14; 4:16; 5:13,19-20
   2. Heb. 6:17-18; 7:22; 10:14,19
   3. Mat. 3:7-10; Mr.1:15; 2 Ped.1:4-11; 1 Jn. 2:3; 3:14,18,19,24; 5:13
   4. Rom. 8:15-16; 1 Cor. 2:12; Gál. 4:6-7
   5. 1 Jn. 3:1-3

3. Esta seguridad infalible no pertenece a la esencia de la fe hasta tal punto que un verdadero creyente no pueda esperar mucho tiempo y luchar con muchas dificultades antes de ser partícipe de tal seguridad;[1] sin embargo, siendo capacitado por el Espíritu para conocer las cosas que le son dadas gratuitamente por Dios, puede alcanzarla,[2] sin una revelación extraordinaria, por el uso adecuado de los medios; y por eso es el deber de cada uno ser diligente para hacer firme su llamamiento y elección; para que así su corazón se ensanche en la paz y en el gozo en el Espíritu Santo, en amor y gratitud a Dios, y en fuerza y alegría en los deberes de la obediencia, que son los frutos propios de esta seguridad: así está de lejos esta seguridad de inducir a los hombres a la disolución.[3]

   1. Hch.16:30-34; 1 Jn. 5:13
   2. Rom. 8:15-16; 1 Cor. 2:12; Gál. 4:4-6 con 3:2; I Jn. 4:13;
      Ef. 3:17-19; Heb. 6:11-12; 2 Ped.1:5-11
   3. 2 Ped.1:10; Sal.119:32; Rom.15:13; Neh. 8:10; 1 Jn. 4:19,16;
      Rom. 6:1-2,11-13; 14:17; Tit. 2:11-14; Ef. 5:18

4. La seguridad de la salvación de los verdaderos creyentes puede ser, de diversas maneras, zarandeada, disminuida e interrumpida; como por la negligencia en conservarla,[1] por caer en algún pecado especial que hiera la conciencia y contriste al Espíritu,[2] por alguna tentación repentina o vehemente,[3] por retirarles Dios la luz de su rostro, permitiendo, aun a los que le temen, que caminen en tinieblas, y no tengan luz;[4] sin embargo, nunca quedan destituidos de la simiente de Dios, y de la vida de fe, de aquel amor de Cristo y de los hermanos, de aquella sinceridad de corazón y conciencia del deber, por los cuales, mediante la operación del Espíritu, esta seguridad puede ser revivida con el tiempo; y por los cuales, mientras tanto, los verdaderos creyentes son preservados de caer en total desesperación.[5]

   1. Heb. 6:11-12; 2 Ped.1:5-11
   2. Sal. 51:8,12,14; Ef. 4:30
   3. Sal. 30:7; 31:22; 77:7-8; 116:11
   4. Isa. 50:10
   5. 1 Jn. 3:9; Luc. 22:32; Rom. 8:15-16; Gál. 4:5; Sal. 42:5,11

Capítulo 19
DE LA LEY DE DIOS

1. Dios dio a Adán una ley de obediencia universal escrita en su corazón,[1] y un precepto en particular de no comer del fruto del árbol del conocimiento del bien y del mal;[2] por lo cual le obligó a él y a toda su posteridad a una obediencia personal completa, exacta y perpetua; prometió la vida por su cumplimiento de la ley, y amenazó con la muerte su infracción; y le dotó también del poder y la capacidad para guardarla.[3]

   1. Gén.1:27; Ec. 7:29; Rom. 2:12a,14-15
   2. Gén. 2:16-17
   3. Gén. 2:16-17; Rom.10:5; Gál. 3:10,12

2. La misma ley que primeramente fue escrita en el corazón del hombre continuó siendo una regla perfecta de justicia después de la Caída;[1] y fue dada por Dios en el monte Sinaí,[2] en diez mandamientos, y escrita en dos tablas; los cuatro primeros mandamientos contienen nuestros deberes para con Dios, y los otros seis, nuestros deberes para con los hombres.[3]

   1. Para el Cuarto Mandamiento, Gén. 2:3; Ex.16; Gén. 7:4; 8:10,12;
      para el Quinto Mandamiento, Gén. 37:10;
      para el Sexto Mandamiento, Gén. 4:3-15;
      para el Séptimo Mandamiento, Gén.12:17;
      para el Octavo Mandamiento, Gén. 31:30; 44:8;
      para el Noveno Mandamiento, Gén. 27:12;
      para el Décimo Mandamiento, Gén. 6:2; 13:10-11
   2. Rom. 2:12a,14-15
   3. Ex. 32:15-16; 34:4,28; Dt.10:4

3. Además de esta ley, comúnmente llamada ley moral, agradó a Dios dar al pueblo de Israel leyes ceremoniales que contenían varias ordenanzas típicas; en parte de adoración, prefigurando a Cristo, sus virtudes, acciones, sufrimientos y beneficios;[1] y en parte proponiendo diversas instrucciones sobre los deberes morales.[2] Todas aquellas leyes ceremoniales, habiendo sido prescritas solamente hasta el tiempo de reformar las cosas, han sido abrogadas y quitadas por Jesucristo, el verdadero Mesías y único legislador, quien fue investido con poder por parte del Padre para ese fin.[3]

   1. Heb.10:1; Col. 2:16-17
   2. 1 Cor. 5:7; 2 Cor. 6:17; Jud. 23
   3. Col. 2:14,16-17; Ef. 2:14-16

4. Dios también les dio a los israelitas diversas leyes civiles, que expiraron juntamente con el Estado de aquel pueblo, no obligando aho-

ra a ningún otro en virtud de aquella institución;[1] solamente sus principios de equidad son utilizables en la actualidad.[2]

1. Luc. 21:20-24; Hch. 6:13-14; Heb. 9:18-19 con 8:7,13; 9:10; 10:1
2. 1 Cor. 5:1; 9:8-10

5. La ley moral obliga para siempre a todos, tanto a los justificados como a los demás, a que se la obedezca;[1] y esto no sólo en consideración a su contenido, sino también con respecto a la autoridad de Dios, el Creador, quien la dio.[2] Tampoco Cristo, en el evangelio, en ninguna manera cancela esta obligación sino que la refuerza considerablemente.[3]

1. Mat.19:16-22; Rom. 2:14-15; 3:19-20; 6:14; 7:6; 8:3; 1 Tim.1:8-11; Rom.13:8-10; 1 Cor. 7:19 con Gál. 5:6; 6:15; Ef. 4:25-6:4; Stg. 2:11-12
2. Stg. 2:10-11
3. Mat. 5:17-19; Rom. 3:31; 1 Cor. 9:21; Stg. 2:8

6. Aunque los verdaderos creyentes no están bajo la ley como pacto de obras para ser por ella justificados o condenados,[1] sin embargo ésta es de gran utilidad tanto para ellos como para otros, en que como regla de vida les informa de la voluntad de Dios y de sus deberes, les dirige y obliga a andar en conformidad con ella,[2] les revela también la pecaminosa contaminación de sus naturalezas, corazones y vidas; de tal manera que, al examinarse a la luz de ella, puedan llegar a una convicción más profunda de su pecado, a sentir humillación por él y odio contra él; junto con una visión más clara de la necesidad que tienen de Cristo, y de la perfección de su obediencia.[3] También la ley moral es útil para los regenerados a fin de restringir su corrupción, en cuanto que prohibe el pecado; y sus amenazas sirven para mostrar lo que aun sus pecados merecen, y qué aflicciones pueden esperar por ellos en esta vida, aun cuando estén libres de la maldición y el puro rigor de la ley.[4] Asimismo sus promesas manifiestan a los regenerados que Dios aprueba la obediencia y cuáles son las bendiciones que pueden esperar por el cumplimiento de la misma,[5] aunque no como si la ley se lo debiera como pacto de obras;[6] de manera que si alguien hace lo bueno y se abstiene de hacer lo malo porque la ley le manda lo uno y le prohibe lo otro, no por ello se demuestra que esté bajo la ley y no bajo la gracia.[7]

1. Hch 13:39; Rom. 6:14; 8:1; 10:4; Gál.2:16; 4:4-5
2. Rom. 7:12, 22, 25; Sal.119:4-6; 1 Cor. 7:19
3. Rom. 3:20; 7:7,9,14,24; 8:3; Stg.1:23-25
4. Stg. 2:11; Sal.119:101,104,128
5. Ef. 6:2-3; Sal. 37:11; Mat.5:6; Sal.19:11
6. Luc.17:10
7. Véase el libro de Proverbios; Mat.3:7; Luc.13:3,5; Hch. 2:40; Heb.11:26; 1 Ped. 3:8-13

7. Los usos de la ley ya mencionados tampoco son contrarios a la gracia del evangelio, sino que concuerdan armoniosamente con él; pues el Espíritu de Cristo subyuga y capacita la voluntad del hombre para que haga libre y alegremente lo que requiere la voluntad de Dios, revelada en la ley.[1]

1. Gál. 3:21; Jer. 31:33; Ez. 36:27; Rom. 8:4; Tit. 2:14

Capítulo 20
DEL EVANGELIO Y EL ALCANCE DE SU GRACIA

1. Habiendo sido quebrantado el pacto de obras por el pecado y habiéndose vuelto inútil para dar vida, agradó a Dios dar la promesa de Cristo, la simiente de la mujer, como el medio para llamar a los elegidos, y engendrar en ellos la fe y el arrepentimiento. En esta promesa, el evangelio, en cuanto a su sustancia, fue revelado, y es en ella eficaz para la conversión y salvación de los pecadores.[1]

1. Gén. 3:15 con Ef. 2:12; Gál. 4:4; Heb.11:13; Luc. 2:25,38; 23:51; Rom. 4:13-16; Gál. 3:15-22

2. Esta promesa de Cristo, y la salvación por medio de El, es revelada solamente por la Palabra de Dios.[1] Tampoco las obras de la creación o la providencia, con la luz de la naturaleza, revelan a Cristo, o la gracia que es por medio de El, ni siquiera en forma general u oscura;[2] mucho menos hacen que los hombres destituidos de la revelación de El por la promesa, o evangelio, sean capacitados así para alcanzar la fe salvadora o el arrepentimiento.[3]

1. Hch. 4:12; Rom.10:13-15
2. Sal.19; Rom.1:18-23
3. Rom. 2:12a; Mat. 28:18-20; Luc. 24:46,47 con Hch.17:29,30; Rom. 3:9-20

3. La revelación del evangelio a los pecadores (hecha en diversos tiempos y distintas partes, con la adición de promesas y preceptos para la obediencia requerida en aquél, en cuanto a las naciones y personas a quienes es concedido), es meramente por la voluntad soberana y el beneplácito de Dios;[1] no apropiándosela en virtud de promesa alguna referida al buen uso de las capacidades naturales de los hombres, ni en virtud de la luz común recibida aparte de él, lo cual nadie hizo jamás ni puede hacer.[2] Por tanto, en todas las épocas, la predicación del evangelio ha sido concedida a personas y naciones, en cuanto a su extensión o restricción, con gran variedad, según el consejo de la voluntad de Dios.

1. Mat.11:20
2. Rom. 3:10-12; 8:7-8

4. Aunque el evangelio es el único medio externo para revelar a Cristo y la gracia salvadora, y es, como tal, completamente suficiente para este fin,[1] sin embargo, para que los hombres que están muertos en sus delitos puedan nacer de nuevo, ser vivificados o regenerados, es además necesaria una obra eficaz e invencible del Espíritu Santo en toda el alma, con el fin de producir en ellos una nueva vida espiritual; sin ésta, ningún otro medio puede efectuar su conversión a Dios.[2]

1. Rom.1:16,17
2. Jn. 6:44; 1 Cor.1:22-24; 2:14; 2 Cor. 4:4,6

Capítulo 21
DE LA LIBERTAD CRISTIANA Y LA LIBERTAD DE CONCIENCIA

1. La libertad que Cristo ha comprado para los creyentes bajo el evangelio consiste en su libertad de la culpa del pecado, de la ira condenatoria de Dios y de la severidad y maldición de la ley,[1] y en ser librados de este presente siglo malo, de la servidumbre de Satanás y del dominio del pecado,[2] del mal de las aflicciones, del temor y aguijón de la muerte, de la victoria del sepulcro y de la condenación eterna,[3] y también consiste en su libre acceso a Dios, y en rendirle obediencia a Él, no por temor servil, sino con un amor filial y una mente dispuesta.[4]

Todo esto era sustancialmente común también a los creyentes bajo la ley;[5] pero bajo el Nuevo Testamento la libertad de los cristianos se ensancha mucho más porque están libres del yugo de la ley ceremonial a que estaba sujeta la Iglesia judaica, y tienen ahora mayor confianza para acercarse al trono de gracia, y experiencias más plenas del libre Espíritu de Dios que aquellas de las que participaron generalmente los creyentes bajo la ley.[6]

1. Jn. 3:36; Rom. 8:33; Gál. 3:13
2. Gál.1:4; Ef. 2:1-3; Col.1:13; Hch. 26:18; Rom. 6:14-18; 8:3
3. Rom. 8:28; 1 Cor.15:54-57; 1 Tes.1:10; Heb. 2:14,15
4. Ef. 2:18; 3:12; Rom. 8:15; 1 Jn. 4:18
5. Jn. 8:32; Sal.19:7-91 19:14,24,45,47,48,72,97; Rom. 4:5-11; Gál. 3:9; Heb.11:27,33,34
6. Jn.1:17; Heb.1:1,2a; 7:19,22; 8:6; 9:23; 11:40; Gál. 2:11ss.; 4:1-3; Col. 2:16-17; Heb.10:19,21; Jn. 7:38-39

2. Sólo Dios es el Señor de la conciencia,[1] y la ha hecho libre de las doctrinas y los mandamientos de los hombres que sean en alguna manera contrarios a su Palabra o que no estén contenidos en ésta.[2] Así que, creer tales doctrinas u obedecer tales mandamientos por causa de la conciencia es traicionar la verdadera libertad de conciencia,[3] y el re-

querir una fe implícita y una obediencia ciega y absoluta es destruir la libertad de conciencia y también la razón.[4]

1. Stg. 4:12; Rom.14:4; Gál. 5:1
2. Hch. 4:19; 5:29; 1 Cor. 7:23; Mat.15:9
3. Col. 2:20,22,23; Gál.1:10; 2:3-5; 5:1
4. Rom.10:17; 14:23; Hch.17:11; in. 4:22; 1 Cor. 3:5; 2 Cor.1:24

3. Aquellos que bajo el pretexto de la libertad cristiana practican cualquier pecado o abrigan cualquier concupiscencia, al pervertir así el propósito principal de la gracia del evangelio para su propia destrucción,[1] destruyen completamente, por tanto, el propósito de la libertad cristiana, que consiste en que, siendo librados de las manos de todos nuestros enemigos, sirvamos al Señor sin temor, en santidad y justicia delante de El, todos los días de nuestra vida.[2]

1. Rom. 6:1,2
2. Luc.1:74-75; Rom.14:9; Gál. 5:13; 2 Ped. 2:18,21

Capítulo 22
DE LA ADORACION RELIGIOSA Y EL DIA DE REPOSO

1. La luz de la naturaleza muestra que hay un Dios, que tiene señorío y soberanía sobre todo; es justo, bueno y hace bien a todos; y que, por tanto, debe ser temido, amado, alabado, invocado, creído, y servido con toda el alma, con todo el corazón y con todas las fuerzas.[1] Pero el modo aceptable de adorar al verdadero Dios está instituido por El mismo, y está de tal manera limitado por su propia voluntad revelada que no se debe adorar a Dios conforme a las imaginaciones e invenciones de los hombres o a las sugerencias de Satanás, ni bajo ninguna representación visible ni en ningún otro modo no prescrito en las Santas Escrituras.[2]

1. Jer.10:7; Mr.12:33
2. Gén. 4:1-5; Ex. 20:46; Mat.15:3,8,9; 2 Rey.16:10-18; Lev.10:1-3; Dt.17:3, 4:2, 12:29-32; Jos.1:7; 23:6-8; Mat.15:13; Col. 2:20-23; 2 Tim. 3:15-17

2. La adoración religiosa ha de tributarse a Dios Padre, Hijo y Espíritu Santo, y a El solamente;[1] no a los ángeles, ni a los santos, ni a ninguna otra criatura;[2] y desde la Caída, no sin un mediador; ni por la mediación de ningún otro, sino solamente de Cristo.[3]

1. Mat. 4:9,10; Jn. 5:23; 2 Cor.13:14
2. Rom.1:25; Col. 2:18; Apo.19:10 3; Jn.14:6; Ef. 2:18; Col. 3:17; 1 Tim. 2:5

3. Siendo la oración, con acción de gracias, una parte de la adoración natural, la exige Dios de todos los hombres.[1] Pero para que pueda

ser aceptada, debe hacerse en el nombre del Hijo,[2] con la ayuda del Espíritu,[3] conforme a su voluntad,[4] con entendimiento, reverencia, humildad, fervor, fe, amor y perseverancia;[5] y cuando se hace con otros, en una lengua conocida.[6]

    1. Sal. 95:1-7; 100:1-5
    2. Jn.14:13,14
    3. Rom. 8:26
    4. 1 Jn. 5:14
    5. Sal. 47:7; Ec. 5:4,2; Heb.12:28; Gén.18:27; Stg. 5:16; 1:6,7; Mr.11:24; Mat. 6:12,14,15; Col. 4:2; Ef. 6:18
    6. 1 Cor.14:13-19,27-28

4. La oración ha de hacerse por cosas lícitas, y a favor de toda clase de personas vivas, o que vivirán más adelante;[1] pero no a favor de los muertos ni de aquellos de quienes se pueda saber que han cometido el pecado de muerte.[2]

    1. Jn. 5:14; 1 Tim. 2:1-2; Jn.17:20
    2. 2 Sam.12:21-23; Luc.16:25-26; Apo.14:13; 1 Jn. 5:16

5. La lectura de las Escrituras,[1] la predicación y la audición de la Palabra de Dios,[2] la instrucción y la amonestación los unos a los otros por medio de salmos, himnos y cantos espirituales, el cantar con gracia en el corazón al Señor,[3] como también la administración del bautismo[4] y la Cena del Señor:[5] todas estas cosas son parte de la adoración religiosa a Dios que ha de realizarse en obediencia a El, con entendimiento, fe, reverencia y temor piadoso; además, la humillación solemne,[6] con ayunos, y las acciones de gracia en ocasiones especiales, han de usarse de una manera santa y piadosa.[7]

    1. Hch.15:21; 1 Tim. 4:13; Apo.1:3
    2. 2 Tim. 4:2; Luc. 8:18
    3. Col. 3:16; Ef. 5:19
    4. Mat. 28:19,20
    5. 1 Cor.11:26
    6. Est. 4:16; Joel 2:12; Mat. 9:15; Hch.13:2-3; 1 Cor. 7:5
    7. Ex.15:1-19; Sal.107

6. Ahora, bajo el evangelio, ni la oración ni ninguna otra parte de la adoración religiosa están limitadas a un lugar, ni son más aceptables por el lugar en que se realizan, o hacia el cual se dirigen;[1] sino que Dios ha de ser adorado en todas partes en espíritu y en verdad;[2] tanto en cada familia en particular[3] diariamente,[4] como cada uno en secreto por sí solo;[5] así como de una manera más solemne en las reuniones públicas,[6] las cuales no han de descuidarse ni abandonarse voluntariamente o por

negligencia, cuando Dios por su Palabra o providencia nos llama a ellas.[7]

1. Jn. 4:21
2. Mal.1:11; 1 Tim. 2:8; Jn. 4:23-24
3. Dt. 6:6-7; Job 1:5; 1 Ped. 3:7
4. Mat. 6:11
5. Mat. 6:6
6. Sal. 84:1,2,10; Mat.18:20; 1 Cor. 3:16; 14:25; Ef. 2:21-22
7. Hch. 2:42; Heb.10:25

7. Así como es la ley de la naturaleza que, en general, una proporción de tiempo, por designio de Dios se dedique a la adoración de Dios, así en su Palabra, por un mandamiento positivo, moral y perpetuo que obliga a todos los hombres en todas las épocas, Dios ha señalado particularmente un día de cada siete como día de reposo, para que sea guardado santo para El;[1] el cual desde el principio del mundo hasta la resurrección de Cristo fue el último día de la semana y desde la resurrección de Cristo fue cambiado al primer día de la semana, que es llamado el Día del Señor y debe ser perpetuado hasta el fin del mundo como el día de reposo cristiano, siendo abolida la observancia del último día de la semana.[2]

1. Gén. 2:3; Ex. 20:8-11; Mr. 2:27-28; Apo.1:10
2. Jn. 20:1; Hch. 2:1; 20:7; 1 Cor.16:1; Apo.1:10; Col. 2:16-17

8. El día de reposo se guarda santo para el Señor cuando los hombres, después de la debida preparación de su corazón y arreglados de antemano todos sus asuntos cotidianos, no solamente observan un santo descanso durante todo el día de sus propias labores, palabras y pensamientos[1] acerca de sus ocupaciones y diversiones seculares; sino que también se dedican todo el tiempo al ejercicio público y privado de la adoración de Dios, y a los deberes de necesidad y de misericordia.[2]

1. Ex. 20:8-11; Neh.13:15-22; Isa. 58:13-14; Apo.1:10
2. Mat.12:1-13; Mr. 2:27-28

Capítulo 23
DE LOS JURAMENTOS Y VOTOS LICITOS

1. Un juramento lícito es una parte de la adoración religiosa en la cual la persona que jura con verdad, justicia y juicio, solemnemente pone a Dios como testigo de lo que jura, y para que le juzgue conforme a la verdad o la falsedad de lo que jura.[1]

1. Deut.10:20; Ex. 20:7; Lev.19:12; 2 Cron. 6:22-23; 2 Cor.1:23

2. Sólo por el nombre de Dios deben jurar los hombres, y al hacerlo han de usarlo con todo temor santo y reverencia. Por lo tanto, jurar vana o temerariamente por este nombre glorioso y temible, o simplemente el jurar por cualquier otra cosa, es pecaminoso y debe aborrecerse.[1] Sin embargo, como en asuntos de peso y de importancia, para confirmación de la verdad y para poner fin a toda contienda, un juramento está justificado por la Palabra de Dios, por eso, cuando una autoridad legítima exija un juramento lícito para tales asuntos, este juramento debe hacerse.[2]

1. Deut. 6:13; 28:58; Ex. 20:7; Jer. 5:7
2. Heb. 6:13-16; Gén. 24:3; 47:30-31; 50:25; 1 Rey.17:1; Neh.13:25; 5:12; Esd.10:5; Num. 5:19,21; 1 Rey. 8:31; Ex. 22:11; Isa. 45:23; 65:16; Mat. 26:62-64; Rom.1:9; 2 Cor.1:23; Hch.18:18

3. Todo aquel que haga un juramento justificado por la Palabra de Dios debe considerar seriamente la gravedad de un acto tan solemne, y no afirmar en el mismo nada sino lo que sepa que es verdad, porque por juramentos temerarios, falsos y vanos se provoca al Señor y por razón de ello la tierra se enluta.[1]

1. Ex. 20:7; Lev.19:12; Num. 30:2; Jer. 4:2; 23:10

4. Un juramento debe hacerse en el sentido claro y común de las palabras, sin equívocos o reservas mentales.[1]

1. Sal. 24:4; Jer. 4:2

5. Un voto (que no ha de hacerse a ninguna criatura, sino sólo a Dios[1]) ha de hacerse y cumplirse con todo cuidado piadoso y fidelidad;[2] pero los votos monásticos papistas de celibato perpetuo, pretendida pobreza y obediencia a las reglas eclesiásticas, distan tanto de ser grados de perfección superior que son más bien trampas supersticiosas y pecaminosas en las que ningún cristiano debe enredarse.[3]

1. Num. 30:2,3; Sal. 76:11; Jer. 44:25-26
2. Num. 30:2; Sal. 61:8; 66:13,14; Ec. 5:4-6; Isa.19:21
3. 1 Cor. 6:18 con 7:2,9; 1 Tim. 4:3; Ef. 4:28; 1 Cor. 7:23; Mat.19:11-12

Capítulo 24
DE LAS AUTORIDADES CIVILES

1. Dios, el supremo Señor y Rey del mundo entero, ha instituido autoridades civiles para estarle sujetas y gobernar al pueblo[1] para la gloria de Dios y el bien público;[2] y con este fin, les ha provisto con el poder de la espada, para la defensa y el ánimo de los que hacen lo

bueno, y para el castigo de los malhechores.³

1. Sal. 82:1; Luc.12:48; Rom.13:1-6; 1 Ped. 2:13,14
2. Gén. 6:11-13 con 9:5,6; Sal. 58:1-2; 72:14; 82:1-4; Pr. 21:15; 24:11-12; 29:14,26; 31:5; Ez. 7:23; 45:9; Dan. 4:27; Mat. 22:21; Rom.13:3-4; 1 Tim. 2:2; 1 Ped. 2:14
3. Gén. 9:6; Pr.16:14; 19:12; 20:2; 21:15; 28:17; Hch. 25:11; Rom.13:4; 1 Ped. 2:14

2. Es lícito para los cristianos aceptar cargos dentro de la autoridad civil cuando sean llamados para ello;¹ en el desempeño de dichos cargos deben mantener especialmente la justicia y la paz, según las buenas leyes de cada reino y Estado; y así, con este propósito, ahora bajo el Nuevo Testamento, pueden hacer lícitamente la guerra en ocasiones justas y necesarias.²

1. Ex. 22:8,9,28,29; Daniel; Nehemías; Pr.14:35; 16:10,12; 20:26,28; 25:2; Pr. 28:15,16; 29:4,14; 31:4,5; Rom.13:2,4,6
2. Luc. 3:14; Rom.13:4

3. Habiendo sido instituidas por Dios las autoridades civiles con los fines ya mencionados, se les debe rendir sujeción¹ en el Señor en todas las cosas lícitas² que manden, no sólo por causa de la ira sino también de la conciencia; y debemos ofrecer súplicas y oraciones a favor de los reyes y de todos los que están en autoridad, para que bajo su gobierno podamos vivir una vida tranquila y sosegada en toda piedad y honestidad.³

1. Pr.16:14,15; 19:12; 20:2; 24:21-22; 25:15; 28:2; Rom.13:1-7; Tit. 3:1; 1 Ped. 2:13-14
2. Dan.1:8; 3:4-6,16-18; 6:5-10,22; Mat. 22:21; Hch. 4:19-20; 5:29
3. Jer. 29:7; 1 Tim. 2:1-4

Capítulo 25
DEL MATRIMONIO

1. El matrimonio ha de ser entre un hombre y una mujer; no es lícito para ningún hombre tener más de una esposa, ni para ninguna mujer tener más de un marido.¹

1. Gén. 2:24 con Mat.19:5,6; 1 Tim. 3:2; Tit.1:6

2. El matrimonio fue instituido para la mutua ayuda de esposo y esposa;¹ para multiplicar el género humano por medio de una descendencia legítima² y para evitar la impureza.³

1. Gén. 2:18; Pr. 2:17; Mal. 2:14
2. Gén.1:28; Sal.127:3-5; 128:3-4
3. 1 Cor. 7:2,9

3. Pueden casarse lícitamente toda clase de personas capaces de

dar su consentimiento en su sano juicio;[1] sin embargo, es deber de los cristianos casarse en el Señor. Y, por tanto, los que profesan la verdadera fe no deben casarse con incrédulos o idólatras; ni deben los que son piadosos unirse en yugo desigual, casándose con los que sean malvados en sus vidas o que sostengan herejías condenables.[2]

1. 1 Cor. 7:39; 2 Cor. 6:14; Heb.13:4; 1 Tim. 4:3
2. 1 Cor. 7:39; 2 Cor. 6:14

4. El matrimonio no debe contraerse dentro de los grados de consanguinidad o afinidad prohibidos en la Palabra, ni pueden tales matrimonios incestuosos legalizarse jamás por ninguna ley humana, ni por el consentimiento de las partes, de tal manera que esas personas puedan vivir juntas como marido y mujer.[1]

1. Lev.18:6-18: Amos 2:7; Mr. 6:18; 1 Cor. 5:1

Capítulo 26
DE LA IGLESIA

1. La Iglesia católica o universal,[1] que (con respecto a la obra interna del Espíritu y la verdad de la gracia) puede llamarse invisible, se compone del número completo de los elegidos que han sido, son o serán reunidos en uno bajo Cristo, su cabeza; y es la esposa, el cuerpo, la plenitud de Aquel que llena todo en todos.[2]

1. Mat.16:18; 1 Cor.12:28; Ef.1:22; 4:11-15; 5:23-25,27,29,32; Col.1:18,24; Heb.12:23
2. Ef. I:22; 4:11-15; 5:23-25,27,29,32; Col.1:18,24; Apo. 21:9-14

2. Todas las personas en todo el mundo que profesan la fe del evangelio y obediencia a Dios por Cristo conforme al mismo, que no destruyan su propia profesión mediante errores fundamentales o conductas impías, son y pueden ser llamados santos visibles;[1] y de tales personas todas las congregaciones locales deben estar compuestas.[2]

1. 1 Cor.1:2; Rom.1:7,8; Hch.11:26; Mat.16:18; 28:15-20; 1 Cor. 5:1-9
2. Mat.18:15-20; Hch. 2:37-42; 4:4; Rom.1:7; 1 Cor. 5:1-9

3. Las iglesias más puras bajo el cielo están sujetas a la impureza y al error,[1] y algunas han degenerado tanto que han llegado a ser no iglesias de Cristo sino sinagogas de Satanás.[2] Sin embargo, Cristo siempre ha tenido y siempre tendrá un reino en este mundo, hasta el fin del mismo, compuesto de aquellos que creen en El y profesan su nombre.[3]

1. 1 Cor.1:11; 5:1; 6:6; 11:17-19; 3 Jn.9-10; Apo. 2- 3
2. Apo. 2:5 con 1:20; 1 Tim. 3:14,15; Apo.18:2
3. Mat.16:18; 24:14; 28:20; Mr. 4:30-32; Sal. 72:16-18; 102:28; Isa. 9:6,7; Apo.12:17; 20:7-9

4. La Cabeza de la Iglesia es el Señor Jesucristo, en quien, por el designio del Padre, todo el poder requerido para el llamamiento, el establecimiento, el orden o el gobierno de la Iglesia, está suprema y soberanamente investido.[1] No puede el papa de Roma ser cabeza de ella en ningún sentido, sino que él es aquel Anticristo, aquel hombre de pecado e hijo de perdición, que se ensalza en la Iglesia contra Cristo y contra todo lo que se llama Dios, a quien el Señor destruirá con el resplandor de su venida.[2]

    1. Col.1:18; Ef. 4:11-16; 1:20-23; 5:23-32; 1 Cor.12:27-28; Jn.17:1-3; Mat. 28:18-20; Hch. 5:31; Jn.10:14-16
    2. 2 Tes. 2:2-9

5. En el ejercicio de este poder que le ha sido confiado, el Señor Jesús, a través del ministerio de su Palabra y por su Espíritu, llama a sí mismo del mundo a aquellos que le han sido dados por su Padre[1] para que anden delante de El en todos los caminos de la obediencia que El les prescribe en su Palabra.[2] A los así llamados, El les ordena andar juntos en congregaciones concretas, o iglesias, para su edificación mutua y la debida observancia del culto público, que El requiere de ellos en el mundo.[3]

    1. Jn.10:16,23; 12:32; 17:2; Hch. 5:31-32
    2. Mat. 28:20
    3. Mat.18:15-20; Hch.14:21-23; Tit.1:5; 1 Tim.1:3; 3:14-16; 5:17-22

6. Los miembros de estas iglesias son santos por su llamamiento, y en una forma visible manifiestan y evidencian (por su profesión de fe y su conducta) su obediencia al llamamiento de Cristo;[1] y voluntariamente acuerdan andar juntos, conforme al designio de Cristo, dándose a sí mismos al Señor y mutuamente, por la voluntad de Dios, profesando sujeción a los preceptos del evangelio.[2]

    1. Mat. 28:18-20; Hch.14:22-23; Rom.1:7; 1 Cor.1:2 con los vv.13-17; 1 Tes.1:1 con los vv. 2- 10; Hch. 2:37-42; 4:4; 5:13,14
    2. Hch. 2:41,42; 5:13,14; 2 Cor. 9:13

7. A cada una de estas iglesias así reunidas, el Señor, conforme a su mente declarada en su Palabra, ha dado todo el poder y autoridad en cualquier sentido necesarios para realizar ese orden en la adoración y en la disciplina que El ha instituido para que lo guarden; juntamente con mandatos y reglas para el ejercicio propio y correcto y la ejecución del mencionado poder.[1]

    1. Mat.18:17-20; 1 Cor. 5:4,5,13; 2 Cor. 2:6-8

8. Una iglesia local, reunida y completamente organizada de acuerdo a la mente de Cristo, está compuesta por oficiales y miembros; y los oficiales designados por Cristo para ser escogidos y apartados por la iglesia (así llamada y reunida), para la particular administración de las ordenanzas y el ejercicio del poder o el deber, que El les confía o al que les llama, para que continúen hasta el fin del mundo, son los obispos o ancianos, y los diáconos.[1]

1. Fil.1:1; 1 Tim. 3:1-13; Hch. 20:17,28; Tit 1:5-7; 1 Ped. 5:2

9. La manera designada por Cristo para el llamamiento de cualquier persona que ha sido cualificada y dotada por el Espíritu Santo[1] para el oficio de obispo o anciano en una iglesia, es que sea escogido para el mismo por común sufragio de la iglesia misma,[2] y solemnemente apartado mediante ayuno y oración con la imposición de manos de los ancianos de la iglesia, si es que hay algunos constituidos anteriormente en ella;[3] y para un diácono, que sea escogido por el mismo sufragio y apartado mediante oración y la misma imposición de manos.[4]

1. Ef. 4:11; 1 Tim. 3:1-13
2. Hch. 6:1-7; 14:23 con Mat.18:17-20; 1 Cor. 5:1-13
3. 1 Tim. 4:14; 5:22
4. Hch. 6:1-7

10. Siendo la obra de los pastores atender constantemente al servicio de Cristo, en sus iglesias, en el ministerio de la Palabra y la oración, velando por sus almas, como aquellos que han de dar cuenta a El,[1] es la responsabilidad de las iglesias a las que ellos ministran darles no solamente todo el respeto debido, sino compartir también con ellos todas sus cosas buenas, según sus posibilidades,[2] de manera que tengan una provisión adecuada, sin que tengan que enredarse en actividades seculares,[3] y puedan también practicar la hospitalidad hacia los demás.[4] Esto lo requiere la ley de la naturaleza y el mandato expreso de nuestro Señor Jesús, quien ha ordenado que los que predican el evangelio vivan del evangelio.[5]

1. Hch. 6:4; 1 Tim. 3:2; 5:17; Heb.13:17
2. 1 Tim. 5:17-18; 1 Cor. 9:14; Gál. 6:6-7
3. 2 Tim. 2:4
4. 1 Tim. 3:2
5. 1 Cor. 9:6-14; 1 Tim. 5:18

11. Aunque sea la responsabilidad de los obispos o pastores de las iglesias, según su oficio, estar constantemente dedicados a la predicación de la Palabra, sin embargo la obra de predicar la Palabra no está

tan particularmente limitada a ellos, sino que otros también dotados y cualificados por el Espíritu Santo para ello y aprobados y llamados por la iglesia, pueden y deben desempeñarla.¹

1. Hch. 8:5; 11:19-21; 1 Ped. 4:10-11

12. Todos los creyentes están obligados a unirse a iglesias locales cuando y donde tengan la oportunidad de hacerlo. Asimismo todos aquellos que son admitidos a los privilegios de una iglesia también están sujetos a la disciplina y el gobierno de la misma iglesia, conforme a la norma de Cristo.¹

1. 1 Tes. 5:14; 2 Tes. 3:6,14,15; 1 Cor. 5:9-13; Heb.13:17

13. Ningún miembro de iglesia, en base a alguna ofensa recibida, habiendo cumplido el deber requerido de él hacia la persona que le ha ofendido, debe perturbar el orden de la iglesia, o ausentarse de las reuniones de la iglesia o de la administración de ninguna de las ordenanzas en base a tal ofensa de cualquier otro miembro, sino que debe esperar en Cristo mientras prosigan las actuaciones de la iglesia.¹

1. Mat.18:15-17; Ef. 4:2,3; Col. 3:12-15; 1 Jn. 2:7-11,18,19; Ef. 4:2,3; Mat. 28:20

14. Puesto que cada iglesia, y todos sus miembros, están obligados a orar continuamente por el bien y la prosperidad de todas las iglesias de Cristo en todos los lugares, y en todas las ocasiones ayudar a cada una dentro de los límites de sus áreas y vocaciones, en el ejercicio de sus dones y virtudes,¹ así las iglesias, cuando estén establecidas por la providencia de Dios de manera que puedan gozar de la oportunidad y el beneficio de ello,² deben tener comunión entre sí, para su paz, crecimiento en amor y edificación mutua.³

1. Jn.13:34,35; 17:11,21-23; Ef. 4:11-16; 6:18; Sal.122:6; Rom.16:1-3; 3 Jn. 8-10 con 2 Jn. 5-11; Rom.15:26; 2 Cor. 8:1-4, 16-24; 9:12-15; Col. 2:1 con 1:3,4,7 y 4:7,12
2. Gál.1:2,22; Col. 4:16; Apo.1:4; Rom.16:1-2; 3 Jn. 8-10
3. 1 Jn. 4:1-3 con 2 y 3 Juan; Rom.16:1-3; 2 Cor. 9:12-15; Jos. 22

15. En casos de dificultades o diferencias respecto a la doctrina o el gobierno de la iglesia, en que bien las iglesias en general o bien una sola iglesia están concernidas en su paz, unión y edificación; o uno o varios miembros de una iglesia son dañados por procedimientos disciplinarios que no sean de acuerdo a la verdad y al orden, es conforme a la mente de Cristo que muchas iglesias que tengan comunión entre sí, se reúnan a través de sus representantes para considerar y dar su consejo sobre los asuntos en disputa, para informar a todas las iglesias concernidas.¹ Sin embargo, a los representantes congregados no se les

entrega ningún poder eclesiástico propiamente dicho ni jurisdicción sobre las iglesias mismas para ejercer disciplina sobre cualquiera de ellas o sus miembros, o para imponer sus decisiones sobre ellas o sus oficiales.[2]

    1. Gál. 2:2; Pr. 3:5-7; 12:15; 13:10
    2. 1 Cor. 7:25,36,40; 2 Cor.1:24; 1 Jn. 4:1

Capítulo 27
DE LA COMUNION DE LOS SANTOS

1. Todos los santos que están unidos a Jesucristo,[1] su cabeza, por su Espíritu y por la fe[2] (aunque no por ello vengan a ser una persona con El[3]), participan en sus virtudes, padecimientos, muerte, resurrección y gloria;[4] y estando unidos unos a otros en amor, participan mutuamente de sus dones y virtudes,[5] y están obligados al cumplimiento de tales deberes, públicos y privados, de manera ordenada, que conduzcan a su mutuo bien, tanto en el hombre interior como en el exterior.[6]

    1. Ef.1:4; Jn.17:2,6; 2 Cor.5:21; Rom. 6:8; 8:17; 8:2; 1 Cor. 6:17; 2 Ped.1:4
    2. Ef. 3:16-17; Gál. 2:20; 2 Cor. 3:17-18
    3. 1 Cor. 8:6; Col.1:18-19; 1 Tim. 6:15-16; Isa. 42:8; Sal. 45:7; Heb.1:8-9
    4. 1 Jn.1:3; Jn.1:16; 15:1-6; Ef. 2:4-6; Rom. 4:25; 6:1-6; Fil. 3:10; Col. 3:3-4
    5. Jn.13:34-35; 14:15; Ef. 4:15; 1 Ped. 4:10; Rom.14:7-8; 1 Cor. 3:21-23; 12:7,25-27
    6. Rom.1:12; 12:10-13; 1 Tes. 5:11,14; 1 Ped. 3:8; 1 Jn. 3:17,18; Gál. 6:10

2. Los santos, por su profesión, están obligados a mantener entre sí un compañerismo y comunión santos en la adoración a Dios y en el cumplimiento de los otros servicios espirituales que tiendan a su edificación mutua,[1] así como a socorrerse los unos a los otros en las cosas externas según sus posibilidades y necesidades.[2] Según la norma del evangelio, aunque esta comunión deba ejercerse especialmente en las relaciones en que se encuentren, ya sea en las familias o en las iglesias,[3] no obstante, debe extenderse, según Dios dé la oportunidad, a toda la familia de la fe, es decir, a todos los que en todas partes invocan el nombre del Señor Jesús.[4] Sin embargo, su comunión mutua como santos no quita ni infringe el derecho o la propiedad que cada hombre tiene sobre sus bienes y posesiones.[5]

    1. Heb.10:24,25; 3:12,13
    2. Hch.11:29,30; 2 Cor. 8,9; Gál. 2; Rom.15
    3. 1 Tim. 5:8,16; Ef. 6:4; 1 Cor.12:27
    4. Hch.11:29,30; 2 Cor. 8-9; Gál. 2; 6:10; Rom.15
    5. Hch. 5:4; Ef. 4:28; Ex. 20:15

Capítulo 28
DEL BAUTISMO Y LA CENA DEL SEÑOR

1. El bautismo y la Cena del Señor son ordenanzas que han sido positiva y soberanamente instituidas por el Señor Jesús, el único legislador,[1] para que continúen en su Iglesia hasta el fin del mundo.[2]

   1. Mat. 28:19-20; 1 Cor.11:24-25
   2. Mat. 28:18-20; Rom. 6:3-4; 1 Cor.1:13-17; Gál.3:27; Ef. 4:5; Col. 2:12; 1 Ped. 3:21; 1 Cor.11:26; Luc. 22:14-20

2. Estas santas instituciones han de ser administradas solamente por aquellos que estén cualificados y llamados para ello, según la comisión de Cristo.[1]

   1. Mat. 24:45-51; Luc.12:41-44; 1 Cor. 4:1; Tit.1:5-7

Capítulo 29
DEL BAUTISMO

1. El bautismo es una ordenanza del Nuevo Testamento instituida por Jesucristo, con el fin de ser para la persona bautizada una señal de su comunión con El en su muerte y resurrección, de estar injertado en El,[1] de la remisión de pecados[2] y de su entrega a Dios por medio de Jesucristo para vivir y andar en novedad de vida.[3]

   1. Rom. 6:3-5; Col. 2:12; Gál. 3:27
   2. Mr.1:4; Hch. 22:16
   3. Rom. 6:4

2. Los que realmente profesan arrepentimiento para con Dios y fe en nuestro Señor Jesucristo y obediencia a El son los únicos sujetos adecuados de esta ordenanza.[1]

   1. Mat. 3:1-12; Mr.1:4-6; Luc. 3:3-6; Mat. 28:19,20; Mr.16:15,16; Jn. 4:1,2; 1 Cor.1:13-17; Hch. 2:37-41; 8:12,13,36-38; 9:18; 10:47,48; 11:16; 15:9; 16:14,15,31-34; 18:8; 19:3-5; 22:16; Rom. 6:3,4; Gál.3:27; Col. 2:12; 1 Ped. 3:21; Jer. 31:31-34; Fil. 3:3; Jn.1:12,13; Mat. 21:43

3. El elemento exterior que debe usarse en esta ordenanza es el agua, en la cual ha de ser bautizada[1] la persona en el nombre del Padre, del Hijo y del Espíritu Santo.[2]

   1. Mat. 3:11; Hch. 8:36,38; 22:16
   2. Mat. 28:18-20

4. La inmersión de la persona en el agua es necesaria para la correcta administración de esta ordenanza.[1]

   1. 2 Rey. 5:14; Sal. 69:2; Isa. 21:4; Mr.1:5,8-9; Jn. 3:23; Hch. 8:38; Rom. 6:4; Col. 2:12; Mr. 7:3-4; 10:38-39; Luc.12:50; 1 Cor.10:1-2; Mat. 3:11; Hch.1:5,8; 2:1-4,17

Capítulo 30
DE LA CENA DEL SEÑOR

1. La Cena del Señor Jesús fue instituida por El la misma noche en que fue entregado,[1] para que se observara en sus iglesias[2] hasta el fin del mundo,[3] para el recuerdo perpetuo y para la manifestación del sacrificio de si mismo en su muerte,[4] para confirmación de la fe de los creyentes en todos los beneficios de la misma,[5] para su alimentación espiritual y crecimiento en El,[6] para un mayor compromiso en todas las obligaciones que le deben a El,[7] y para ser un vínculo y una prenda de su comunión con El y entre ellos mutuamente.[8]

    1. 1 Cor.11:23-26; Mat. 26:20-26; Mr.14:17-22; Luc. 22:19-23
    2. Hch. 2:41-42; 20:7; 1 Cor.11:17-22,33-34
    3. Mr.14:24-25; Luc. 22:17-22; 1 Cor.11:24-26
    4. 1 Cor.11:24-26; Mat. 26:27-28; Luc. 22:19-20
    5. Rom. 4:11
    6. Jn. 6:29,35,47-58
    7. 1 Cor.11:25
    8. 1 Cor.10:16-17

2. En esta ordenanza Cristo no es ofrecido a su Padre, ni se hace en absoluto ningún verdadero sacrificio para la remisión del pecado ni de los vivos ni de los muertos; sino que solamente es un memorial de aquel único ofrecimiento de sí mismo y por sí mismo en la cruz, una sola vez para siempre,[1] y una ofrenda espiritual de toda la alabanza posible a Dios por el mismo.[2] Así que el sacrificio papal de la misa, como ellos la llaman, es sumamente abominable e injurioso para con el sacrificio mismo de Cristo, la única propiciación por todos los pecados de los elegidos.

    1. Jn.19:30; Heb. 9:25-28; 10:10-14; Luc. 22:19; 1 Cor.11:24-25
    2. Mat. 26:26,27,30 con Heb.13:10-16

3. El Señor Jesús, en esta ordenanza, ha designado a sus ministros para que oren y bendigan los elementos del pan y del vino, y que los aparten así del uso común para el uso sagrado; que tomen y partan el pan, y tomen la copa y (participando también ellos mismos) den ambos a los participantes.[1]

    1. 1 Cor.11:23-26; Mat. 26:26-28; Mr.14:24-25; Luc. 22:19-22

4. El negar la copa al pueblo,[1] el adorar los elementos, el elevarlos o llevarlos de un lugar a otro para adorarlos y el guardarlos para cualquier pretendido uso religioso,[2] es contrario a la naturaleza de esta ordenanza y a la institución de Cristo.[3]

1. Mat. 26:27; Mr.14:23; 1 Cor.11:25-28
2. Ex. 20:4,5
3. Mat.15:9

5. Los elementos externos de esta ordenanza, debidamente separados para el uso ordenado por Cristo, tienen tal relación con El crucificado que en un sentido verdadero, aunque en términos figurativos, se llaman a veces por el nombre de las cosas que representan, a saber: el cuerpo y la sangre de Cristo;[1] no obstante, en sustancia y en naturaleza, esos elementos siguen siendo verdadera y solamente pan y vino, como eran antes.[2]

1. 1 Cor.11:27; Mat. 26:26-28
2. 1 Cor.11:26-28; Mat. 26:29

6. Esa doctrina que sostiene un cambio de sustancia del pan y del vino en la sustancia del cuerpo y la sangre de Cristo (llamada comúnmente transustanciación), por la consagración de un sacerdote, o de algún otro modo, es repugnante no sólo a la Escritura[1] sino también al sentido común y a la razón; echa abajo la naturaleza de la ordenanza; y ha sido y es la causa de muchísimas supersticiones y, además, de crasas idolatrías.

1. Mat. 26:26-29; Luc. 24:36-43,50,51; Jn.1:14; 20:26-29; Hch.1:9-11; 3:21; 1 Cor.11:24-26; Luc.12:1; Apo.1:20; Gén.17:10-11; Ez. 37:11; Gén. 41:26-27

7. Los que reciben dignamente esta ordenanza,[1] participando externamente de los elementos visibles, también participan interiormente, por la fe, de una manera real y verdadera, aunque no carnal ni corporal, sino alimentándose espiritualmente de Cristo crucificado y recibiendo todos los beneficios de su muerte.[2] El cuerpo y la sangre de Cristo no están entonces ni carnal ni corporal sino espiritualmente presentes en aquella ordenanza a la fe de los creyentes, tanto como los elementos mismos lo están para sus sentidos corporales.[3]

1. 1 Cor.11:28
2. Jn. 6:29,35,47-58
3. 1 Cor.10:16

8. Todos los ignorantes e impíos, no siendo aptos para gozar de la comunión con Cristo, son por tanto indignos de la mesa del Señor y, mientras permanezcan como tales, no pueden, sin pecar grandemente contra El, participar de estos sagrados misterioso ser admitidos a ellos;[1] además, quienquiera que los reciba indignamente es culpable del cuerpo y la sangre del Señor, pues come y bebe juicio para sí.[2]

1. Mat. 7:6; Ef. 4:17-24; 5:3-9; Ex. 20:7,16; 1 Cor. 5:9-13; 2 Jn.10; Hch. 2:41-42; 20:7; 1 Cor.11:17-22,33-34
2. 1 Cor.11:20-22,27-34

Capítulo 31
DEL ESTADO DEL HOMBRE DESPUES DE LA MUERTE Y LA RESURRECCION DE LOS MUERTOS

1. Los cuerpos de los hombres vuelven al polvo después de la muerte y ven la corrupción,[1] pero sus almas (que ni mueren ni duermen), teniendo una subsistencia inmortal, vuelven inmediatamente a Dios que las dio.[2] Las almas de los justos, siendo entonces hechas perfectas en santidad, son recibidas en el Paraíso donde están con Cristo, y contemplan la faz de Dios en luz y gloria, esperando la plena redención de sus cuerpos.[3] Las almas de los malvados son arrojadas al infierno, donde permanecen atormentadas y envueltas en densas tinieblas, reservadas para el juicio del gran día.[4] Fuera de estos dos lugares para las almas separadas de sus cuerpos, la Escritura no reconoce ningún otro.

1. Gén. 2:17; 3:19; Hch.13:36; Rom. 5:12-21; 1 Cor.15:22
2. Gén. 2:7; Stg. 2:26; Mat.10:28; Ec.12:7
3. Sal. 23:6; 1 Rey. 8:27-49; Isa. 63:15; 66:1; Luc. 23:43; Hch.1:9-11; 3:21; 2 Cor. 5:6-8; 12:24; Ef. 4:10; Fil.1:21-23; Heb.1:3; 4:14,15; 6:20; 8:1; 9:24; 12:23; Apo. 6:9-11; 14:13; 20:4-6
4. Luc.16:22-26; Hch.1:25; 1 Ped. 3:19; 2 Ped. 2:9

2. Los santos que se encuentren vivos en el último día no dormirán, sino que serán transformados,[1] y todos los muertos serán resucitados[2] con sus mismos cuerpos, y no con otros,[3] aunque con diferentes cualidades,[4] y éstos serán unidos otra vez a sus almas para siempre.[5]

1. 1 Cor.15:50-53; 2 Cor. 5:1-4; 1 Tes. 4:17
2. Dan.12:2; Jn. 5:28-29; Hch. 24:15
3. Job 19:26-27; Jn. 5:28-29; 1 Cor.15:35-38, 42-44
4. 1 Cor.15:42-44, 52-54
5. Dan.12:2; Mat. 25:46

3. Los cuerpos de los injustos, por el poder de Cristo, serán resucitados para deshonra;[1] los cuerpos de los justos, por su Espíritu,[2] para honra,[3] y serán hechos entonces semejantes al cuerpo glorioso de Cristo.[4]

1. Dan.12:2; Jn. 5:28,29
2. Rom. 8:1,11; 1 Cor.15:45; Gál. 6:8
3. 1 Cor.15:42-49
4. Rom. 8:17, 29, 30; 1 Cor.15:20-23, 48-49; Fil. 3:21; Col.1:18; 3:4; 1 Jn. 3:2; Apo.1:5

Capítulo 32
EL JUICIO FINAL

1. Dios ha establecido un día en el cual juzgará al mundo con justicia por Jesucristo, a quien todo poder y juicio ha sido dado por el Padre.[1] En aquel día, no sólo los ángeles apóstatas serán juzgados,[2] sino que también todas las personas que han vivido sobre la tierra comparecerán delante del tribunal de Cristo[3] para dar cuenta de sus pensamientos, palabras y acciones, y para recibir conforme a lo que hayan hecho mientras estaban en el cuerpo, sea bueno o malo.[4]

    1. Hch.17:31; Jn. 5:22-27
    2. 1 Cor. 6:3; Jud. 6
    3. Mat.16:27; 25:31-46; Hch.17:30-31; Rom. 2:6-16;
       2 Tes.1:5-10; 2 Ped. 3:1-13; Apo. 20:11-15
    4. 2 Cor. 5:10; 1 Cor. 4:5; Mat.12:36

2. El propósito de Dios al establecer este día es la manifestación de la gloria de su misericordia en la salvación eterna de los elegidos, y la de su justicia en la condenación eterna de los réprobos, que son malvados y desobedientes;[1] pues entonces entrarán los justos a la vida eterna y recibirán la plenitud de gozo y gloria con recompensas eternas en la presencia del Señor; pero los malvados, que no conocen a Dios ni obedecen al evangelio de Jesucristo, serán arrojados al tormento eterno y castigados con eterna perdición, lejos de la presencia del Señor y de la gloria de su poder.[2]

    1. Rom. 9:22,23
    2. Mat. 18:8; 25:41,46; 2 Tes.1:9; Heb. 6:2; Jud. 6; Apo.14:10,11;
       Luc. 3:17; Mr. 9:43,48; Mat. 3:12; 5:26; 13:41-42; 24:51; 25:30

3. Así como Cristo quiere que estemos ciertamente persuadidos de que habrá un día de juicio, tanto para disuadir a todos los hombres de pecar,[1] como para el mayor consuelo de los piadosos en su adversidad;[2] así también quiere que ese día sea desconocido para los hombres, para que se desprendan de toda seguridad carnal y estén siempre velando porque no saben a qué hora vendrá el Señor;[3] y estén siempre preparados para decir: *Ven, Señor Jesús; ven pronto.*[4] *Amén.*

    1. 2 Cor. 5:10-11
    2. 2 Tes.1:5-7
    3. Mr.13:35-37; Luc.12:35-40
    4. Apo. 22:20

CATECISMO MENOR EN SU VERSIÓN BAUTISTA

1. ¿Cuál es el fin principal del hombre?

El fin principal del hombre es glorificar a Dios, y gozar de El para siempre.

2. ¿Qué regla ha dado Dios para enseñarnos cómo podemos glorificarle y gozar de El?

La Palabra de Dios, contenida en las Escrituras del Antiguo y Nuevo Testamento, es la única regla que ha dado Dios para enseñarnos cómo podemos glorificarle y gozar de El.

3. ¿Son las Escrituras confiables en todo lo que afirman?

Las Escrituras tanto del Antiguo como del Nuevo Testamento, siendo inspiradas por Dios, son infalibles e inerrantes en todas sus partes y son, por tanto, confiables en todo lo que afirman con respecto a historia, ciencia, doctrina, ética, práctica religiosa o cualquier otro tema.

4. ¿Qué enseñan las Escrituras principalmente?

Las Escrituras enseñan principalmente lo que el hombre debe creer respecto a Dios, y el deber que Dios requiere del hombre.

5. ¿Qué es Dios?

Dios en un Espíritu; infinito, eterno e inmutable en su ser, sabiduría, poder, santidad, justicia, bondad y verdad.

6. ¿Hay más de un Dios?

No hay sino uno solo, el Dios vivo y verdadero.

7. ¿Cuántas Personas hay en la divinidad?

En la Divinidad hay tres Personas; el Padre, el Hijo y el Espíritu Santo, y estas tres son un solo Dios, las mismas en sustancia e iguales en poder y gloria.

8. ¿Qué son los decretos de Dios?

Los decretos de Dios son su propósito eterno, según el consejo de su voluntad, por el cual, para su propia gloria, ha preordenado cuanto acontece.

9. ¿Cómo ejecuta Dios sus decretos?

Dios ejecuta sus decretos en las obras de creación y providencia.

10. ¿Qué es la obra de creación?

La obra de la creación consiste en que Dios hizo todas las cosas de la nada, por la palabra de su poder, en el espacio de seis días y todas muy buenas.

11. ¿Cómo creó Dios al hombre?

Dios creó al ser humano varón y hembra, según su propia imagen, en conocimiento, justicia y santidad, con dominio sobre las criaturas.

12. ¿Qué son las obras de providencia de Dios?

Las obras de providencia de Dios son aquellas con las que de manera santa, sabia y poderosa, preserva y gobierna todas sus criaturas, y todas las acciones de éstas.

13. ¿Cuál fue el estado en el que Dios creó al hombre?

El hombre fue creado en un estado de felicidad y libre de pecado, en el cual Dios el Señor le confió el cuidado del huerto de Edén, y le prohibió comer del árbol del conocimiento del bien y del mal, bajo amenaza de muerte.

14. ¿Permanecieron nuestros primeros padres en el estado en que fueron creados?

Nuestros primeros padres, dejados a su libre voluntad, cayeron del estado en que fueron creados, pecando contra Dios.

15. ¿Qué es el pecado?

El pecado es cualquier falta de conformidad a la Ley de Dios, o la transgresión de la misma.

16. ¿Cuál fue el pecado por el que nuestros primeros padres cayeron del estado en que fueron creados?

El pecado por el que nuestros primeros padres cayeron del estado en que fueron creados fue el de comer del fruto prohibido.

17. ¿Cayó la humanidad en la primera transgresión de Adán?

Dado que la prohibición con respecto al fruto prohibido fue dada a Adán como representante de la humanidad, él desobedeció no solamente por sí mismo, sino por su posteridad; de manera que toda la humanidad, descendiendo de Adán por generación ordinaria, pecó en él y cayó con él en su primera transgresión.

18. ¿A qué estado condujo la caída a la humanidad?

La caída condujo a la humanidad a un estado de pecado y miseria.

19. ¿En qué consiste la pecaminosidad del estado en que cayó el hombre?

La pecaminosidad del estado en que cayó el hombre, consiste en la culpa del primer pecado de Adán, la carencia de justicia original, y la corrupción de toda su naturaleza, que comúnmente se llama Pecado Original, junto con todas las transgresiones actuales que proceden de él.

20. ¿En qué consiste la miseria del estado en que cayó el hombre?

Toda la humanidad perdió, por

su caída, la comunión con Dios, está bajo su ira y maldición, y expuesta a todas las miserias en esta vida, la muerte misma, y a los sufrimientos del infierno para siempre.

21. ¿Dejó Dios perecer a toda la humanidad en su estado de pecado y miseria?

Habiendo Dios elegido a algunos para vida eterna desde el principio, porque así le agradó, estableció un modo de salvación, para librarles del pecado y de la miseria, y llevarles al estado de salvación, por medio de un Redentor.

22. ¿Quién es el Redentor de los elegidos de Dios?

El único Redentor de los elegidos de Dios es el Señor Jesucristo, quien siendo el Hijo eterno de Dios, se hizo hombre, y así fue y continúa siendo, Dios y hombre en dos naturalezas distintas, y una Persona, para siempre.

23. ¿Cómo Cristo, siendo el Hijo de Dios, se hizo hombre?

Cristo, el Hijo de Dios, se hizo hombre tomando para sí mismo un cuerpo verdadero y un alma racional, siendo concebido por el poder del Espíritu Santo en el seno de la Virgen María, y nacido de ella, pero sin pecado.

24. ¿Qué oficios realiza Cristo como Redentor?

Cristo, como Redentor, realiza los oficios de Profeta, de Sacerdote y de Rey, tanto en su estado de humillación como de exaltación.

25. ¿Cómo realiza Cristo el oficio de Profeta?

Cristo realiza el oficio de Profeta revelando a su pueblo, por su Palabra y Espíritu, la voluntad de Dios para su salvación.

26. ¿Cómo realiza Cristo el oficio de Sacerdote?

Cristo realiza el oficio de Sacerdote al ofrecerse una sola vez como sacrificio por los pecados de su pueblo para satisfacer la justicia divina y reconciliarnos con Dios, y al hacer continua intercesión por ellos.

27. ¿Cómo realiza Cristo el oficio de Rey?

Cristo realiza el oficio de Rey llamando a su iglesia del mundo para ser un pueblo para Sí mismo, gobernándoles y defendiéndoles, sometiendo, salvando, preservando y bendiciendo a Sus elegidos; y refrenando, venciendo y tomando venganza de todos los enemigos, suyos y de ellos.

28. ¿En qué consistió la humillación de Cristo?

La humillación de Cristo consistió en haber nacido, y esto en humilde condición, sujeto a la ley, sufriendo las miserias de esta vida, la ira de Dios, y la muerte de la cruz; en haber sido sepultado y en haber permanecido bajo el dominio de la muerte por algún tiempo.

29. ¿En qué consiste la exaltación de Cristo?

La exaltación de Cristo consiste en su resurrección de los muertos al tercer día, en su ascensión al cielo, en estar sentado a la diestra de Dios Padre, y en su venida a juzgar al mundo en el día final.

30. ¿Cómo somos hechos partícipes de la redención lograda por Cristo?

Los elegidos de Dios son hechos partícipes de la redención lograda por Cristo, mediante la aplicación eficaz que Dios el Padre hace en ellos por su Espíritu Santo.

31 ¿Cómo aplica el Padre, por el Espíritu, a sus elegidos la redención lograda por Cristo?

El Padre, por el Espíritu, aplica a sus elegidos la redención lograda por Cristo, creando fe en ellos, y uniéndoles así a Cristo mediante su llamamiento eficaz.

32. ¿Qué es el llamamiento eficaz?

El llamamiento eficaz es la obra del poder y la gracia de Dios el Padre, mediante la cual El, por su Palabra y Espíritu, invita y atrae a sus elegidos hacia Jesucristo; convenciéndoles de su pecado y miseria, iluminando sus mentes en el conocimiento de Cristo, y renovando sus voluntades, persuadiéndoles de ese modo y capacitándoles para recibir a Jesucristo, quien es ofrecido libremente a todos en el evangelio.

33. ¿De qué beneficios participan, en esta vida, los que son eficazmente llamados?

Los que son eficazmente llamados participan, en esta vida, de la justificación, de la adopción, de la santificación y de los diversos beneficios que las acompañan, o que se derivan de todo ello.

34. ¿Qué es la justificación?

La justificación es un acto de la libre gracia de Dios hacia pecadores eficazmente llamados a Jesucristo, mediante el cual perdona todas sus pecados, y les acepta como justos antes sus ojos, solamente a causa de la justicia de Cristo que les es imputada, y que reciben únicamente por la fe.

35. ¿Qué es la adopción?

La adopción es un acto de la libre gracia de Dios, por el cual todos los que son justificados son recibidos en el número de los hijos de Dios, y tienen el derecho a todos sus privilegios.

36. ¿Qué es la santificación?

La santificación es aquella obra de la libre gracia de Dios, por la cual sus elegidos son renovados según la imagen de Dios, y son capacitados más y más, a morir al pecado y a vivir para justicia.

37. ¿Cuáles son los beneficios que en esta vida acompañan o se derivan de la justificación, la adopción y la santificación?

Los beneficios que en esta vida acompañan o se derivan de la justificación, la adopción y la santificación, son la seguridad del amor de Dios, la paz de conciencia, el gozo en el Espíritu Santo, el crecimiento en gracia, y la perseverancia en ella hasta el fin.

38. ¿Qué beneficios reciben de Cristo los creyentes al morir?

Al morir, las almas de los creyentes son hechas perfectas en santidad, y pasan inmediatamente a la gloria; y sus cuerpos, estando todavía unidos a Cristo, reposan en sus sepulcros hasta la resurrección.

39. ¿Qué se hará al impío en su muerte?

Las almas de los impíos, cuando éstos mueren, son arrojadas en los tormentos del infierno, y sus cuerpos yacen en sus tumbas hasta la resurrección y el juicio del gran día.

40. ¿Qué beneficios reciben de Cristo los creyentes en la resurrección?

En la resurrección, los creyentes serán levantados en gloria, serán públicamente reconocidos y absueltos en el día del juicio, y serán perfectamente bendecidos en el pleno disfrute de Dios para toda la eternidad.

41. ¿Qué se hará al impío en el día del juicio?

En el día del juicio los impíos serán levantados para deshonra, serán sentenciados a los inefables tormentos del cuerpo y el alma en el infierno, junto al diablo y sus ángeles, por toda la eternidad.

42. ¿Cuál es el deber que Dios requiere del hombre?

El deber que Dios requiere del hombre es la obediencia a su voluntad revelada.

43. ¿Qué reveló Dios primero al hombre como regla de obediencia?

La regla que Dios reveló primero al hombre para obediencia fue la Ley moral.

44. ¿Dónde está resumida la Ley moral?

La Ley moral está resumida en los diez mandamientos.

45. ¿Cuál es el resumen de los diez mandamientos?

El resumen de los diez mandamientos es: Amar al Señor nuestro Dios con todo nuestro corazón, con toda nuestra alma, con todas nuestras fuerzas y con toda nuestra mente; y a nuestro prójimo como a nosotros mismos.

46. ¿Cuál es el prefacio de los diez mandamientos?

El prefacio de los diez mandamientos es: "Yo soy Jehová tu Dios, que te saqué de la tierra de Egipto, de casa de servidumbre."

47. ¿Qué nos enseña el prefacio de los diez mandamientos?

El prefacio de los diez mandamientos nos enseña que, por cuanto Dios es el Señor, y nuestro Dios y Redentor, estamos obligados a guardar todos sus mandamientos.

48. ¿Cuál es el primer mandamiento?

El primer mandamiento es: "No tendrás dioses ajenos delante de mí."

49. ¿Qué se nos pide en el primer mandamiento?

El primer mandamiento nos pide que conozcamos y reconozcamos a Dios como nuestro único y verdadero Dios, y que como a tal le adoremos y glorifiquemos.

50. ¿Qué se prohibe en el primer mandamiento?

El primer mandamiento nos prohíbe que neguemos a Dios, o que no le adoremos y glorifiquemos como el verdadero Dios, y Dios nuestro, o que le demos a cualquier otro ser la adoración y la gloria que sólo a El le debemos.

51. ¿Qué cosa especial se nos enseña con las palabras "delante de mí" en el primer mandamiento?

Las palabras "delante de mí" del primer mandamiento nos enseñan que Dios, que todo lo ve, se apercibe y se desagrada del pecado de tener cualquier otro Dios.

52. ¿Cuál es el segundo mandamiento?

El segundo mandamiento es: "No te harás imagen, ni ninguna semejanza de lo que esté arriba en el cielo, ni abajo en la tierra, ni en las aguas debajo de la tierra. No te inclinarás a ellas, ni las honrarás; porque yo soy Jehová tu Dios, fuerte, celoso, que visito la maldad de los padres sobre los hijos hasta la tercera y cuarta generación de los que me aborrecen, y hago misericordia a millares, a los que me aman y guardan mis mandamientos."

53. ¿Qué se ordena en el segundo mandamiento?

En el segundo mandamiento se nos ordena que recibamos, observemos y guardemos puros y completos, todo el culto religioso y las ordenanzas que Dios ha establecido en su Palabra.

54. ¿Qué se prohíbe en el segundo mandamiento?

El segundo mandamiento prohíbe que rindamos culto a Dios por medio de imágenes, o por cualquier otro medio que no esté autorizado por su Palabra.

55. ¿Cuáles son las razones que acompañan al segundo mandamiento?

Las razones que acompañan al segundo mandamiento son, la soberanía de Dios sobre nosotros, su señorío sobre nosotros, y el celo que El tiene por su propio culto.

56. ¿Cuál es el tercer mandamiento?

El tercer mandamiento es: "No tomarás el nombre de Jehová tu Dios en vano; porque no dará por inocente Jehová al que tomare su nombre en vano."

57. ¿Qué se requiere en el tercer mandamiento?

El tercer mandamiento requiere el uso santo y reverente de los nombres, títulos, atributos, ordenanzas, Palabra y obras de Dios.

58. ¿Qué prohíbe el tercer mandamiento?

El tercer mandamiento prohíbe toda profanación y abuso de cualquier cosa por la cual Dios se da a conocer.

59. ¿Cuál es la razón que acompaña al tercer mandamiento?

La razón que acompaña al tercer mandamiento es que por más que eviten los infractores de este mandamiento el castigo humano, el Señor nuestro Dios no les dejará escapar de su justo juicio.

60. ¿Cuál es el cuarto mandamiento?

El cuarto mandamiento es: "Acuérdate del día de reposo para santificarlo. Seis días trabajarás y harás toda tu obra; mas el séptimo día es reposo para Jehová tu Dios; no hagas en él obra alguna; tú, ni tu hijo, ni tu hija, ni tu siervo, ni tu criada, ni tu bestia, ni tu extranjero que está dentro de tus puerta. Porque en seis días hizo Jehová los cielos y la tierra, el mar y todas las cosas que en ellos hay, y reposó en el séptimo día; por tanto, Jehová bendijo el día de reposo y lo santificó."

61. ¿Qué requiere el cuarto mandamiento?

El cuarto mandamiento requiere que santifiquemos para Dios los tiempos que El ha señalado en su Palabra; expresamente, un día completo de cada siete, como reposo santificado para El.

62. ¿Qué día de los siete ha señalado Dios para el descanso semanal?

Desde la creación del mundo hasta la resurrección de Cristo, Dios señaló el séptimo día de la semana para el reposo semanal; y a partir de entonces el primer día de la semana, para continuar así hasta el fin del mundo, siendo éste el reposo cristiano.

63. ¿Cómo debe santificarse el día de reposo?

El día de reposo se debe santificar mediante un reposo santo todo ese día, absteniéndose incluso de aquellos trabajos o entretenimientos mundanales que son lícitos en los demás días; y ocupando todo el tiempo en los ejercicios públicos y privados del culto a Dios, excepto lo que se deba emplear en obras de necesidad y misericordia.

64. ¿Qué se prohíbe en el cuarto mandamiento?

El cuarto mandamiento prohíbe la omisión o cumplimiento descuidado de los deberes requeridos, y la profanación del día por la ociosidad, o el hacer aquello que es en sí mismo pecado, o mediante pensamientos, palabras u obras innecesarios, en relación con nuestras ocupaciones o entretenimientos mundanales.

65. ¿Qué razones acompañan al cuarto mandamiento?

Las razones que acompañan al cuarto mandamiento son: que Dios nos ha concedido seis días de la semana para nuestras ocupaciones, que Él reclama una especial propiedad del séptimo día, su propio ejemplo y su bendición del día de reposo.

66. ¿Cuál es el quinto mandamiento?

El quinto mandamiento es: "Honra a tu padre y a tu madre, para que tus días se alarguen en la tierra que Jehová tu Dios te da."

67. ¿Qué se requiere en el quinto mandamiento?

El quinto mandamiento requiere que rindamos el debido honor y cumplamos con nuestras obligaciones para con toda persona en su respectivo puesto o relación, como superior, inferior o igual.

68. ¿Qué se prohíbe en el quinto mandamiento?

El quinto mandamiento prohíbe que descuidemos o hagamos cualquier cosa contra el honor y el servicio que corresponde a cada uno en sus diversos puestos o relaciones.

69. ¿Cuál es la razón que acompaña al quinto mandamiento?

La razón que acompaña al quinto mandamiento es la promesa de larga vida y prosperidad (en cuanto sirva para la gloria de Dios y para el bien propio) a todos los que guardan este mandamiento.

70. ¿Cuál es el sexto mandamiento?

El sexto mandamiento es: "No matarás."

71. ¿Qué se requiere en el sexto mandamiento?

El sexto mandamiento requiere que hagamos todos los esfuerzos lícitos para preservar nuestra vida, y la vida de los demás.

72. ¿Qué se prohíbe en el sexto mandamiento?

El sexto mandamiento prohíbe el destruir nuestra propia vida, o el quitar injustamente la de nuestro prójimo, así como también todo lo que tiende a este resultado.

73. ¿Cuál es el séptimo mandamiento?

El séptimo mandamiento es: "No cometerás adulterio."

74 ¿Qué se requiere en el séptimo mandamiento?

El séptimo mandamiento requiere que preservemos nuestra propia castidad y la de nuestro prójimo, en corazón, palabra y conducta.

75. ¿Qué se prohíbe en el séptimo mandamiento?

El séptimo mandamiento prohíbe todo pensamiento, palabra o acción impúdica.

76. ¿Cuál es el octavo mandamiento?

El octavo mandamiento es: "No hurtarás."

77. ¿Qué se requiere en el octavo mandamiento?

El octavo mandamiento requiere que procuremos y promovamos, por todo medio legítimo, la prosperidad y bienestar de nosotros mismos y de los demás.

78. ¿Qué se prohíbe en el octavo mandamiento?

El octavo mandamiento prohíbe todo lo que impide, o que puede llegar a impedir injustamente la prosperidad y bienestar de nosotros mismos o de nuestro prójimo.

79. ¿Cuál es el noveno mandamiento?

El noveno mandamiento es: "No hablarás contra tu prójimo falso testimonio."

80. ¿Qué se requiere en el noveno mandamiento?

El noveno mandamiento requiere que mantengamos y promovamos la verdad entre hombre y hombre, así como también nuestro buen nombre y el de nuestro prójimo, especialmente en dar testimonio.

81. ¿Qué se prohíbe en el noveno mandamiento?

El noveno mandamiento prohíbe todo lo que es perjudicial a la verdad o es injurioso para el buen nombre propio o el de nuestro prójimo.

82. ¿Cuál es el décimo mandamiento?

El décimo mandamiento es: "No codiciarás la casa de tu prójimo, no codiciarás la mujer de tu prójimo, ni su siervo, ni su criada, ni su buey, ni su asno, ni cosa alguna de tu prójimo.

83. ¿Qué se requiere en el décimo mandamiento?

El décimo mandamiento requiere pleno contentamiento con nuestra propia condición, con una actitud espiritual justa y caritativa hacia nuestro prójimo y todo lo que le pertenece.

84. ¿Qué se prohíbe el décimo mandamiento?

El décimo mandamiento prohíbe todo descontento acerca de nuestra situación, envidia o tristeza por el bienestar de nuestro prójimo, y todo deseo o intención desordenada hacia sus pertenencias.

85. ¿Puede alguien guardar perfectamente los mandamientos de Dios?

Desde la caída, ningún hombre puede guardar perfectamente en esta vida los mandamientos de Dios, sino que los quebranta diariamente en pensamiento, palabra y obra.

86. ¿Son todas las transgresiones de la ley igualmente detestables?

Algunos pecados, en sí mismos, y por razón de diversos agravantes, son más detestables a la vista de Dios que otros.

87. ¿Qué es lo que todo pecado merece?

Todo pecado merece la ira y la maldición de Dios, tanto en esta vida como en la venidera.

88. ¿Qué modo de escape ha revelado Dios a los pecadores para que puedan salvarse de su ira y maldición por causa de su pecado?

Dios ha revelado a los pecadores el evangelio de su Hijo, Jesucristo, como el único modo de salvación de sus pecados.

89. ¿Qué requiere Dios a los pecadores en su evangelio para que ellos se puedan salvar?

Dios, en su evangelio, requiere de los pecadores: fe en Jesucristo y el arrepentimiento para vida, para que ellos puedan escapar de Su ira debida al pecado de ellos, y sean salvos.

90. ¿Qué es la fe en Jesucristo?

La fe en Jesucristo es una gracia salvadora, por la cual los pecadores le reciben y descansan sólo en El para salvación, según El les es ofrecido en el evangelio.

91. ¿Qué es el arrepentimiento para vida?

El arrepentimiento para vida es una gracia salvadora, por la cual un pecador, con un verdadero sentimiento de su pecado, y comprendiendo la misericordia de Dios en Cristo, con dolor y aborrecimiento de su pecado, se aparta del mismo para ir a Dios, con pleno propósito y esfuerzo para una nueva obediencia.

92. ¿Escaparán todos los que profesan externamente obediencia al evangelio, de la ira debida a sus pecados?

No todos los que profesan externamente obediencia al evangelio, sino que solamente aquellos que perseveran en fe y santidad serán salvos.

93. ¿Quiénes entonces perseverarán en fe y santidad hasta el fin y serán salvos?

Todos los creyentes, por razón del decreto eterno de Dios y su amor inmutable, la intercesión de Cristo, y el Espíritu y la Palabra de Dios morando en ellos, son preservados por el poder de Dios y suplidos con toda bendición espiritual en Cristo, y por tanto, muy ciertamente, perseverarán en fe y santidad hasta el fin y serán salvos.

94. ¿Cuáles son los medios externos y ordinarios de la gracia por los cuales Dios preserva a sus elegidos y les comunica las bendiciones de la redención en Cristo?

Los medios externos y ordinarios de la gracia por los cuales Dios preserva a sus elegidos y les comunica las bendiciones de la redención en Cristo son sus ordenanzas, especialmente la Palabra, los sacramentos y la oración; todos los cuales son eficaces para los elegidos para salvación.

95. ¿Cómo se hace la Palabra eficaz para salvación?

El Espíritu de Dios hace que la lectura, y especialmente la predicación de la Palabra, sea un medio eficaz para convencer y convertir a los pecadores, y para edificarlos en santidad y consolación, por medio de la fe, para salvación.

96. ¿Cómo se debe leer y escuchar la Palabra para que sea eficaz para salvación?

Para que la Palabra sea eficaz para salvación, los oyentes deben atender a ella con diligencia, preparación, y oración, recibirla con fe y amor, aplicarla a sus corazones, y practicarla en sus vidas.

97. ¿Qué es un sacramento del nuevo pacto?

Un sacramento del nuevo pacto es una ordenanza santa instituida por Jesucristo, por la cual, por señales sensibles, Cristo y los beneficios del nuevo pacto son representados, sellados y aplicados a los creyentes.

98. ¿Cuáles son los sacramentos del nuevo pacto?

Los sacramentos del nuevo pacto son el bautismo y la Cena del Señor.

99. ¿Cómo el bautismo y la Cena del Señor llegan a ser medios eficaces de bendición?

El bautismo y la Cena del Señor llegan a ser medios eficaces de bendición, no por alguna virtud que haya en ellos, o en aquel que los administra, sino sólo por la bendición de Cristo, y la obra de Su Espíritu en aquellos que por la fe los reciben.

100. ¿Qué es el bautismo?

El bautismo es un sacramento del nuevo pacto instituido por

Jesucristo, para ser una señal a la persona bautizada, de su comunión con El, en Su muerte, sepultura y resurrección; de su implantación en El; de la remisión de los pecados; y de su entrega de sí mismo para Dios por medio de Jesucristo, para vivir y andar en novedad de vida.

101. ¿A quién debe administrarse el bautismo?

El bautismo debe administrarse a todos aquellos que profesan, fidedignamente, arrepentimiento para con Dios, fe en, y obediencia a, nuestro Señor Jesucristo, y no a ningún otro.

102. ¿Deben ser bautizados los niños de los creyentes profesantes?

Los niños de los creyentes profesantes no deben ser bautizados, porque no hay mandamiento ni ejemplo en las Sagradas Escrituras, ni inferencias ciertas de ellas para bautizar a los tales.

103. ¿Cómo es el bautismo correctamente administrado?

El bautismo es correctamente administrado por inmersión, o hundimiento, del cuerpo completo del creyente en agua, en el nombre del Padre, y del Hijo, y del Espíritu Santo, de acuerdo a la institución de Cristo y la práctica de los apóstoles, y no por rociamiento o derramamiento de agua, o el hundimiento de alguna parte del cuerpo, según la tradición de los hombres.

104. ¿Qué es la Cena del Señor?

La Cena del Señor es un sacramento del nuevo pacto por el cual, al dar y recibir pan y fruto de la vid, según lo establecido por Cristo, su muerte se anuncia; y quienes los reciben dignamente participan - no de una manera corporal y carnal, sino por fe - de su cuerpo y sangre, con todos sus beneficios, para su alimentación espiritual y su crecimiento en gracia.

105. ¿Qué se requiere para recibir dignamente la Cena del Señor?

Se requiere de aquellos que desean participar dignamente de la Cena del Señor, que se examinen a sí mismos acerca de su conocimiento para discernir el cuerpo del Señor, acerca de su fe para alimentarse de El, acerca de su arrepentimiento, amor y nueva obediencia, no sea que participando indignamente, coman y beban juicio contra sí mismos.

106. ¿Qué es la oración que es aceptable a Dios?

La oración aceptable es una presentación de los deseos del justo hacia Dios, respecto a cosas agradables a su voluntad, en el nombre de Cristo, por la ayuda de Su Espíritu, con confesión de nuestros pecados, y agradecido reconocimiento de sus misericordias.

107. ¿Qué regla ha dado Dios para la dirección de su pueblo en la oración?

Toda la Palabra de Dios es útil para dirigir a su pueblo en la oración, pero la regla especial de dirección es aquella forma de oración que Cristo enseñó a sus discípulos, comúnmente llamada el Padrenuestro.

108. ¿Qué enseña el prefacio de la oración del Señor a sus discípulos?

El prefacio del Padrenuestro, que dice: ¨Padre nuestro que estás en los cielos¨, enseña a los discípulos, comúnmente llamados cristianos, a acercarse a Dios con santa reverencia y confianza, como hijos a un padre, capaz y dispuesto a ayudarles, y también les enseña que deben orar con otros, y por otros.

109. ¿Qué oran los cristianos en la primera petición?

En la primera petición (que es ¨Santificado sea tu nombre¨) los cristianos oran que Dios les capacite a ellos y a otros, a glorificarle en todo aquello en que El se da a conocer; y que todo lo disponga para su propia gloria.

110. ¿Qué oran los cristianos en la segunda petición?

En la segunda petición (que es ¨Venga tu reino¨) los cristianos oran que el reino de Satanás sea destruido, y que el reino de la gracia pueda avanzar, que los pecadores sean traídos a él, y que los creyentes sean guardados en él, y que el reino de la gloria venga pronto.

111. ¿Qué oran los cristianos en la tercera petición?

En la tercera petición (que es ¨Hágase tu voluntad, como en el cielo, así también en la tierra¨) los cristianos oran que Dios, por su gracia, les haga capaces y dispuestos a conocer, obedecer y someterse a su voluntad en todas las cosas, como los ángeles hacen en el cielo.

112. ¿Qué oran los cristianos en la cuarta petición?

En la cuarta petición (que es ¨El pan nuestro de cada día, dánoslo hoy¨) los cristianos oran que del don gratuito de Dios ellos reciban una porción suficiente de las cosas buenas de esta vida, y que con ellas gocen de su bendición.

113. ¿Qué oran los cristianos en la quinta petición?

En la quinta petición (que es ¨Y perdónanos nuestras deudas, como también nosotros perdonamos a nuestros deudores¨) los cristianos oran que Dios, por causa de Cristo, perdone gratuitamente todos sus pecados, y se les estimula a pedir esto porque, por su gracia, ellos son capacitados en su corazón para perdonar a otros.

114. ¿Qué oran los cristianos en la sexta petición?

En la sexta petición (que es ¨Y no nos metas en tentación, mas líbranos del mal¨) los cristianos oran que, o bien, Dios les libre de ser tentados a pecar, o que les ayude y libre cuando sean tentados.

115. ¿Qué enseña la conclusión del Padrenuestro a los discípulos del Señor?

La conclusión del Padrenuestro (que es ¨Porque tuyo es el reino, y el poder, y la gloria, por todos los siglos. Amén¨) enseña a los discípulos del Señor a recibir su ánimo en la oración sólo de Dios, y en sus oraciones a alabarle, y atribuirle el reino, el poder y la gloria, y, en testimonio de su deseo y de la certeza de que serán oídos, a decir: Amén.

DERECHOS DE COPYRIGHT

Los editoriales que nos han dado el permiso para publicar sus himnos están notados al fin de cada himno. Si desea copiar o reproducir el texto de estos himnos de este himnario, hay que comunicarse con las editoriales abajo para obtener el debido permiso:

Himnos de Singspiration y Zondervan Music Group son la propiedad de:
Brentwood Benson Company
741 Cool Springs Blvd.
Franklin, TN 37067
Tel: (615) 261-6400

Casa Bautista de Publicaciones
P.O. Box 4255
El Paso, TX 79914
Tel: (915) 566-9656

Christian Publicacions, Inc.
159 Henderson Highway
Winnipeg, Manitoba R2L 1L4
Canada
Internet:editors@cpi-horizon.com

Himnos de Nazarene Publishing House, Lillenas Publishing Company son la propiedad de:
The Copyright Company
40 Music Square East
Nashville, TN 37203
Tel: (615) 244-5588

Himnos de George P. Simmonds son usados con el debido permiso de:
Mrs. Betty Donaldson
P.O. Box 80554
San Marino, CA 91118-8554
Tel: (626) 795-5072

Hope Publishing Company
380 South Main Place
Carol Stream, IL 60188
Tel: (630) 665-3200

Manna Music, Inc.
P.O. Box 218
Pacific City, OR 97135
Tel: (503) 965-6112

Himnos de D.M. Surpless son usados con el debido permiso de:
Ministerios Alabanza y Adoracion
P.O. Box 50581
Levittown, Puerto Rico 00950
Tel: (787) 784-4366

Integrated Copyright Group, Inc.
P.O. Box 24149
Nashville, TN 37202
Tel: (615) 329-3999

Himnos de Broadman Press, Genevox Music Group, Van Ness Press, Inc, McKinney Music, Inc son la pro-piedad de:
LifeWay Christian Resources
127 Ninth Ave. N.
Nashville, TN 37234
Tel: (615) 251-2502

John W. Peterson Music Co.
13610 N. Scottsdale Road
Suite 10 - 221
Scottsdale, AZ 85254
Tel: (480) 483-3306

Himnos de Chancel Music, The Rodeheaver Co., y Norman Clayton Pub. Co. son la propiedad de:
Word Music, Inc.
65 Music Square West
Nashville, TN 37203
Tel: (615) 321-5000

Indice de Himnos de los Salmos

Salmo	Himno	Nombre
1	227	Dicha Grande Es la del Hombre
15	26	¿Quién Habitará en Tu Morada?
19	228	Los Cielos Cantan Tu Loor
19:7-10	236	La Ley de Dios Perfecta Es
23	79	Jehová Es Mi Pastor
23	388	Nada Puede Ya Faltarme
23	74	Jehová Mi Pastor Es
23	153	El Rey de Amor es mi Pastor
25	96	A Ti Mi Corazón Levanto
27	77	Jehová Es Mi Luz
34	21	Bendiciré a Jehová
34:8-18	295	Cercano Está Jehová
42	356	Como el Ciervo Ansioso Brama
46	69	Refugio y Fortaleza de Dios
46	72	Nuestra Fortaleza
51	319	Piedad, oh Santo Dios
65	30	Corazones Te Ofrecemos
67	267	Oh Dios Ten Misericordia
72	104	Dominará Jesús el Rey
84	53	De Mundos Creador
89:1-2	495	De Jehová Cantaré
90	71	Oh Dios, Socorro en el Ayer
91	371	El Que Habita el Abrigo de Dios
100	10	Cantad Alegres al Señor
100	16	Cantad Naciones al Señor
103	20	Canta, Canta, Alma Mía
103	80	Bendice, ¡Oh Alma Mía!
104	61	Load al Gran Rey
104	62	Al Rey Adorad
112	360	¡Cuán Bienaventurado Es!
117	48	Oh Criaturas del Señor
118	128	Gracias Dad a Jesucristo
121	76	Mis Ojos a los Montes al Redor
130	315	De los Profundos Clamo a Ti
131	370	No Tengo Altivo Corazón
136	59	Alabad al Dios y Rey
138	324	Con Alma y Voz Te Alabaré
139	33	Cuanto Soy y Cuanto Encierro
145:1-5	65	Te Exaltaré
146	6	¡Aleluya, Alma Mía!

Indice de Himnos

A

A Cristo Coronad 105
A Cristo Doy Mi Canto 124
A Dios Bendecid 90
A Dios Dad Gracias 37
A Jesús Pertenecemos 346
A los Pies de Jesucristo 349
A Media Noche 163
A Nuestro Padre Dios 40
A Ti Mi Corazón Levanto 96
A Ti Que por Tu Muerte 137
A Ti, Señor, Nuestra Canción 282
¡Abba, Padre! Te Adoramos 55
Abismado en el Pecado 302
Abre Mis Ojos a la Luz 430
Acogida Da Jesús 298
Admirable, Consejero 170
Al Andar con Jesús 358
¡Al Dios de Abraham Loor! 19
Al Cristo Vivo Sirvo 198
Al Mundo Proclamad 279
Al Padre, Dios de Amor 39
Al Rey Adorad 62
Al Trono de la Gracia 419
Al Trono de la Gracia, Ven 421
Al Trono Excelso 12
Al Trono Majestuoso 18
Alabad al Dios y Rey 59
Alabad al Gran Rey 11
Alabanzas Dad a Cristo 99
¡Alabanzas Hoy Cantad! 73
Alcemos Nuestra Voz 102
¡Aleluya! Alma Mía, Canta Salmos . 6
Alguna Vez Ya No Estaré 476
Alma Bendice al Señor 4
Alma Mía, Pide a Dios 414
Alzad, Alzad Hoy Vuestra Voz 204
Amigo Fiel en Cristo Hallé 322
Amoroso Nos Convida Cristo 257
Amoroso Salvador 136
Angeles Cantando Están 158
Angeles de Alta Gloria 164
Años Mi Alma en Vanidad Vivió 327
¡Aprisa, Sion! 262
Aramos Nuestros Campos 272

Arpas de Oro Toquen 205
Así Os Mando Yo 283
Aviva Tu Obra, Oh Dios 263
Azotado y Abatido 176

B

Bellas Palabras de Vida 230
Bendeciré a Jehová en Todo Tiempo 21
Bendice, ¡Oh Alma Mía! 80
Bendito Dios 132
Bienvenido el Día 200
Buscad Primero 493

C

Cabeza Ensangrentada 172
Cada Momento 361
Canta, Canta, Alma Mía 20
Cantad Alegres al Señor 10
¡Cantad, Cantad, la Voz Alzad! 169
Cantad, Naciones al Señor 16
Cantaré Loor A Cristo 151
Casi Me Persuades 296
Castillo Fuerte Es Nuestro Dios 70
Cautívame, Señor 427
Cerca de Ti, Señor 350
Cerca, Más Cerca 348
Cercano Está Jehová 295
Como el Ciervo Ansioso Brama 356
Con Alma y Voz Te Alabaré 324
Con Cánticos, Señor 14
Con Esperanza Heme Aquí 309
Con Júbilo Tocad 286
Con las Nubes Viene Cristo 206
Confío Yo en Cristo 407
Consagración 448
Consolador, Espíritu Eterno 222
Contigo, Cristo, Quiero Andar 401
Corazones Te Ofrecemos 30
Corona a Nuestro Salvador 106
Cristianos Todos Alabad 114
Cristo, Acércame a la Cruz 355
Cristo, Al Ser Tentado 456
Cristo, Cual Pastor 397
Cristo, en Ti Confío 303

Cristo Es Mi Dulce Salvador 359
Cristo, Hazme Ver Tu Cruz 178
Cristo Hermoso 103
Cristo Me Ama 488
Cristo, Mi Cruz He Tomado 440
Cristo Señor 443
Cristo Su Preciosa Sangre 177
Cuál Es Esa Gran Verdad 412
Cual la Mar Hermosa 383
Cuán Admirable Es Cristo 378
¡Cuán Bienaventurado Es! 360
¡Cuán Dulce el Nombre de Jesús! ... 131
Cuán Firme Cimiento 78
¡Cuán Grande Amor! 337
¡Cuán Grande Es El! 49
¡Cuán Solemne y Dulce Aquel Lugar! ... 83
Cuando Combatido por la Adversidad ... 375
Cuando Mis Luchas Terminen Aquí 470
Cuando Sopla Airada la Tempestad 366
Cuanto Soy y Cuanto Encierro 33

D

Da lo Mejor al Maestro 454
Da Vida a Mi Alma, Oh Dios 301
Dad al Padre Toda Gloria 42
Dad Gloria al Ungido 112
¡Dad Gracias y Hoy Cantad! 108
Dad Loor a Dios 171
Danos la Fe de Jesús 402
Danos un Bello Hogar 480
De Boca y Corazón 47
De Gloria Coronado Está 209
De Jehová Cantaré 495
De la Iglesia el Fundamento Es Jesús . 240
De lo Profundo Clamo a Ti 315
De Mundos Creador 53
De Quien Pagó Mi Redención 125
De Tal Manera Me Amó 175
Dejo el Mundo y Sigo a Cristo 445
Del Alba al Despuntar 100
Del Amor Divino 376
Del Gran Amor de Cristo 142
Del Señor el Pueblo Somos 258
Del Sepulcro Tenebroso 201
Derrama en Mi Alma Tu Poder 429
Desciende, Espíritu de Amor 218

Desciende, Espíritu de Dios 246
Desde el Cielo Cristo Llama 396
¡Despertad! La Voz Nos Llama 215
Después de Haber Oído Tu Palabra 237
Día a Día 357
Dicha Grande Es la del Hombre 227
Dichosa Tierra, Proclamad 168
Digno Es El Cordero 119
Dilo a Cristo 422
Dime la Historia de Cristo 363
Dios, con Corazón Ardiente 82
Dios de Amor, Te Imploramos 35
¡Dios Está Presente! 5
Dios Eterno, en Tu Presencia 483
Dios Hasta Aquí Me Acompañó 392
Dios Os Guarde 261
Dios, Que el Mundo Has Hermoseado 51
Dios Te Bendiga 260
Dios, Yo Quiero Ser Cristiano 485
Divina Luz, en Claridad 197
Divino Espíritu de Dios 224
Dominará Jesús el Rey 104
Doy Gloria a Jesús 213
Dulce Comunión 347
¡Dulces Momentos Consoladores! .. 381

E

El Buen Pastor Al Verme 321
El Día de Reposo 25
El Fuego Santo 433
El Mundo Es de Mi Dios 54
El Mundo Es del Señor 268
El Oro y la Plata No Me Han Redimido . 329
El Padre Nuestro 29
El Placer de Mi Alma 362
El Profundo Amor de Cristo 152
El Puede 497
El Que Habita al Abrigo de Dios 371
El Rey de Amor Es Mi Pastor 153
El Señor Resucitó 192
En el Jardín del Olivar 179
En el Lugar de Oración 413
En el Ocaso, Junto a Ti 373
En Jesucristo, Fuente de Paz 384
En la Excelsa Cruz de Cristo 182
En la Postrera Cena 249

En la Vergonzosa Cruz 185
En las Aguas de la Muerte 243
En Mi Alma Mora, Santo Espíritu .. 221
En Pecados y Temor 328
En Presencia Estar de Cristo 474
En Ti, Jesús, Dulce Es Pensar 351
En Una Cruz a Cristo Vi 330
Engrandecido Sea Dios 8
Entonemos al Señor 115
Eres del Mundo, Cristo, la Esperanza .. 129
¿Es Cierto Que Jesús Murió? 189
Es Cristo de Su Iglesia 241
Es Cristo Quien por Mí Murió 490
Es de Dios la Plena Gracia 89
Es Dulce El Nombre De Jesús 92
Es Jesús Mi Amante Guía 390
Es la Vida de Mi Alma 494
Es Sólo Por Tu Gracia 87
Escogido Fui de Dios 354
Escucha, Pobre Pecador 290
Espíritu de Amor 223
Espíritu de Luz y Amor 225
Estad por Cristo Firmes 469
Estoy Bien con Mi Dios 374
Evidencias del Perdón de Dios 318

F
Fe la Victoria Es 403
Fiel Mayordomo Seré 452
Firmes y Adelante 467
Fruto del Amor Divino 141
Fuente de la Vida Eterna 84

G
¡Gloria a Dios! 88
Gloria a Dios en las Alturas 155
Gloria a Tu Nombre 111
¡Gloria! ¡Gloria! 117
Gloria Patri 1
Glorias Mil de Ti Se Cuentan 238
Glorioso Día de Resurrección 193
Gozo la Santa Palabra al Leer 486
Gracia Admirable de Dios 86
Gracias Dad a Jesucristo 128
¡Gran Dios De Maravillas Mil! 91
Grande Amor, Sublime, Eterno 147

Grande Es Tu Fidelidad 75
Grande Gozo Hay en Mi Alma Hoy 385
Grato Es Contar la Historia 341

H
Hallé un Buen Amigo 342
Hasta Que Vengas 255
Hay Lugar en la Cruz 294
Hay Un Mundo Feliz 472
Hay una Fuente 173
Haz Arder Mi Alma 271
Haz Lo Que Quieras 453
Herido, Triste, a Jesús 190
Hijos del Celeste Rey 57
Hijos del Padre Celestial 56
Hogar Feliz, Donde el Señor Reside 481
Honor, Loor y Gloria 116
Hoy Cantemos de El la Gloria 121
Hoy Canto el Gran Poder de Dios ... 50
Hoy, Con los Santos 95
Hoy en Gloria Celestial 211
Hoy Es Día de Reposo 23
Hoy Venimos Cual Hermanos 256

I
Id y Dad las Nuevas 270
Iglesia de Cristo 266
Ilumina, Luz Divina 226
Imploramos Tu Presencia 220

J
Jehová Es Mi Luz y Mi Salvación ... 77
Jehová Es Mi Pastor 79
Jehová Mi Pastor Es 74
Jerusalén, Mi Hogar Feliz 473
Jesucristo, Hoy Tu Voz 28
Jesús Amado 181
Jesús, Dejando su Poder, Aquí Nació .. 160
Jesús Es la Luz del Mundo 289
Jesús Es Mi Pastor 97
Jesús Es Mi Rey Soberano 109
Jesús Me Incluye a Mí 332
Jesús Me Redimió 345
Jesús Yo He Prometido 438
Junto a la Cruz 336
Junto a la Cruz de Cristo 184

L

La Cruz Excelsa al Contemplar 183
La Doxología 2
La Hora Santa Llega 34
La Ley de Dios Perfecta Es 236
La Maravilla De Su Grande Amor .. 145
La Maravilla de Tu Amor 154
La Palabra del Señor 281
La Palabra Hoy Sembrada 234
La Paz, el Don de Mi Dios 386
La Ruda Lucha Terminó 199
La Semana Ya Pasó 24
La Tierna Voz del Salvador 285
La Tumba Le Encerró 202
Las Pisadas del Maestro 459
Levantado Fue Jesús 187
Libres Estamos 340
Lindas Manitas 491
Lluvias De Gracia 424
Load al Gran Rey 61
Loor Te Ofrecemos 52
Loores Dad a Cristo el Rey 113
Los Cielos Cantan Tu Loor 228
Los Que Esperan en Jehová 487
Los Que Somos Bautizados 244
Luz de Vida, Alúmbrame 36

M

Majestuoso Soberano 107
Maravillosa Gracia 81
Maravilloso Es 148
Maravilloso Es el Nombre de Jesús 492
Más Blanco Que la Nieve 312
Más Como Cristo 460
Más Santidad Dame 461
Me Condujo el Salvador 400
Me Guía El 394
Mensajeros del Maestro 275
Mi Amor y Vida 437
Mi Corazón Elevo a Tí 31
Mi Corazón, Oh Examina Hoy 320
Mi Culpa El Llevó 326
Mi Esperanza y Fe Reposa en el Señor 404
Mi Espíritu, Alma y Cuerpo 444
Mi Mente Toma, Oh Dios 442
Mi Redentor, El Rey de Gloria 477
Mi Salvador en Su Bondad 344
Mi Salvador Jesús 463
Mi Vida Di por Ti 186
Mirad El Gran Amor 144
Mirad y Ved a Nuestro Dios 264
Mis Ojos a los Montes 76
Mostrar Más Grande Amor 435

N

Nada Puede Ya Faltarme 388
Ni en la Tierra, Ni en el Cielo 94
No Habrá de Verse al Salvador 203
No Hay Cual Jesús 489
No Hay Otro Mediador 135
No Temas Tú, Pequeña Grey 389
No Tengo Altivo Corazón 370
No Tengo Temor 377
Noche de Paz 161
Nos Hace Falta el Saber 313
Nuestra Fortaleza 72
Nuestra Oración 278
Nunca, Dios Mío Cesará Mi Labio . 7

O

Objeto de Mi Fe 406
¡Oh Alzad Vuestros Ojos! 276
¡Oh Alzad Vuestros Ojos! 276
¡Oh Amor Que Excede A Todos! 149
Oh, Amor Que No Me Dejarás 352
Oh, Aviva Mi Alma con Poder 425
Oh Buen Espíritu de Amor 219
Oh, Criaturas del Señor 48
¡Oh, Cristo Mío! 368
Oh Cristo, Nuestra Roca Aquí 101
Oh Cristo, Nuestro Gozo y Bien 248
Oh Cristo, Yo Te Amo 434
¡Oh Cuán Dulce Es Fiar en Cristo ... 410
¡Oh Dios, Mi Soberano Rey! 64
¡Oh Dios, Padre Mío! 300
Oh Dios, Socorro en el Ayer 71
Oh Dios, Ten Misericordia 267
¡Oh Dulce, Grata Oración! 416
Oh Hermanos, Dad a Cristo 194
Oh Jesús, Mi Salvador 367
¡Oh, Jóvenes, Venid! 484

Oh, Luz que Brota de Su Luz 32
¡Oh Maestro y Mi Señor! 393
¡Oh Mi Dios, Oh Rey Eterno! 66
¡O Misterio del Divino Amor! 143
Oh Padre de la Santidad 314
Oh Padre, Eterno Dios 38
Oh, Pan del Cielo 247
¡Oh Pastor Divino Guía! 423
¡Oh, Profundo, Inmenso Amor! 150
¡Oh, Qué Amigo Nos Es Cristo! 418
¡Oh Qué Salvador Es Cristo Jesús! . 138
Oh, Ruégote, Señor, Me Enseñes 274
¡Oh Señor! Procuro en Vano 311
Oh, Señor, Recíbeme Cual Soy 310
Oh, Tierno y Buen Pastor 140
Oh Ven, Emanuel 159
Oh Verbo Encarnado 229
Oíd un Son en Alta Esfera 162
Oveja Vaga Fui 323

P

Padre Amante, He Pecado 316
Padre Dios, en Ti Vive Todo Ser 41
Padre en los Cielos 43
Padre, Tu Palabra Es 235
Pan Tú Eres, Oh Señor 252
Pártenos, Señor el Pan 250
Paz con Dios Busqué Ganarla 335
Paz, Dulce Paz 387
¡Paz, Paz, Dulce Paz! 382
Peregrinos en Desierto 391
Perfecto Amor 479
Piedad 317
¡Piedad, Oh Santo Dios! 319
Poderoso Dios de Gloria 13
Pon Tus Ojos en Cristo 291
Por Fe Contemplo Redención 334
Por la Excelsa Majestad 22
Por Mil Arpas 212
Por Su Misericordia 133
Por Una Fe 405
Por Veredas Extraviadas Mal Hallé .. 333
Pronto la Noche Viene 273
Pudiera Bien Ser 217

Q

Que Mi Vida Entera Esté 450
¿Qué Me Puede Dar Perdón? 188
¿Qué Te Daré, Maestro? 451
¿Quién Es Este? 156
¿Quién Habitará en Tu Morada? 26
Quien Quiera Fuerte Mostrarse 466
¿Quiénes Son los Ceñidos de
    Esplendor? 471
¿Quieres Ser Salvo de Toda
    Maldad? 292
Quiero de Cristo Más Saber 428
Quiero Mirar Tu Rostro Aquí,
    Señor 253
Quiero Seguir 280
Quiero Ser Leal 468

R

Rasgóse el Velo 417
Redentor, Te Adoramos 118
Redimido por Cristo 338
Refugio de Este Pecador 306
Refugio y Fortaleza Es Dios 69
Reposa Mi Alma 369
Roca De La Eternidad 134

S

Sabia, Justa y Toda Pura 233
Sagrado Es el Amor 259
Sale a la Lucha el Salvador 464
Salgamos, Fieles, a Anunciar 269
Salvador, a Ti Acudo 308
Salvador, a Ti Me Rindo 439
Salvador, Mi Bien Eterno 353
Salvador Mío, Como Tú Eres 457
¡Salve, Jesús, Mi Eterno Redentor! . 98
Santa Biblia, Para Mí 232
¡Santo Cordero! 251
Santo Dios, Te Damos Loor 68
¡Santo, Santo, Grande, Eterno Dios! . 9
Santo, Santo, Santo 67
Satisfecho Estoy 331
Se Acerca un Año Nuevo 482
Sé Tú Mi Visión 395
Sed Puros y Santos 458

Según Tu Dicho al Expirar 254
Segura Mi Esperanza Está 408
Seguridad 372
Señor, ¿Quién Entrará? 27
Señor Jehová, Omnipotente Dios 60
Señor Jesús, Eterno Rey 110
Señor Jesús, la Luz del Día Se Fue . 380
Señor, Tú Me Llamas 287
Sí, Cristo Vive 195
Sin Ti Vivir No Puedo 431
Soberano Padre y Rey 63
Sol De Mi Ser 365
Solamente en Cristo 496
Solo a Ti, Dios y Señor 46
Sólo Hay un Dios y un Mediador 498
Soy Peregrino Aquí 277
¿Soy Yo Soldado de Jesús? 465
Su Eterno y Grande Amor 364
Sublime Gracia 85
Suenen Dulces Himnos 165

T

Tal Como Soy 307
Tanto al Mundo Dios Amó 146
¿Te Acordaste de Orar? 420
Te Alabamos, ¡Oh Gran Dios! 17
Te Cuidará el Señor 379
Te Exaltaré, Mi Dios, Mi Rey 65
Te Hallas Triste o Abatido? 288
Te Loamos, ¡Oh Dios! 44
Te Necesito Ya 432
Tendrás Que Renacer 293
Tentado, No Cedas 455
Tesoro Incomparable 120
Testificando en el Bautismo 245
Tiernas Canciones Alzad Al Señor .. 130
Todas las Promesas del Señor 409
Todas Tus Ansias y Tu Pesar 415
Todo Honor al Grande Dios 3
Todo Por Sangre 174
Todos Juntos Te Alabamos, Oh Señor . 15
Todos Juntos Tributemos Gracias 123
Todos Los Que Tengan Sed 297
Tras El Ocaso 478
Tu Cruz Levanta y Ven Tras Mí 441

Tú Dejaste Tu Trono 157
Tu Obra Sola, Oh Cristo 126
Tu Palabra Es Divina y Santa 231
Tu Pueblo Jubiloso 58
Tu Reino Amo, ¡Oh Dios! 239
Tu Santidad, Oh Enséñame 426
Tu Santo Nombre Alabaré 127
Tu Vida, ¡Oh Salvador! 436
Tu Voluntad, Señor 449
Tuya Es la Gloria 208
Tuyo Soy, Jesús 447

U

Un Alba Hermosa 216
Un Día 196
Un Niño Ha Nacido 166
Un Nombre Existe 93
Unidos, Fieles Todos 191

V

Ved al Cristo, Rey de Gloria 210
Ven, Oh Pobre Descarriado 284
Ven, Oh Todopoderoso 45
Ven Tú, ¡Oh Rey Eterno! 265
Vengo, Jesús a Ti 304
Venid con Cánticos 122
Venid, Fieles Todos 167
¡Venid, Hombres de Dios! 462
Venid, Nuestras Voces Alegres 139
Vestido en Tu Justicia, Jesús 343
¡Victoria! ¡Victoria! 207
Vida Abundante 299
Viene Otra Vez 214
Vivo Por Cristo 446
Voz de Amor y Clemencia 180

Y

Ya Pertenezco a Cristo 339
Yo Escucho, Mi Jesús 305
Yo Podré Reconocerle 475
Yo Se a Quien He Creído 411
Yo Soy Peregrino 398
Yo Te Busqué, Señor 325
Yo Te Seguiré 399
Yo Vivía en el Pecado 242
1 Juan 1:7 499